Gerhard Besenhard

GENUSS WANDERN

REGENTAL

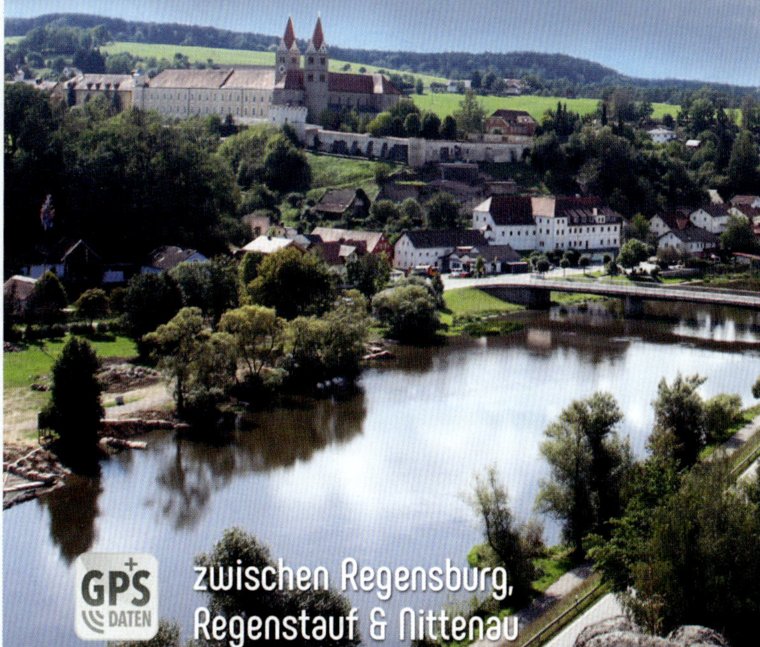

zwischen Regensburg, Regenstauf & Nittenau

GPS+ DATEN

BUCH- UND KUNSTVERLAG OBERPFALZ

STRECKENDETAILS

PIKTOGRAMME

Distanz

Wegzeit

Höhenmeter

Start/Ziel

Ausgangs-/Endpunkt

Wegpunkte

Bodenbeschaffenheit

Charakteristik der Tour

Gasthäuser/Cafés

SCHWIERIGKEITSBEWERTUNG

Die Schwierigkeitsgrade sind subjektiv und von mir frei gewählt. Sie beziehen sich auf die Kriterien: Länge und Anstiege der Wanderung, Beschaffenheit und Markierung der Wege

Leicht — Einfache Wanderung. Grundkondition erforderlich. Leicht begehbare Wege. Kein besonderes Können erforderlich.

Mittel — Mittelschwere Wanderung mit einer gewissen Länge. Gute Grundkondition erforderlich. Meist leicht begehbare Wege. Trittsicherheit oftmals vorteilhaft. Durchaus mit einigen Höhenmetern.

Schwer — Anspruchsvolle Wanderung mit einer gewissen Länge. Gute Grundkondition erforderlich. Überwiegend gut begehbare Wege, aber auch steile Passagen. Trittsicherheit und ggf. Schwindelfreiheit erforderlich. Wanderstöcke können sehr hilfreich sein. Es können einige Höhenmeter zu bewältigen sein.

VORWORT

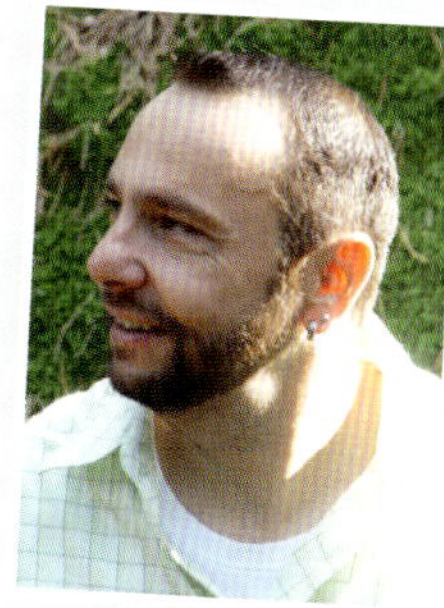

Ich werde auf meinen Wanderungen oft gefragt: „Wie kommt man auf die Idee, so was zu machen?" Eine gute Frage, die ich einfach beantworten kann. Zum einen bin ich sehr gerne in der Natur unterwegs und durchstreife mit Leidenschaft meine Heimat. Zum anderen haben wir bei uns viele Fleckchen, zu denen es eine Geschichte, Sage, etwas Kurioses oder eine tolle Aussicht gibt. Schon oft habe ich Freunden oder Bekannten von solchen Örtchen erzählt und war erstaunt, wie wenig Wissen und Ortskenntnis doch unter den Einheimischen herrscht. Eigentlich schade, dachte ich.

So begann ich eine Idee in die Tat umzusetzen und fasste einen Entschluss: Ich bring' die Leute dorthin, erzähle, was war oder ist, zeige die Schönheit unserer Heimat, führe sie durch die Wälder. Ich fragte mich, wie ich das am besten realisieren könnte? Nach einigen Recherchen landete ich bei der ANL Bayern und meldete mich an zu einer Ausbildung zum Zertifizierten Natur- und Landschaftsführer. Der Name ist Programm, der Ablauf der Ausbildung sagte mir zu, es ließ sich mit meiner Arbeitsstätte vereinbaren und das Ganze war von den Kosten her überschaubar.

Genauso überschaubar war die Teilnehmerzahl meiner ersten Führung. Angemeldet haben sich 8 Personen, am Start war dann nur eine einzige Person, eine nette junge Frau. Ohje, dachte ich ... Bei der zweiten Tour hatte sich was getan, zwei Personen kamen. Und siehe da, irgendwann hatte ich 36 Anmeldungen, alle kamen und wir gingen gemeinsam los. Und so kam eines zum anderen: Plötzlich war ich in der Zeitung, bekam Anfragen von Städten und Gemeinden, Vereinen, Schulen, Kindergärten und Firmen.

Im Frühjahr 2016 meldete sich schließlich der Battenberg Gietl Verlag aus Regenstauf bei mir mit der Frage, ob ich Lust hätte, einen Wanderführer zu machen. Also einen zu schreiben, so als Autor und so. Die Frage kam ein bisschen plötzlich, so dass ich ehrlich gesagt zunächst verunsichert war. Doch nach netten und konstruktiven Gesprächen im Verlag war ich guter Dinge – und das Endprodukt dieser Gespräche halten Sie in Ihren Händen. Eins kann ich Ihnen sagen, es steckt eine Menge Arbeit in dem kleinen Büchlein. Aber die Arbeit hat sich gelohnt – mittlerweile ist der Wanderführer in der 4. Auflage erhältlich, ein toller Erfolg!

Ich wünsche Ihnen allzeit schöne und erholsame Wanderungen,
bleim's fit und gsund!

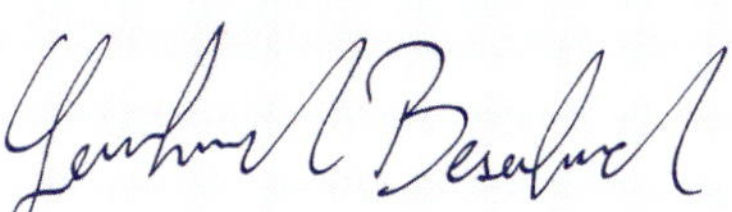

Übersichtskarte

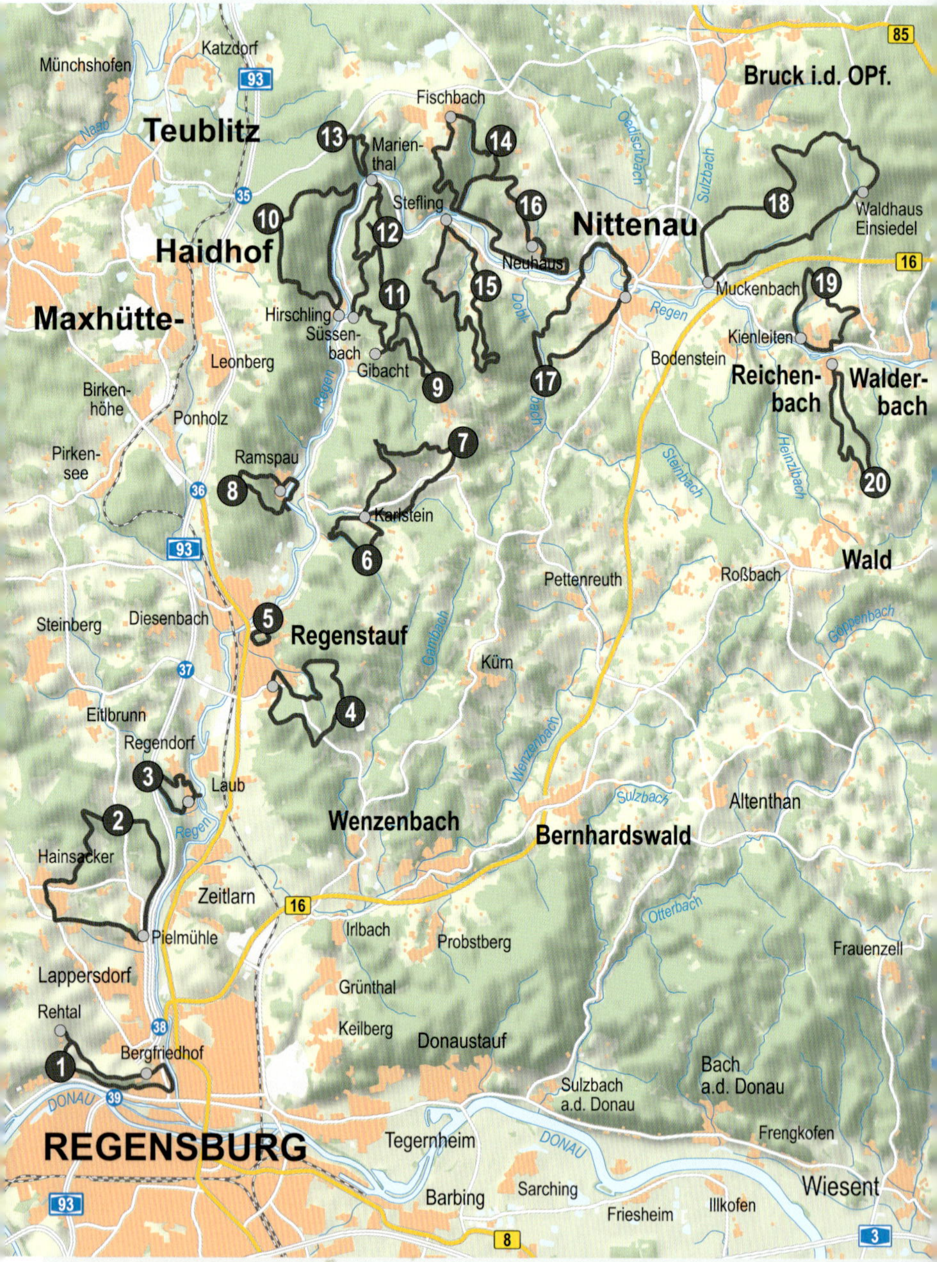

Hinweis zu den Öffnungszeiten von Gaststätten

Es kann immer zu spontanen Änderungen von Öffnungszeiten oder auch zu generellen Schließungen kommen. Wir bitten Sie, dies bei Ihrer Tourplanung zu berücksichtigen und sich vorab selbst über die tagesaktuellen Öffnungszeiten der jeweiligen Gaststätte zu informieren – telefonisch oder auf der Website (falls vorhanden).

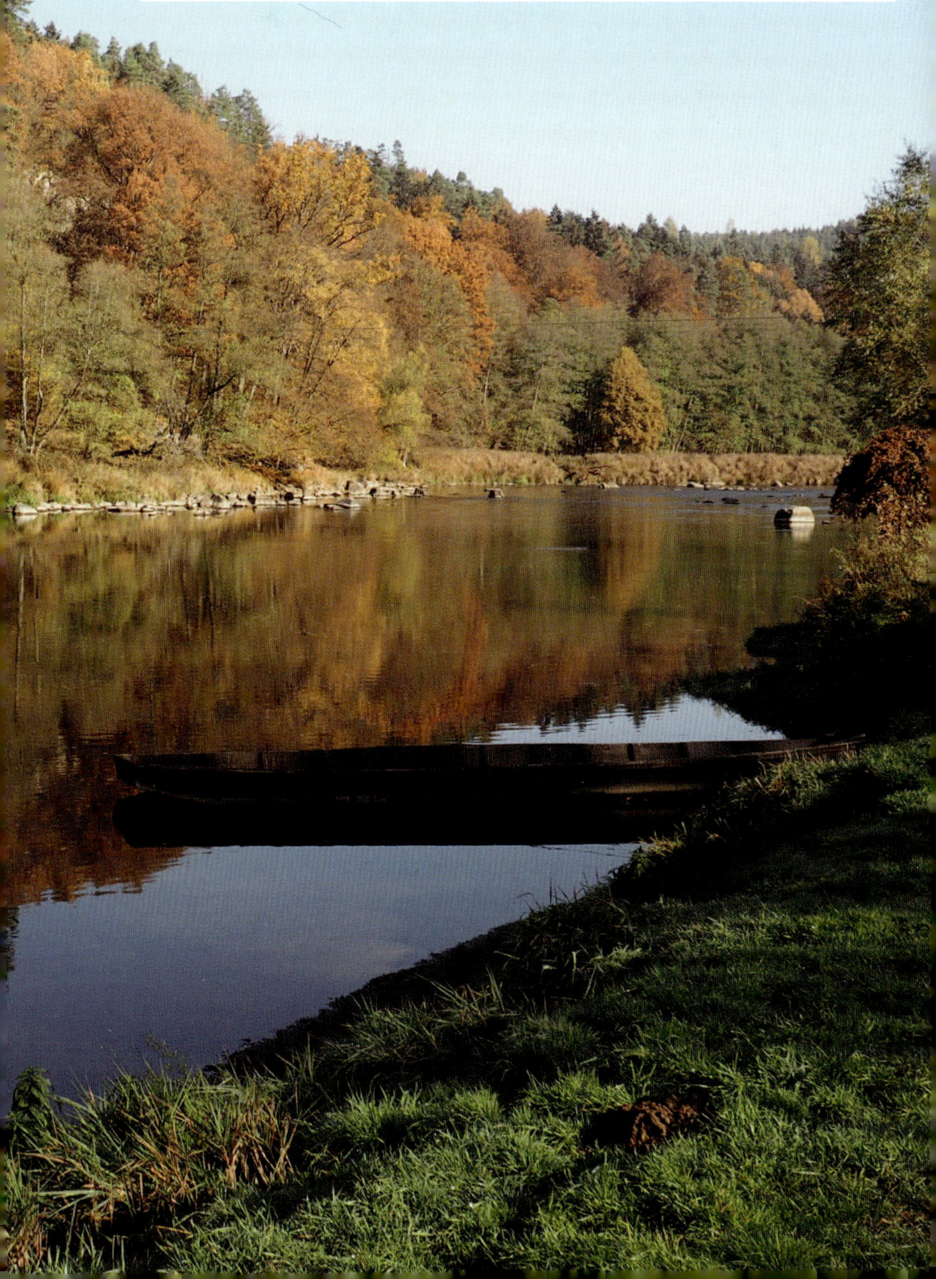

INHALT

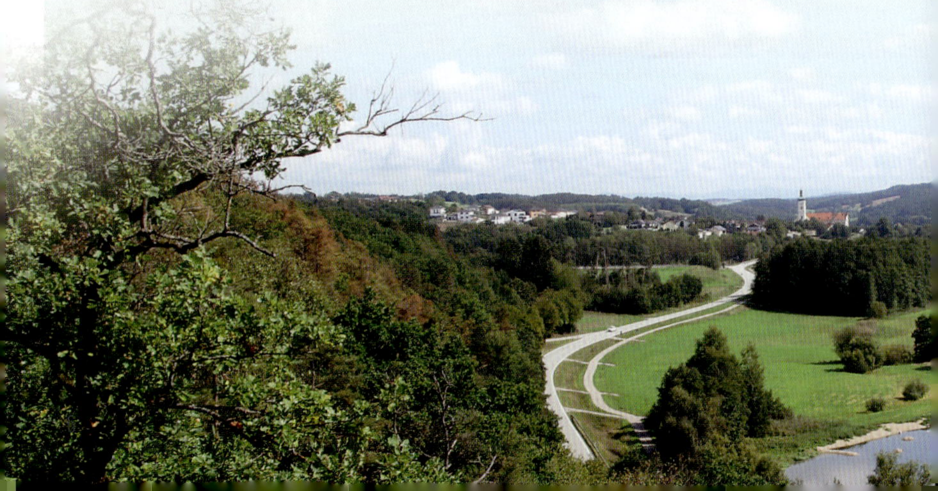

INHALT

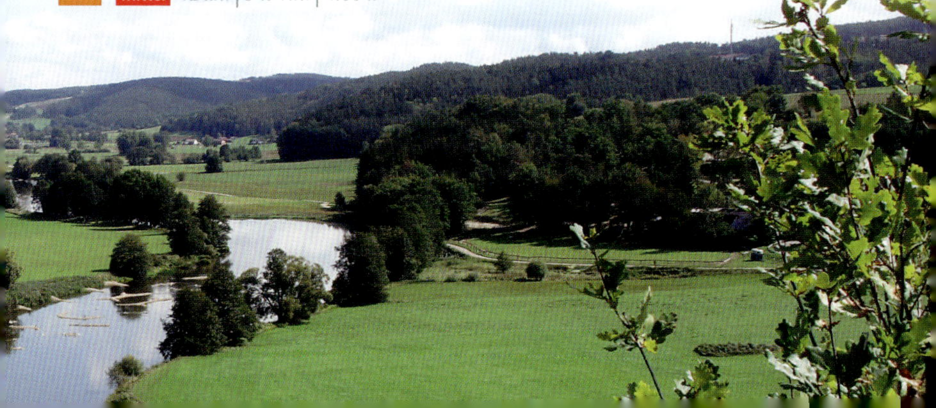

Das Regental – zwischen Regensburg und Reichenbach

Es fällt mir schwer, die Faszination, die von dieser Gegend ausgeht, in Worte zu fassen. Es ist eine malerische Landschaft, eingebettet zwischen sanften Hügeln und zum Teil kahlen Felsen. Der Regen hat sich über Jahrmillionen seinen Weg durch das Tal gezogen und begeistert durch seine ständig wechselhafte Art. Je nach Wasserstand liegt er ruhig und ganz entspannt zwischen den Flussufern. Die vom Wasser umspülten Felsen und Steine sind rund geschliffen und dienen den Wasservögeln oft als Rastplatz oder Sonnenterrasse. Dieses sanft anmutende Flüsschen kann sich aber sehr schnell zu einem wilden Fluss entwickeln und so einiges mit sich reißen, was ihm in die Quere kommt. Die umliegende Hügellandschaft ist gerade für Wanderer ein ideales Fleckchen Erde. Ich selbst betrachte am liebsten viele Dinge von oben oder von der Ferne aus. Was liegt näher, als auf einen der Hügel zu steigen und von einem der vielen Aussichtspunkte sich das märchenhafte Regental zu Füßen zu legen. Die Schönheit ist mit einem gewissen Abstand erst so richtig fühlbar. Wahrlich ist es hier märchenhaft. Ist doch diese Gegend behaftet mit unzähligen Sagen, Mythen und Legenden. Hier befindet sich das in Deutschland wohl einzigartige magische Geisterdreieck, das sich bildet aus der Hexen- und Drudenburg in Stefling, aus der Burg Hof am Regen, wo der Reiter ohne Kopf sein Unwesen treibt, und der Geisterburg Stockenfels, in welche die ganzen Bierpanscher verbannt sind. Im Regental kommt jeder auf seine Kosten. Der eine bevorzugt nur einen kurzen Spaziergang am Wasser, der andere geht an seine Grenzen und legt viele Höhenmeter zurück. Manche lieben Geschichten und begeben sich auf eine Burgentour. Andere wollen einfach nur Ruhe finden und machen eine entspannte Wanderung durch die Wälder. Dieses Tal ist für jeden Naturliebhaber ein wertvoller Schatz.

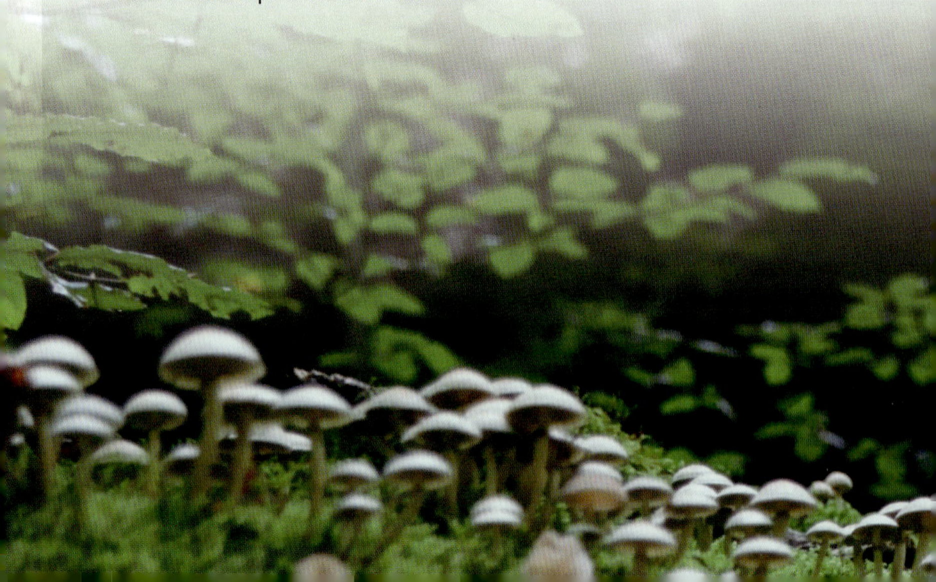

Wandern mit GPS

Vielleicht kennen Sie die Aussage, dass das Gebiet nicht der Landkarte entspricht. Eine topographische Karte zeigt etwas anderes an als eine Wanderkarte. Je nach persönlichem Hintergrund und Schwerpunkt entdeckt jede Person die Umgebung auf seine bzw. ihre eigene individuelle Weise. Ähnlich verhält es sich auch mit Wanderkarten und GPS-Daten. Jede App und jeder Kartenservice stellen die Wege unterschiedlich dar. Wundern Sie sich deshalb nicht, wenn es, speziell in dichten Waldgebieten, zu Abweichungen kommen kann. Ich hoffe dennoch, dass Sie anhand meiner Beschreibungen und mit den Karten die Wanderungen gut und mit Freude bewältigen können. Dieses Buch ist so aufgebaut, dass Sie die Wege mithilfe der Tourbeschreibungen und der abgebildeten Karten auch ohne moderne Technik finden können. Es kann aber sicher nicht schaden, wenn man im Zweifelsfall auf technische Hilfsmittel zurückgreifen kann; besonders nützlich ist die elektronische Unterstützung auf unmarkierten Streckenabschnitten. Deshalb bieten wir unseren Lesern auf der Webseite des Verlags die GPS-Daten zu diesem Wanderführer kostenlos zum Download an. Die Adresse der Webseite lautet: **https://gps.battenberg-gietl.de/**
Geben Sie zuerst das Passwort **jWH96xK6** in das entsprechende Feld ein und klicken Sie dann bei der Tour Ihrer Wahl auf den Download-Button. Die Touren sind im gängigen GPX-Format gespeichert. Sie können einzelne Touren direkt herunterladen oder gleich alle auf einmal; in dem Fall erhalten Sie eine ZIP-Datei, die Sie erst einmal „entpacken" müssen. Um die GPS-Daten benutzen zu können, benötigen Sie ein Smartphone (iPhone oder Android) mit GPS-Empfänger und eine App, die GPX-Dateien darstellen kann (z. B. *Komoot, Bergfex, Outdooractive* o. ä.). Sie sollten nach Möglichkeit die Dateien so speichern, dass Sie sie offline nutzen können, da häufig Wälder und Berge beim Netzausbau nicht vorrangig behandelt werden und es im Online-Betrieb bei schlechtem Netz zu lästigen Verzögerungen kommen kann.
Navigationsaufgaben verursachen meist einen höheren Energieverbrauch auf dem Smartphone. Achten Sie daher besonders bei längeren Touren darauf, dass der Akku ausreichend aufgeladen ist.

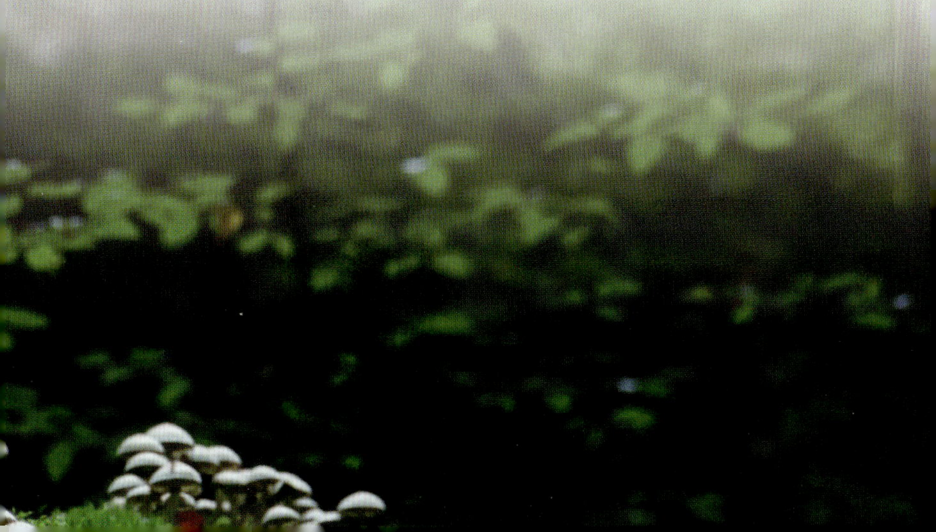

Zur „Winzerer Höhe"

Sehr beliebter Hügel mit viel Aussicht

TOUR 01

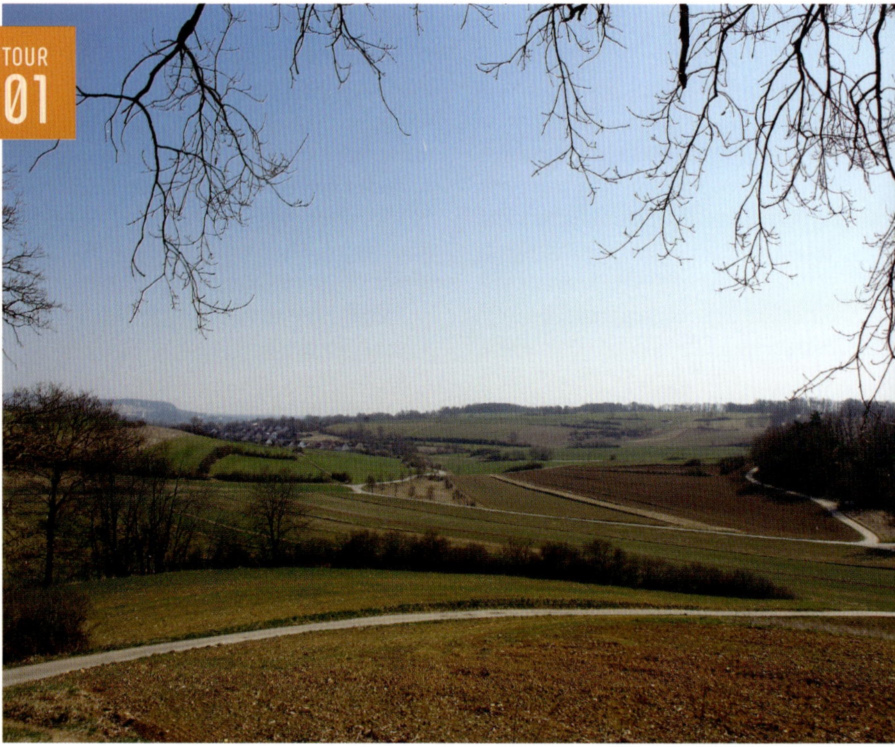

Start/Ziel

Parkplatz Am Dreifaltigkeitsberg 30, 93059 Regensburg

Bergfriedhof am Dreifaltigkeitsberg – Regen – Dreifaltigkeitskirche – Winzerer Höhe – Rehtalkapelle – Bergfriedhof

Beginn und Ende auf Teerstraße; Mittelteil auf guten Wander - u. Schotterwegen; festes Schuhwerk ist ratsam

Trotz der Stadtnähe zu Regensburg ist es meistens angenehm ruhig auf der aussichtsreichen, mit einem Auf und Ab gespickten Runde.

Auerbräu in Regensburg
Schwandorfer Str. 41, 93059 Regensburg
Tel. 0941 88597

Gasthaus Huf (Höhwirt)
Karether Weg 3, 93138 Lappersdorf
Tel. 09404 1410

Michl Wirt Dorfheim Oppersdorf
Dorfstraße 10, 93138 Lappersdorf
Tel. 0941 87808
www.michl-wirt.de

Foto: Blick von der Rehtalkapelle

mittel | 8,8 km | 251 Hm | 2:45 h

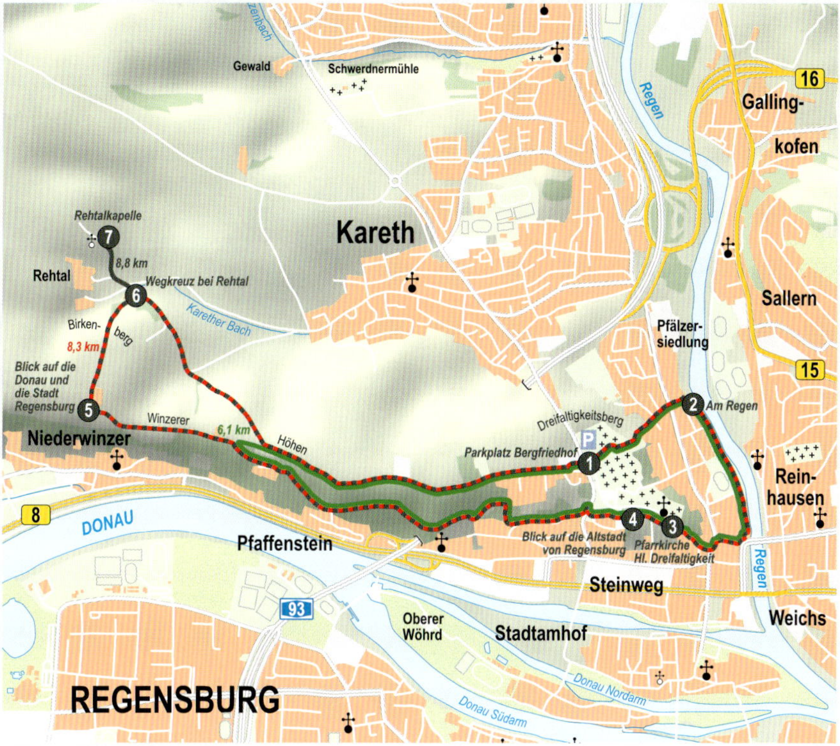

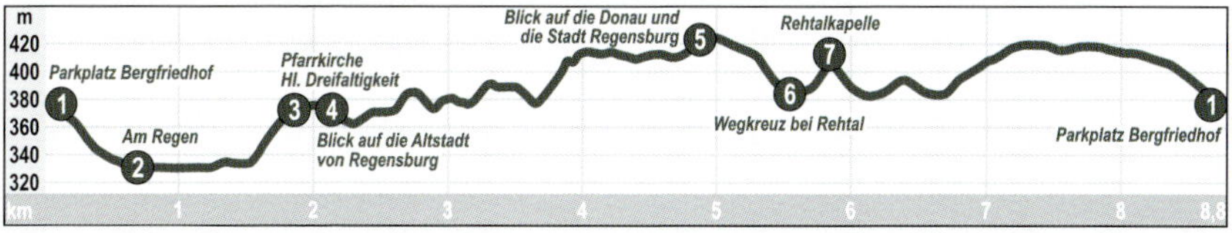

Alternative:

mittel | 8,3 km | 227 Hm | 2:30 h

Alternative:

mittel | 6,1 km | 169 Hm | 1:45 h

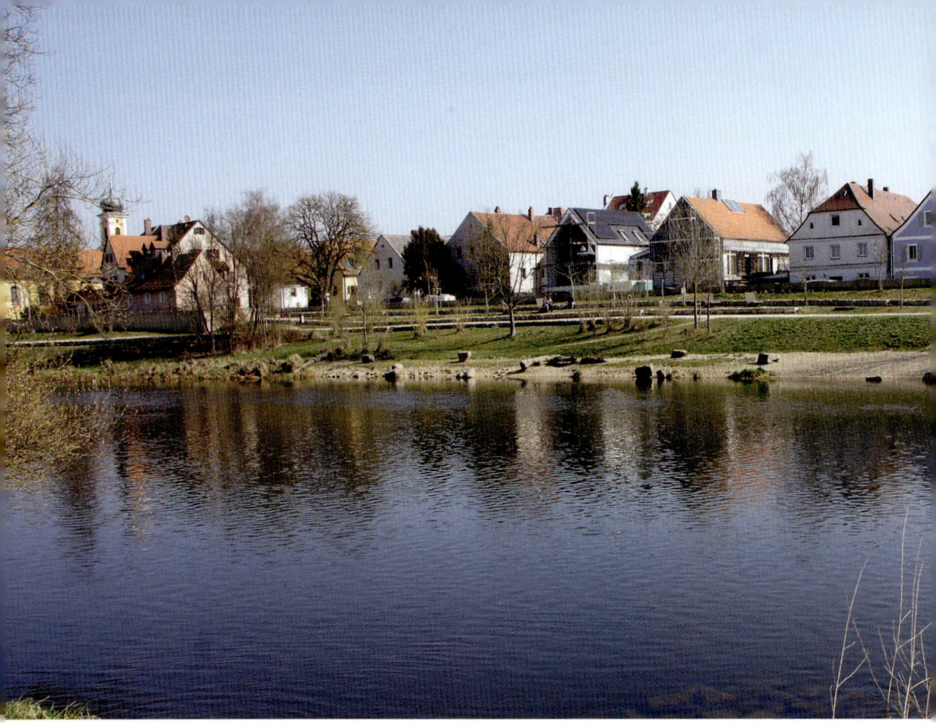

Am Regen

Zugegeben, ein Friedhof ist für so manchen ein ungewöhnlicher Ort als Ausgangspunkt einer Wanderung ❶. Dafür gibt es hier genügend Parkmöglichkeiten und eine Bushaltestelle ist auch vorhanden. Durch das eiserne Eingangstor des Bergfriedhofes gehen wir gerade hinunter, bis wir auf eine kleine Mauer stoßen. Hier rechts und nach ein paar Metern links den schmäler werdenden Weg hinunter. Am Ende des Friedhofes kommen wir durch den jüdischen Teil (links) und die Waldabteilung (rechts). Der Raiffeisenstraße bis zur Kreuzung folgen. Hier stößt man auf die Lappersdorfer Straße, diese überqueren und entlang der Glasbläserstraße immer geradeaus, bis man den Regen sehen kann ❷. Vom asphaltierten Fuß-Rad-Weg geht ein kleiner Pfad links die Böschung hinunter, dann rechts. Der untere Weg ist geschottert und man ist dem Wasser um einiges näher. Auch hat man Ruhe vor den Radlern. An beiden Ufern befinden sich mit Kies angereicherte Buchten, welche von vielen zum Verweilen, Baden gehen, Hundeschwimmen, Chillen und so weiter genutzt werden. Kurz vor der ersten Brücke (Donaustaufer Straße) gehen wir die Treppe hoch, dann links und überqueren die Ampel nach rechts. Bei der Traditionsgaststätte Auerbräu rechts abbiegen und die Schwandorfer Straße bis zur Lappersdorfer vor, dann links und nach ca. 30 m rechts in den Osterbergweg abbiegen. Der Weg wirkt wie eine Gasse und führt uns bergauf. Gleich die erste Treppe links hinauf. Vor uns erscheint von den Kirchturmspitzen bis zum Sockel die Pfarrkirche zur Heiligen Dreifaltigkeit ❸. Am 18. September 1713 wurde die Grundsteinlegung gefeiert. Die Bürger von Stadtamhof und Steinweg gelobten den Bau einer der Heiligen Dreifaltigkeit geweihten Kirche auf der Anhöhe des Osterberges, wenn sie denn von der Pest verschont blieben. Die Geschichte berichtet jedoch, dass trotz Sicherheitsvorkehrungen die Ausbreitung der schwarzen Beulenpest auf Stadtamhof und Steinweg um das Jahr 1713 nicht

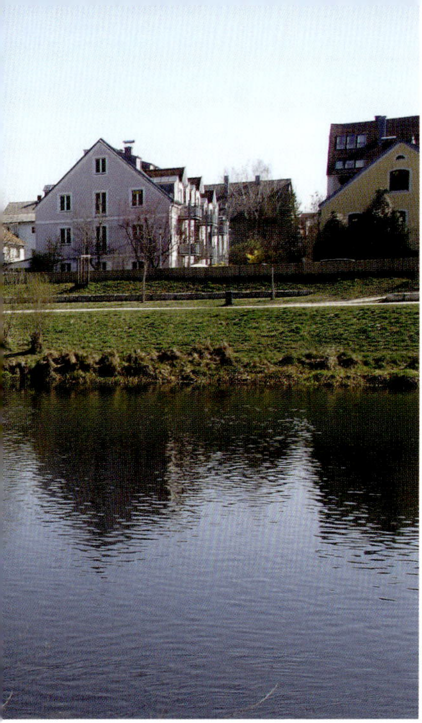

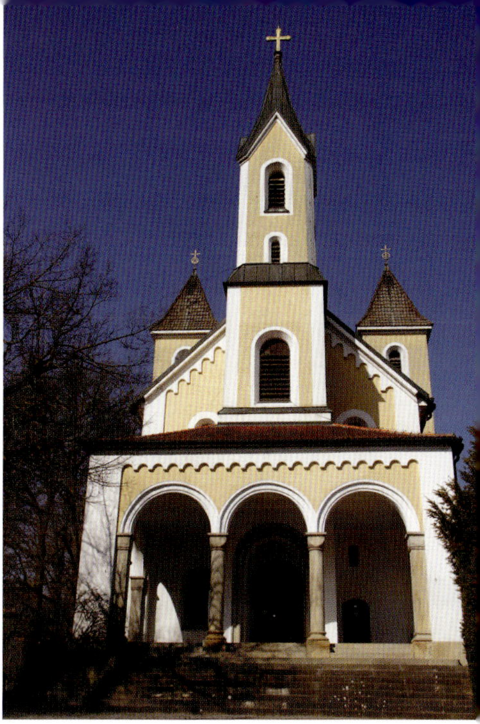

Pfarrkirche Hl. Dreifaltigkeit

verhindert werden konnte. Nicht einmal das Anbringen einer eisernen Truhe an einer Kette am Tor der Steinernen Brücke, welche als Postübertragungsmittel genutzt wurde, bot Schutz vor der schrecklichen Krankheit.

Hier oben kann man einen herrlichen Blick über die Altstadt von Regensburg genießen ❹. Nach der Kirche halten wir uns rechts und nehmen den äußeren rechten Schotterweg durch die Parkanlage. Vor dem Schild „Servicecenter Regensburg" rechts dem geteerten Fußweg folgen, es geht leicht bergab. Am Ende des Weges rechts das kurze Stück Straße hinunter bis zur Ampel und dann die Straße queren. Man sieht hier gleich eine Treppe, welche uns hinauf geleitet. Dann links ein kurzes Stück Teer, welches in einen schmäleren Schotterweg mündet. Am Ende rechts hinauf, dem weiß-rot-weiß markierten Wanderweg folgen. Nach einem kurzen Stück kommt nach dem Maschendrahtzaun links ein schmaler Trampelpfad, der uns nach dem Waldstück über eine Wiese führt. Zu unserer Linken befindet sich Pfaffenstein und man kann auch die Schleuse und das Laufwasserwerk von Regensburg sehen. Am Ende der Wiese geht es eine kleine Böschung rechts hoch und es folgt ein geschotterter Waldweg, links halten. Hoppala, Straßenlärm … der kommt von der A93, denn wir befinden uns genau über dem Pfaffensteiner Tunnel. Die Wegmarkierung ändert sich hier in ein rotes Dreieck auf weißem Grund. Immer der Markierung folgen bis wir auf eine schmale Asphaltstraße treffen, dann rechts den Berg hinauf. Bei der kommenden Gabelung den rechts nach oben führenden Schotterweg, an der Bruchsteinmauer entlang. Nächste Gabelung nach ca. 30 m den Wanderweg links weiter marschieren, Gabelung rechts, Kreuzung geradeaus und wir treffen auf den breiten Schotterweg „Auf der Winzerer Höhe". Hier öffnet sich die Landschaft, unsere Augen blicken in die Ferne auf Ortschaften, Felder, Wiesen, Wälder, umrandet von Hügeln und Bergen im Hintergrund.

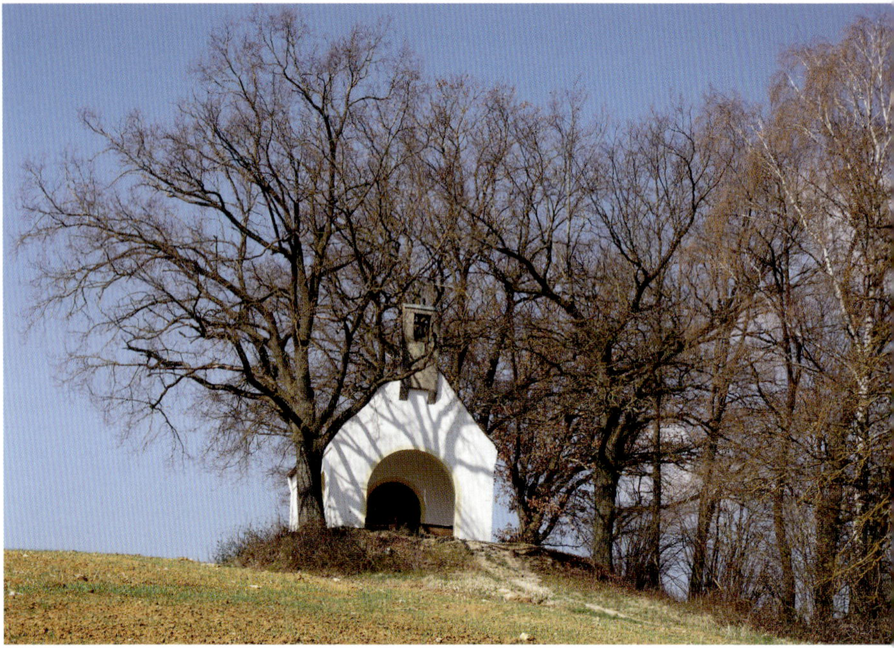

Rehtalkapelle

Alternative (6,1 km):

Abkürzung rechts gehen, 6,1 km. Links weiter bis zu einer Gabelung, dann rechts hoch zu dem einzelnen Gehöft. Bevor wir rechts abbiegen genießen wir die Aussicht auf die Donau und die Stadt Regensburg, wo der Dom St. Peter hervorsticht 5. Markant auch der gegenüberliegende Fernsehturm und rechts über der Donau liegt die Eisenbahnbrücke. Vor der Scheune des Hofes geht's links, dann geradeaus dem Wiesenweg zwischen den Äckern Richtung Transformatorhaus weiter. In der Ferne kann man schon die Rehtalkapelle erblicken. Rechts sieht man die Kirche St. Elisabeth von Kareth. Oft konnte ich hier schon Greifvögel beim Durchstreifen der Lüfte entdecken. Meist machen diese sich durch ihre hellen Rufe bemerkbar. Sobald man im Tal unten angekommen ist, trifft man auf eine Straße, an der sich Hinweistafeln der Bayerischen Landesanstalt für Landwirtschaft befinden.

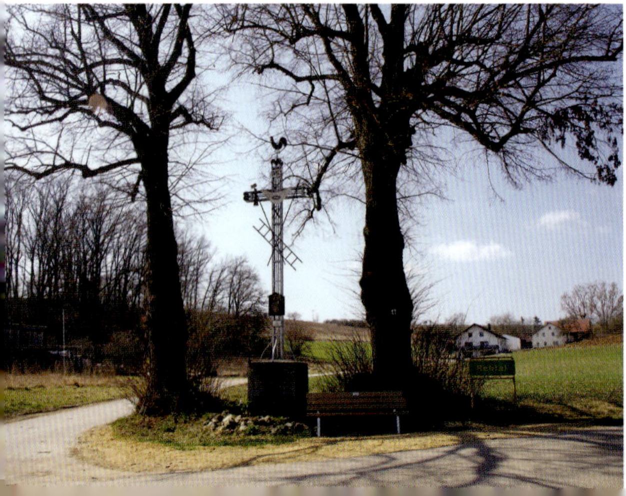

Wegkreuz bei Rehtal

Alternative (8,3 km):

Abkürzung rechts gehen, 8,3 km. Links sieht man die kleine Ortschaft, nach der das Tal benannt ist, Rehtal. Die Stille hier ist schon irgendwie besonders. Das Wegkreuz neben dem Ortsschild ist von 1886 und wurde von Johann und Maria Renner errichtet oder gestiftet 6. So steht es auf der in den Sockel eingelassenen Marmortafel. Das Anwesen ist der Rennerhof, ein Ort mit Geschichte. Hier lebten früher Raubritter, Mönche und ein Landwirt, der sich den Nazis nicht beugen wollte. Bei der Rehtalkapelle oben stehen einige Bänke, welche sehr gerne zum Verweilen genutzt werden 7. Was nicht verwunderlich ist, denn man kann den Blick ins Tal richtig verinnerlichen. Nach dem Abstecher geht es auf demselben Weg hinunter, weiter geradeaus auf dem Schwetzendorfer Stadtweg. Oben treffen wir wieder auf die Winzerer Höhe und gehen links weiter. Der Weg führt uns direkt zu unserem Ausgangspunkt zurück.

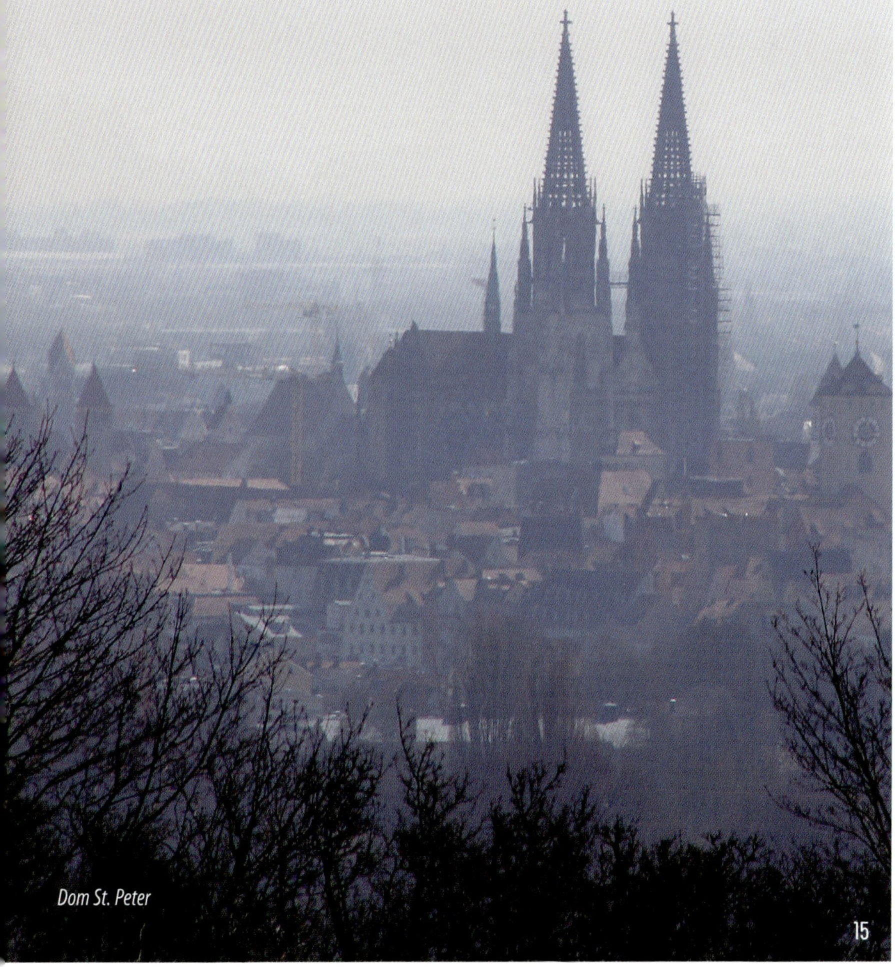

Dom St. Peter

Zum Mittelpunkt von Lappersdorf

Abwechslungsreiche Runde mit einigen Aussichtspunkten

TOUR 02

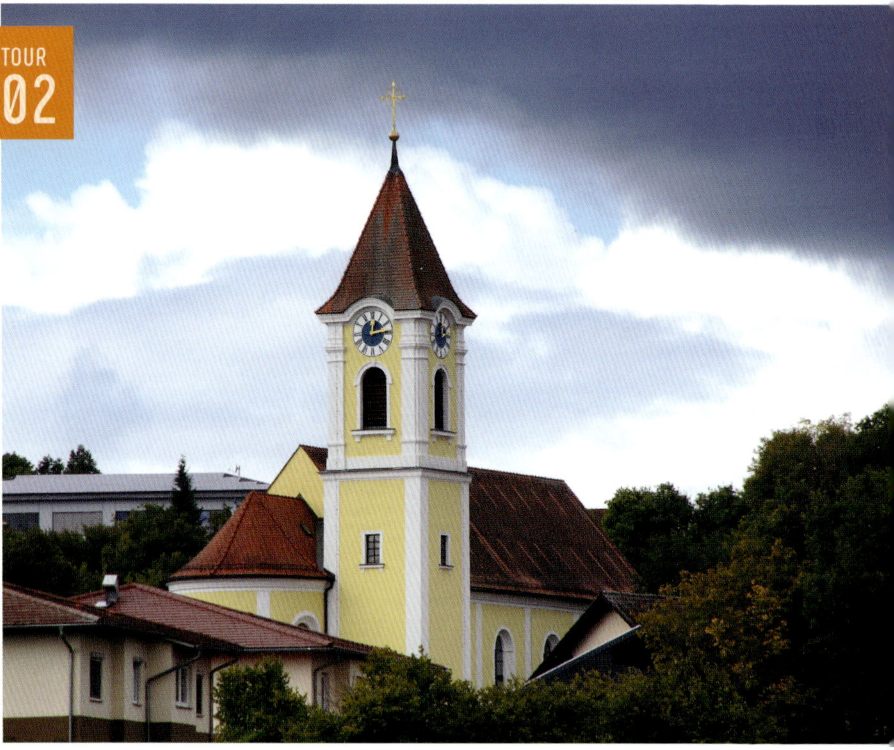

Start/Ziel Strandbadparkplatz Pielmühle, Regensburger Straße, 93138 Lappersdorf

Pielmühle – Aschach – Hainsacker – Mittelpunkt von Lappersdorf – Einhausen – Pielmühle

Teer - u. Schotterstraßen sowie Waldpfade sind im ständigen Wechsel; festes Schuhwerk ist ratsam

Ein besinnlicher ausgedehnter Rundweg mit leicht zu bewältigenden Steigungen.

Pizzeria Pielmühle
Regendorfer Str. 24, 93138 Lappersdorf
Tel. 0941 83784

Michl Wirt Dorfheim Oppersdorf
Dorfstraße 10, 93138 Lappersdorf
Tel. 0941 87808
www.michl-wirt.de

Landgasthof Prössl
Lorenzer Str. 2, 93138 Lappersdorf
Tel. 0941 80836
www.lgh-proessl.de

Foto: Pfarrkirche St. Ägidius

mittel | 11,7 km | 234 Hm | 3:30 h

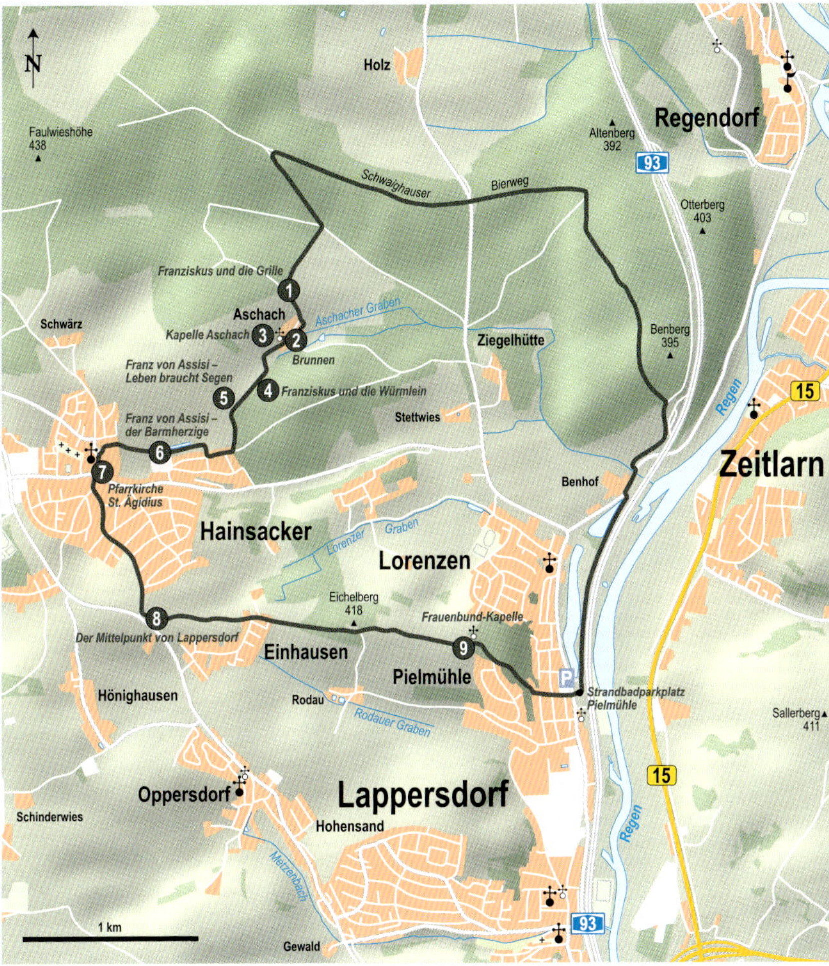

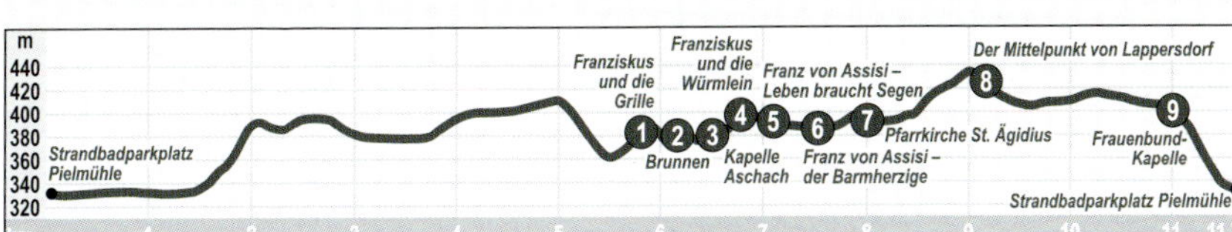

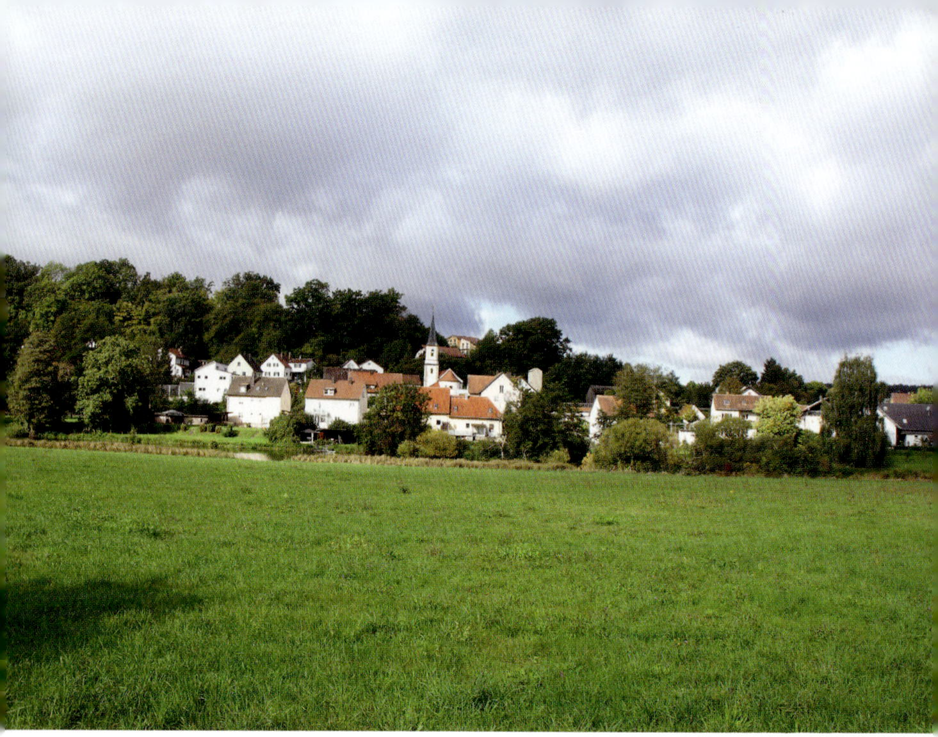

Blick auf Lorenzen

Gegenüber der Baywa Technik in Lappersdorf liegt der große Strandbadparkplatz, welcher uns als Ausgangspunkt dient. Wir nehmen den geschotterten Weg Richtung Norden. Dieser führt uns zwischen Altwasser, der A93 und dem Regen entlang bis nach Benhof. Links beim Altwasser sieht man einige ganz deutliche Spuren des Bibers. An einigen unbewachsenen Stellen kann man Blicke auf die St. Laurentiuskirche und den urtümlichen alten Kern von Lorenzen erhaschen. Am Ende des Weges treffen wir auf die Regensburger Straße und überqueren diese. Angekommen in Benhof gehen wir nach rechts auf dem Gehweg weiter. Nach dem Hof links auf den Schotterweg abbiegen. Der führt uns hinauf, entlang der A93. Jetzt ein bisschen aufpassen. Sobald rechts die Leitplanke beginnt, den ersten Weg links hinauf wandern. Es ist ein recht naturbelassener Waldweg, der auch von Waldbauern genutzt wird. Hier können die GPX-Daten ein bisschen abweichen. Oben angekommen, bei der Gabelung geradeaus weiter. Es geht leicht bergab und bei der folgenden Kreuzung gerade auf dem geschotterten Forstweg weiter. Nach ca. insgesamt 3,1 km treffen wir auf eine Art Knotenpunkt, an dem sich 5 Wege treffen. Links nach Osten, auf dem Schwaighauser Bierweg. Wegmarkierung weißer Grund mit einem grünen Dreieck, Nr. 56. Die Wälder sind geprägt von der Nadelholzwirtschaft, welche im letzten Jahrhundert als wirtschaftlich und modern galt. Mittlerweile denkt man anders und immer mehr Laubholz bahnt sich seinen Weg nach oben. Die folgende Straße überqueren. Es geht bergauf in das Waldgebiet Zuckermantel. Erste Gabelung gerade weiter und bei der zweiten Gabelung scharf links auf den mit PW (Permanent Wanderweg) markierten Weg bergab marschieren. Rechts ist ein eingezäunter Wasserbrunnen. Am Ende des Zaunes rechts die Abkürzung Hainsacker nehmen. Es folgt eine

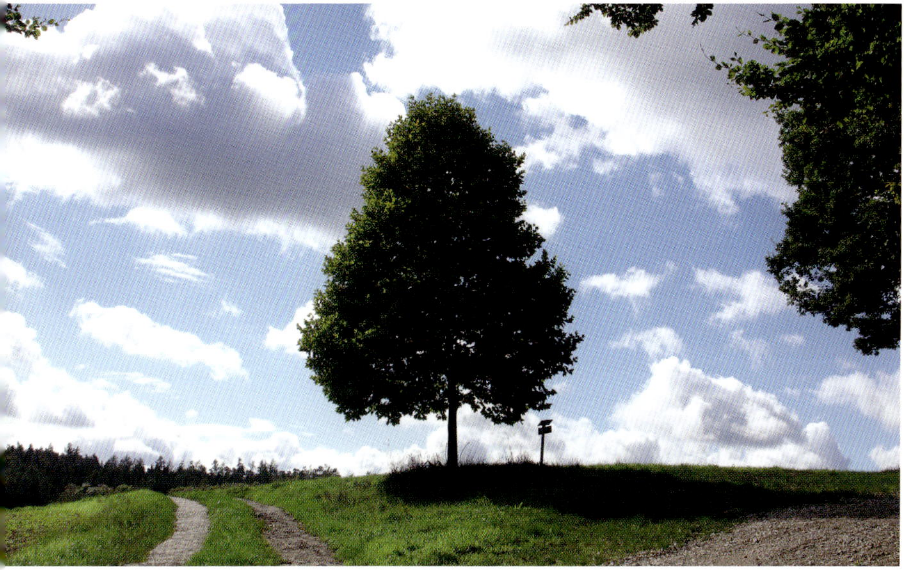

Platane auf der Anhöhe

Franz von Assisi – der Barmherzige

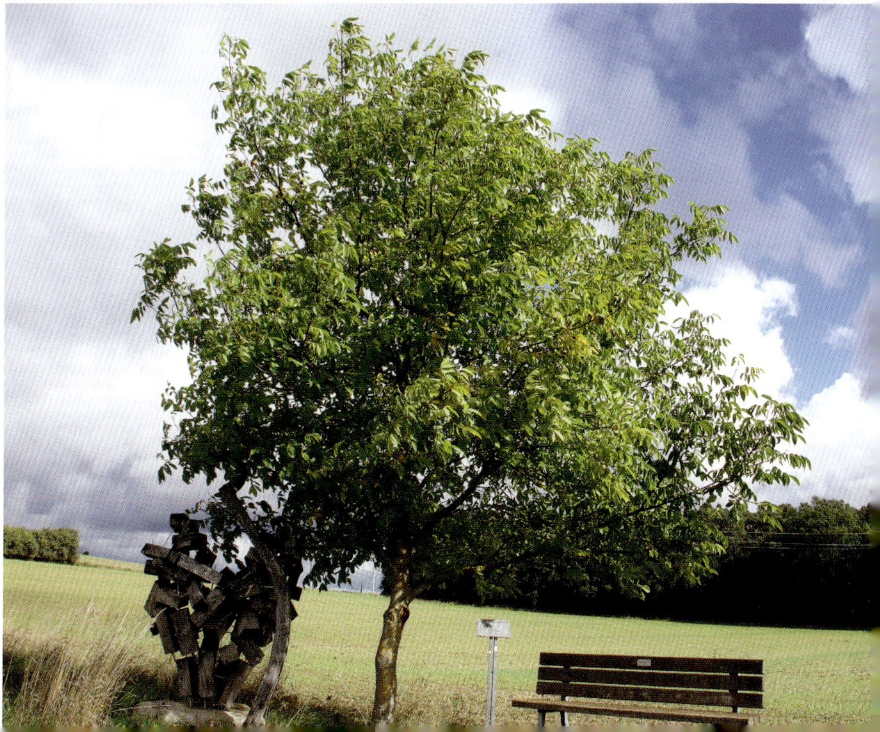

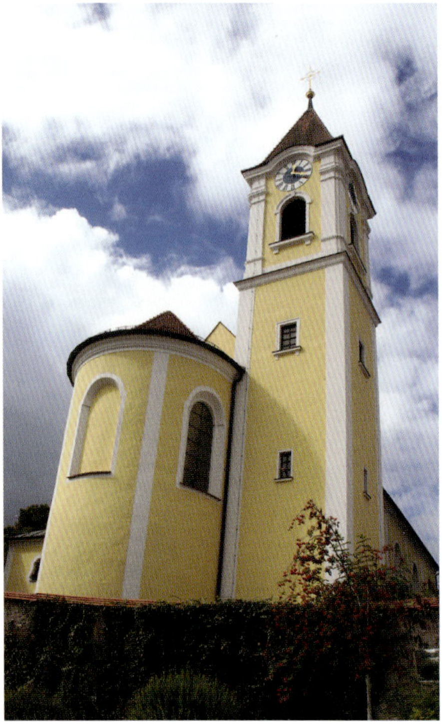

Pfarrkirche St. Ägidius

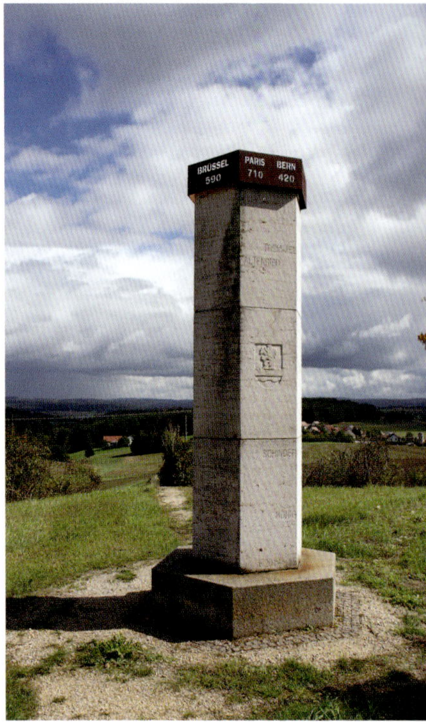

Der Mittelpunkt von Lappersdorf

leichte Steigung. Jetzt befinden wir uns auf dem Besinnungsweg Hainsacker und treffen auf einige Kunstwerke, die das Leben des Hl. Franziskus von Assisi verdeutlichen sollen. Vor uns steht auf einer Anhöhe eine einzelne Platane. Die metallene Grille 1 sitzt gut versteckt im hohen Gras. Links Richtung Aschach weiter. Hier nicht durch den Hof gehen, sondern links herum. Ein Wegweiser, Kapelle Aschach, weist uns an. Bevor es zur Kapelle hoch geht, treffen wir auf einen Brunnen 2. Zur Kapelle Aschach 3 hin machen wir einen kleinen Abstecher. Wieder hinunter zum Brunnen und rechts abbiegen. Nach dem letzten Haus in Aschach geht es über ein Stück Wiese. Nicht weit, dann geht es links auf den Alternativweg über den Kirchengraben. Es geht in ein Waldstück, auf einen schönen Trampelpfad. Hier treffen wir auf Franziskus und die Würmlein 4 und Franz von Assisi – Leben braucht Segen 5. Sobald Häuser auftauchen, rechts auf die Blumenstraße. Nächste rechts, Rosenweg. Die nächste Station Franz von Assisi – der Barmherzige 6 erwartet uns. Links abbiegen Richtung Hainsacker. Die Pfarrkirche St. Ägidius dient uns zur Orientierung. In der Ortschaft links die Pfarrstraße runter. Jetzt kommen wir direkt an der Pfarrkirche 7 vorbei. Wir überqueren die Hauptstraße, dann links in die Einhauser Straße abbiegen und bis zum Ende auf dieser bleiben. Oben angekommen links ein kurzes Stück auf dem Gehweg, schon erblicken wir eine Granitsäule 8, welche den ungefähren Mittelpunkt aller 30 Gemeindeteile des Marktes Lappersdorf kennzeichnet. Eine schön angelegte Rastmöglichkeit wurde gleich daneben errichtet. Den Feldweg nach Einhausen hinunter begleiten uns malerische Blicke in die Ferne. Immer geradeaus, durch Einhausen. Jetzt durch ein kleines Waldstück, in dem auch der Waldkindergarten Lappersdorf sein

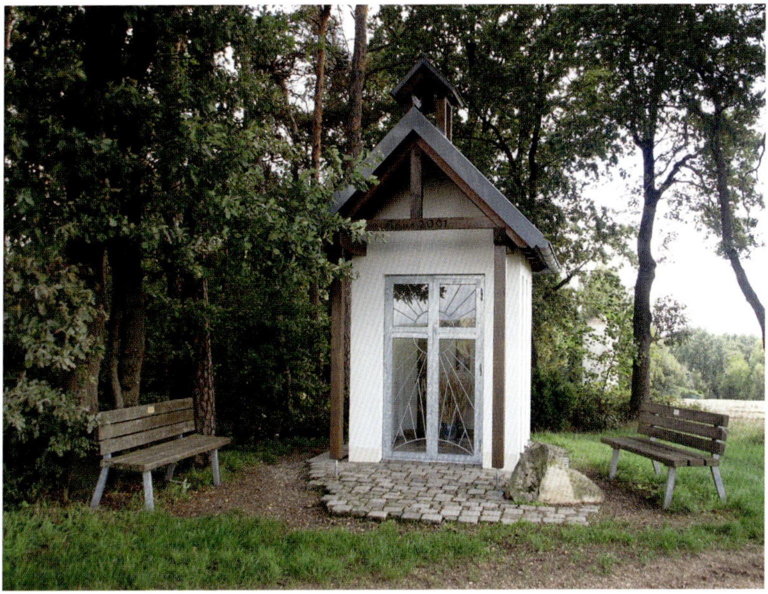

Frauenbund-Kapelle

Zuhause gefunden hat. Nun kann man schon die Frauenbund-Kapelle 9 am Mühlweg erkennen. Achtung, kurz vor der Kapelle geht der Denkmalwanderweg von Lappersdorf rechts weg. Ein recht naturbelassener Pfad, der uns direkt nach Pielmühle bringt. In der Ortschaft dem Mühlweg bis zum Parkplatz folgen. Wer noch einen Abstecher zum Regen machen möchte, geht einfach die Unterführung unter der A93 durch und ist direkt am Strandbad beim Pielmühler Wehr.

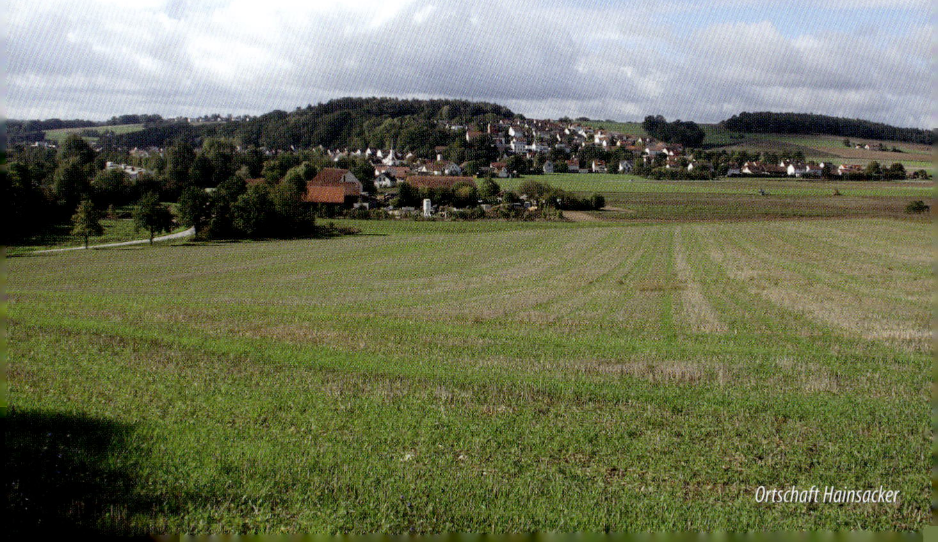

Ortschaft Hainsacker

Der meditative Weg von Regendorf

Für Entdecker groß und klein

TOUR 03

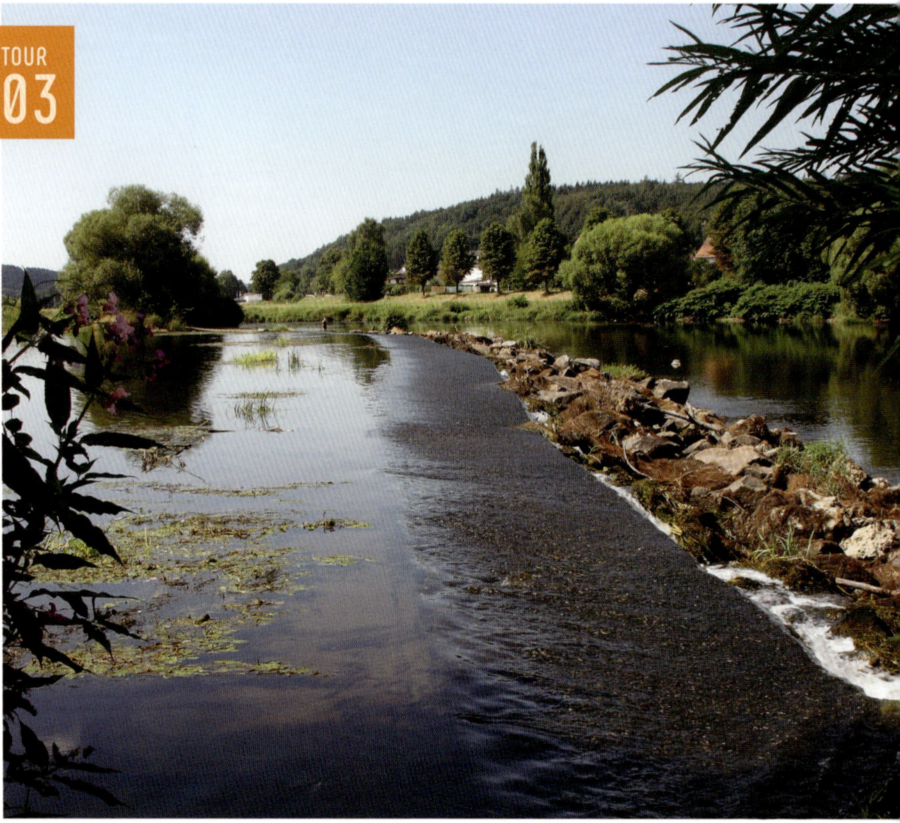

Schloss Regendorf, Faber-Castell-Str., 93197 Zeitlarn

Schloss Regendorf – meditativer Weg – Kapelle Hl. Barbara – Wehr am Regen – Schloss Regendorf

Beginn und Ende auf Teerstraße; Mittelteil auf gut ausgebauten Schotterwegen

Eine kleine und feine Runde, welche an vielen Skulpturen und Schnitzereien vorbei führt. Der Weg ist durchgehend breit und sehr einfach zu gehen. Für Kinderwägen bestens geeignet.

Gasthaus Rothammer
Zeitlarner Str. 12, 93197 Zeitlarn / Laub
Tel. 09402 42 85
E-Mail: info@gasthaus-rothammer.de

Pizzeria Ristorante Adriano
Regendorfer Str. 5, 93128 Regenstauf
Tel. 09402 7817699
E-Mail: info@pizzeria-adriano-regenstauf.de

 Foto: Blick von der Rehtalkapelle

leicht | 4,7 km | 80 Hm | 1:30 h

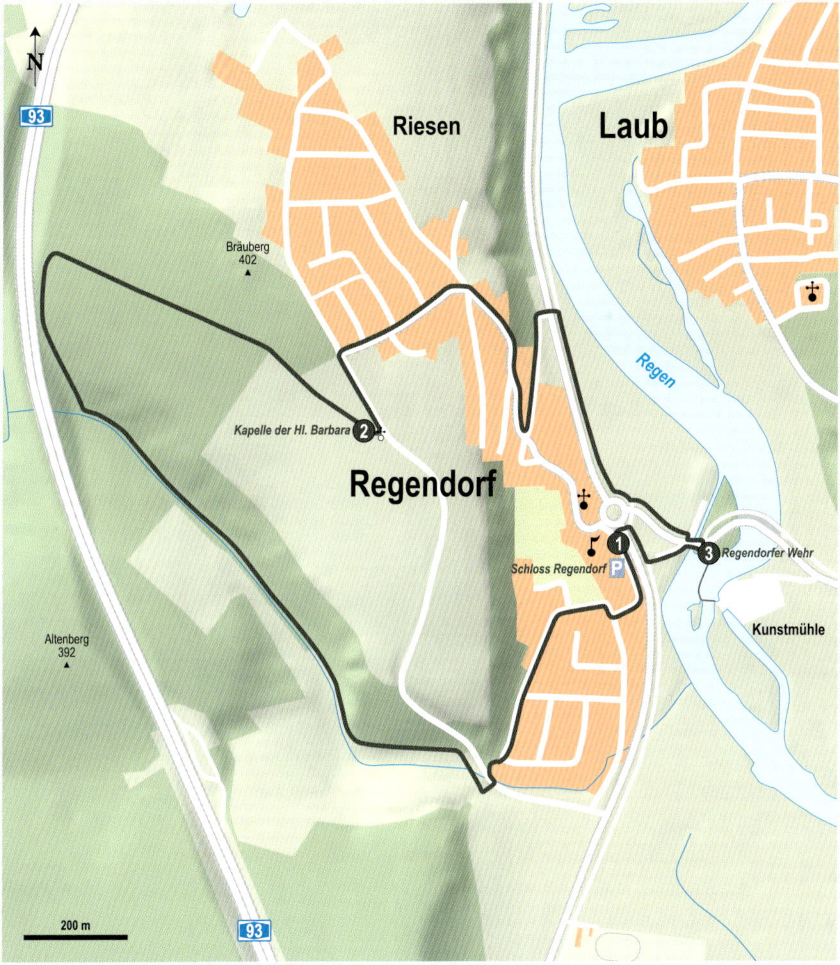

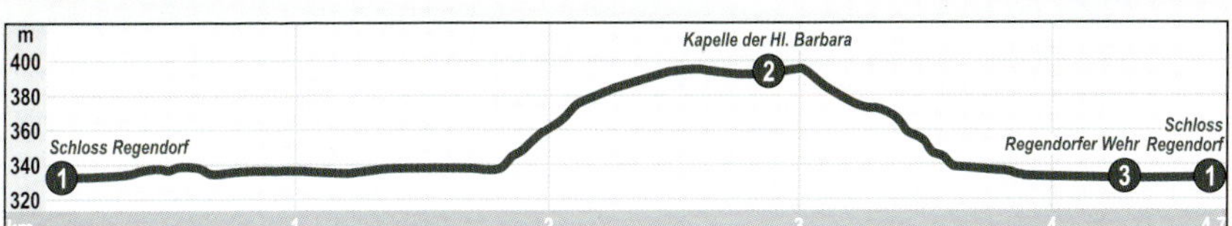

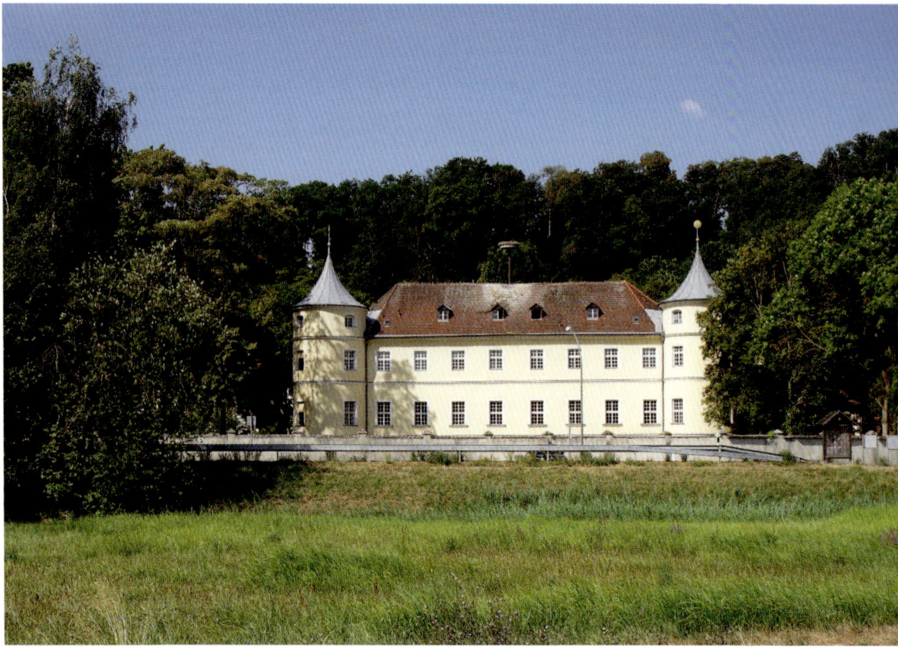

Schloss Regendorf

Gleich neben der Hauptstraße sieht man das denkmalgeschützte Schloss ❶ von Regendorf. Vor der langen Mauer, welche das Gebäude nach Norden und Osten umspannt, befindet sich der Parkplatz. Das Schloss Regendorf ist eine im Kern von 1515 stammende Anlage aus zwei parallel angelegten Flügelbauten, die in der Mitte durch einen Zwischenbau verbunden sind. Das Hauptgebäude ist ein dreigeschossiger Walmdachbau über H-förmigem Grundriss. Der östliche Flügel besitzt zwei viergeschossige Rundtürme und eine Gartentreppe. Das Schloss befindet sich heute in Privatbesitz. Wir setzen uns in südliche Richtung auf der Faber-Castell-Straße in Bewegung. Am Ende der Straße rechts ein kurzes Stück auf der Regensburger Straße, dann wieder links auf die Waldheimstraße. Am Ende der Straße rechts halten. Diese wird hier schmäler und man stößt auf eine Leitplanke mit einem Durchgang für Fußgänger. Auf der anderen Seite der Hauptstraße, ca. 10 m links, geht der Weg weiter. Nach ein paar Meter scharf rechts auf den meditativen Weg abbiegen. Hier beginnt der geschotterte Weg, der uns bis zur Gedächtniskapelle der Hl. Barbara begleitet. Auf der gesamten Strecke durch den Wald befinden sich kleine Kunstwerke, welche entdeckt werden wollen. Nach ca. 1,8 km kommt ein kleiner Anstieg, nicht schlimm. Wer dennoch ab und zu ein Päuschen einlegen möchte, findet hier mehr als genug Möglichkeiten. Die Parkbänke sind sehr einladend gestaltet, sodass es einem eh schwer fällt, sich nicht irgendwo niederzulassen und mal zu entspannen. Bei der Regendorfer Barbarakapelle ❷ endet der meditative Weg. Hier oben lohnt es sich den Blick schweifen zu lassen und die Aussicht zu genießen. Weiter geht es links auf dem Holzgartenweg. Gleich die erste Straße rechts abbiegen. Auf der Siedlerstraße geht es abwärts. Jetzt der Bergstraße bis zur Diesenbacher Straße folgen, dann links. Am Ende treffen wir auf die Stockbahn des EC-Regendorf. Hier rechts und die Hauptstraße überqueren, dann rechts auf dem Fuß- und Radweg zurück zum Kreisel. Links weiter und nach ca. 100 m über

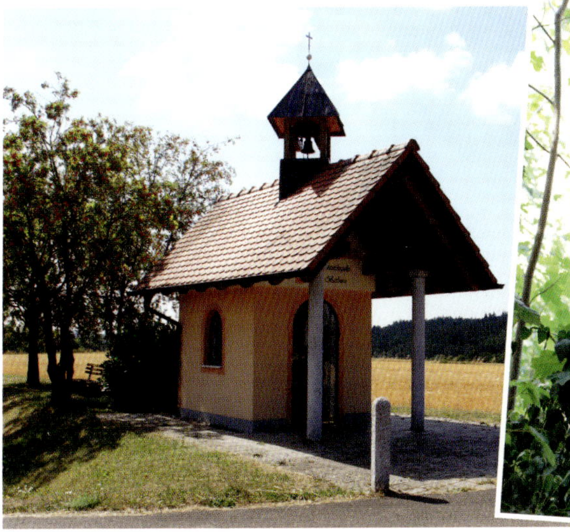

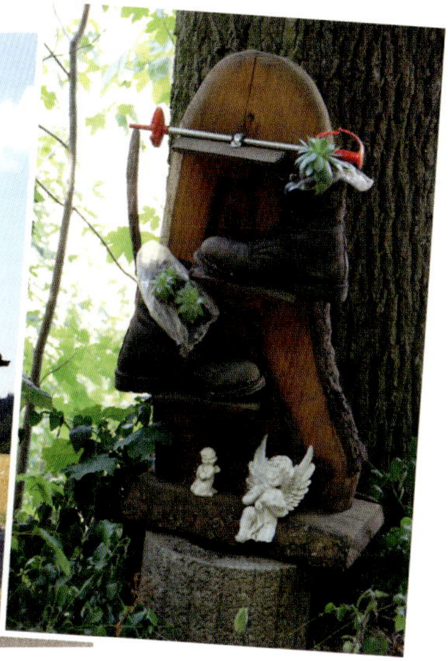

die Straße auf die andere Seite wandern. Auf dem kurzen Stück sollte man sich mal umdrehen, denn von hier ist das Schloss besonders gut zu sehen. Das Wehr 3 wurde vor einigen Jahren neu angelegt und ist meiner Meinung nach sehr gelungen. Ein schöner Platz, der von vielen besucht wird, ist hier entstanden. Es führt auf der linken Seite ein kleiner Weg zurück zum Fuß- und Radweg, dann rechts und beim Kreisel links.

links:
Kapelle der Hl. Barbara

rechts:
Kunstwerke am Wegesrand

unten:
Wehr bei Regendorf

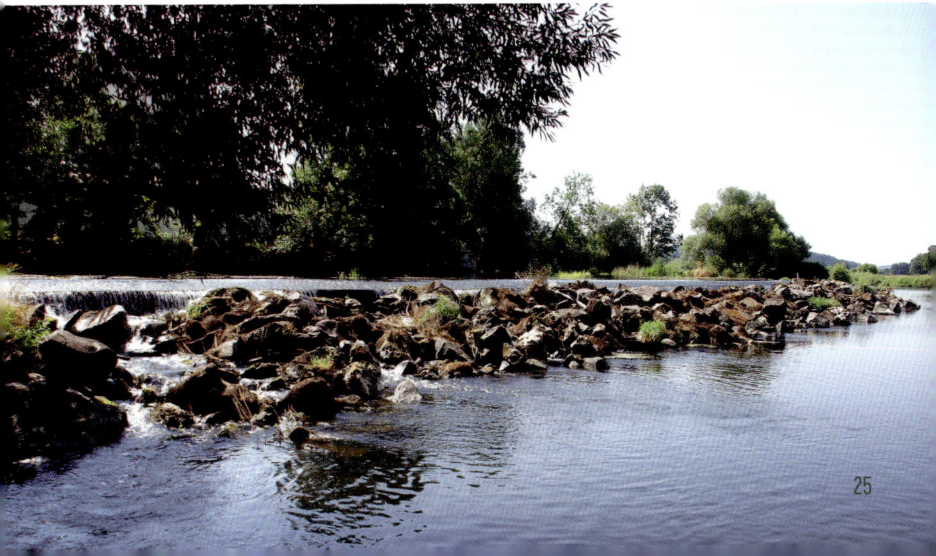

Der Eichhornweg

Eine leichte Runde durch heimische Wälder

TOUR 04

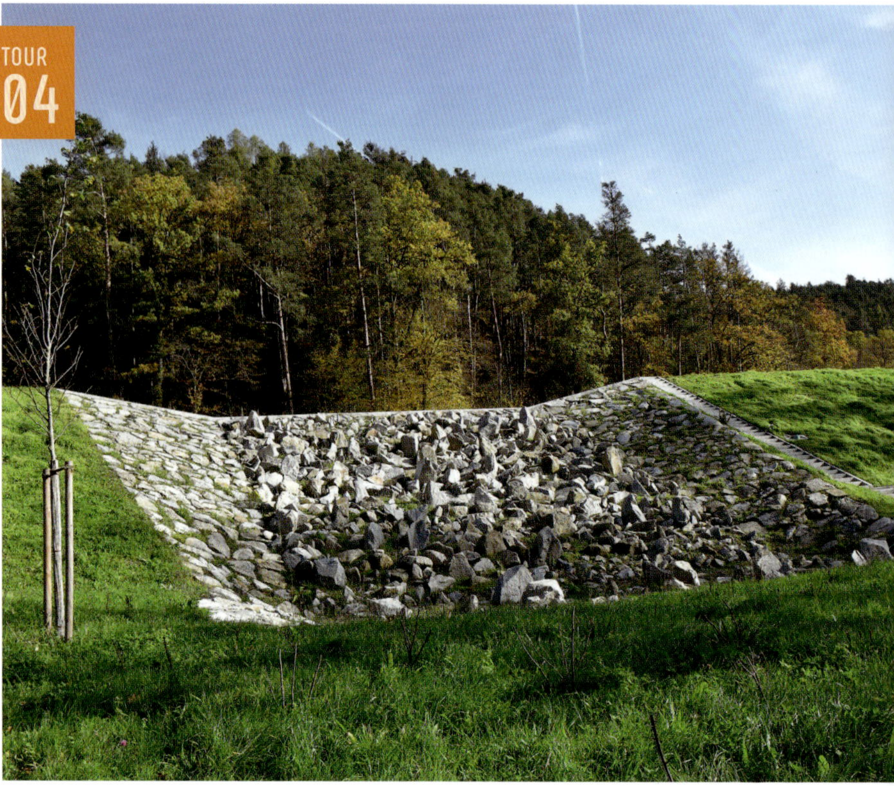

Start/Ziel: Parkplatz bei den Eckert Schulen, Dr.-Robert-Eckert-Str. 3, 93128 Regenstauf

Eckert Schulen Regenstauf – Steinbachtal – Streitholz – Hochstraße – Reißberg – Eckert Schulen Regenstauf

Beginn und Ende auf Teerstraße; auf dem Rest der Strecke viel Waldwege u. Pfade; festes Schuhwerk ist ratsam

Einer von fünf Wanderwegen, die von der Gemeinde Regenstauf und dem ansässigen Wanderverein gepflegt und ausgeschildert werden. Eine leichte Runde durch heimische Wälder mit kleinen naturbelassenen Abschnitten.

Eckert Catering GmbH
Dr.-Robert-Eckert-Str. 3, 93128 Regenstauf
Tel. 09402 502-397
E-Mail: office@eckert-catering.de

Sportcenter Regenstauf
Bayernstraße 23, 93128 Regenstauf
Tel. 09402 2928
E-Mail: info@sportcenter-regenstauf.de

Foto: Dammanlage für den Hochwasserschutz

leicht 9,4 km 272 Hm 2:30 h

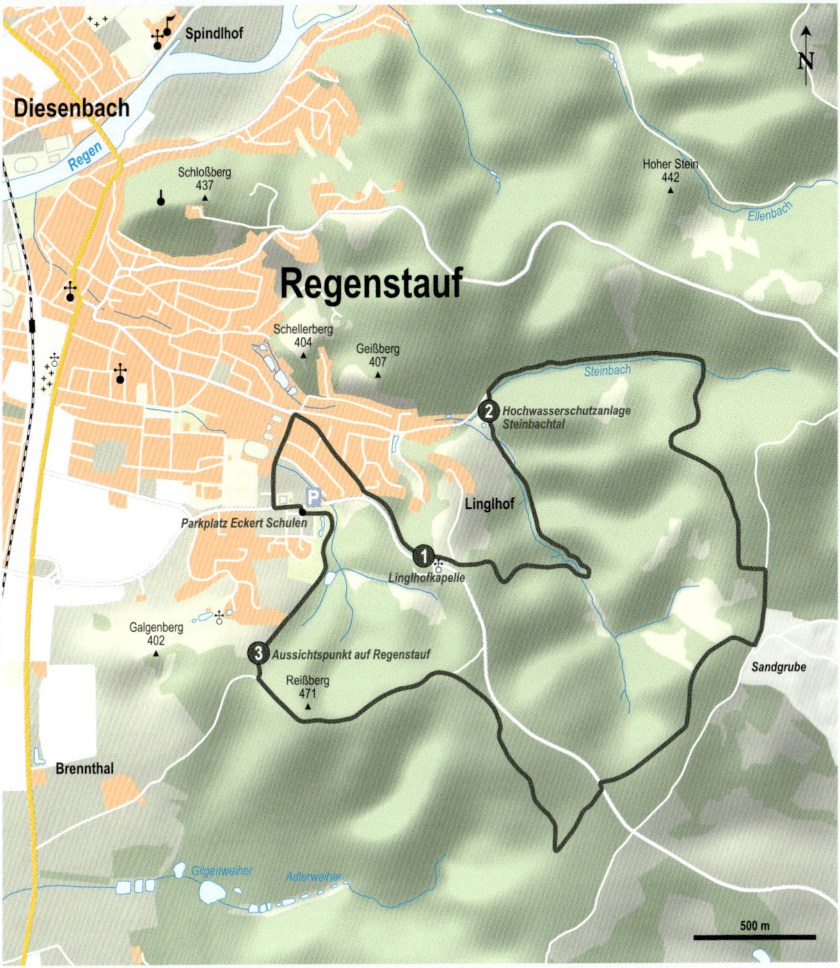

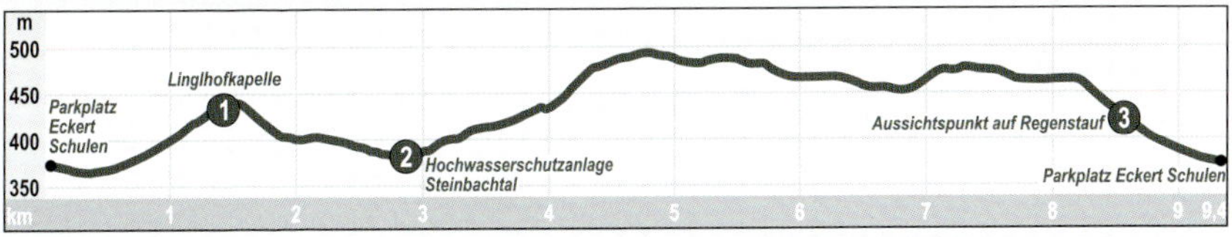

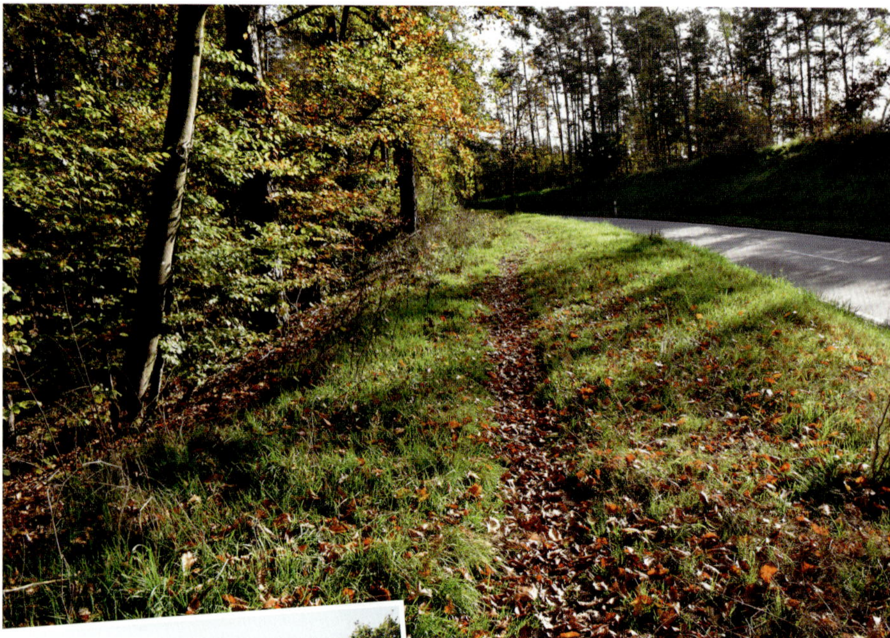

Schöner Wanderpfad

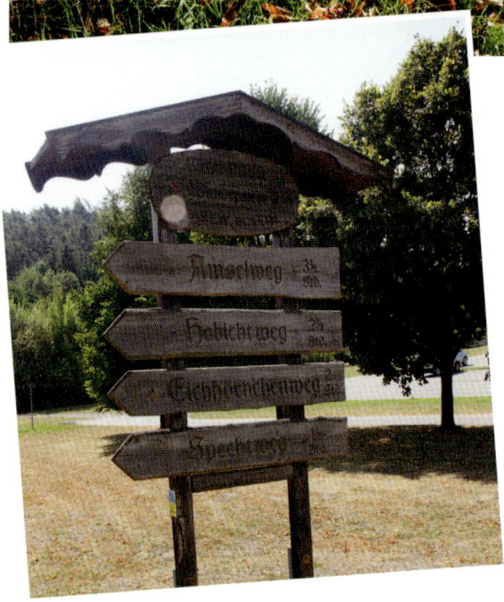

Die hölzerne Wegweisertafel beim Parkplatz

Man kann von dem Parkplatz aus insgesamt fünf Wanderwege begehen. Den Amselweg 2,9 km, den Spechtweg 7,4 km, den Eichhornweg 9,4 km, den Habichtweg 12,6 km und den Hasenweg 17 km. Auf der hölzernen Wegweisertafel sind derzeit nur 4 Wanderwege ausgeschildert. Auch die Zeitangaben sind nicht korrekt, da ja der Amselweg der kürzeste ist. Es gibt die Wanderkarte in digitaler Form als PDF zu finden auf der Homepage der Wanderfreunde Regenstauf oder man holt sich die Karte in Papierform direkt im Rathaus in Regenstauf. Ich habe hier die goldene Mitte der Streckenlängen gewählt und mich für den Eichhornweg entschieden. Zunächst muss man die Dr.-Robert-Eckert-Straße (Hauptstraße) überqueren und ein kleines Stück links bis zur Pestalozzistraße gehen. Auf der bleiben wir, bis zur Hauzensteiner Straße, dann rechts weiter bis diese wieder auf die Hauptstraße trifft. Links neben der Straße beginnt der leichte Anstieg auf einem naturbelassenen Wurzelweg. Nach 400 m steht auf der gegenüberliegenden Seite die Linglhofkapelle ❶. Kurz darauf queren wir eine Forststraße und nach weiteren 100 m biegen wir rechts ab. Es geht leicht bergab. Unten angekommen stoßen wir auf ein kleines Bächlein, dem wir

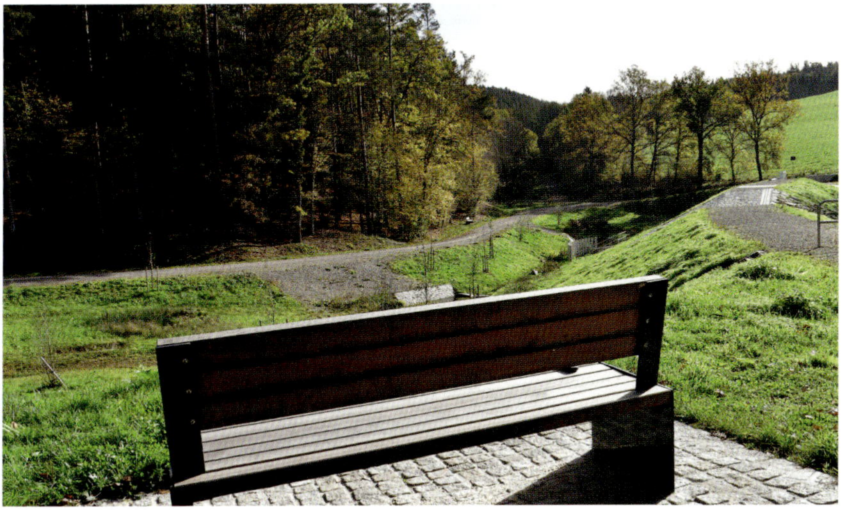

Bankerl mit Blick auf Dammanlage

Schöner Ausblick

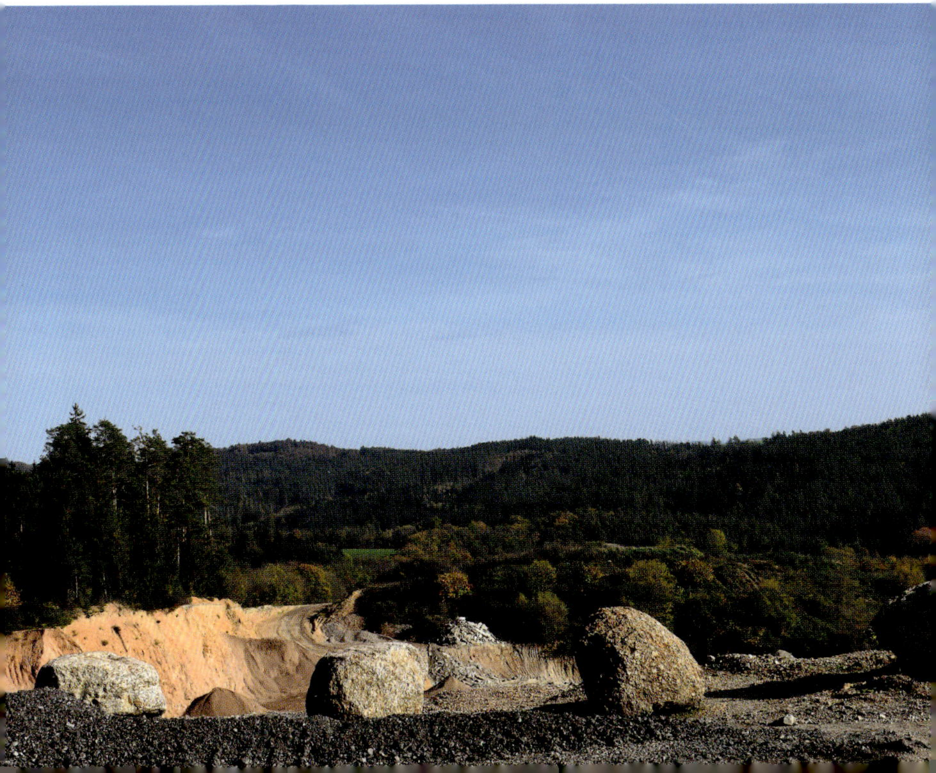

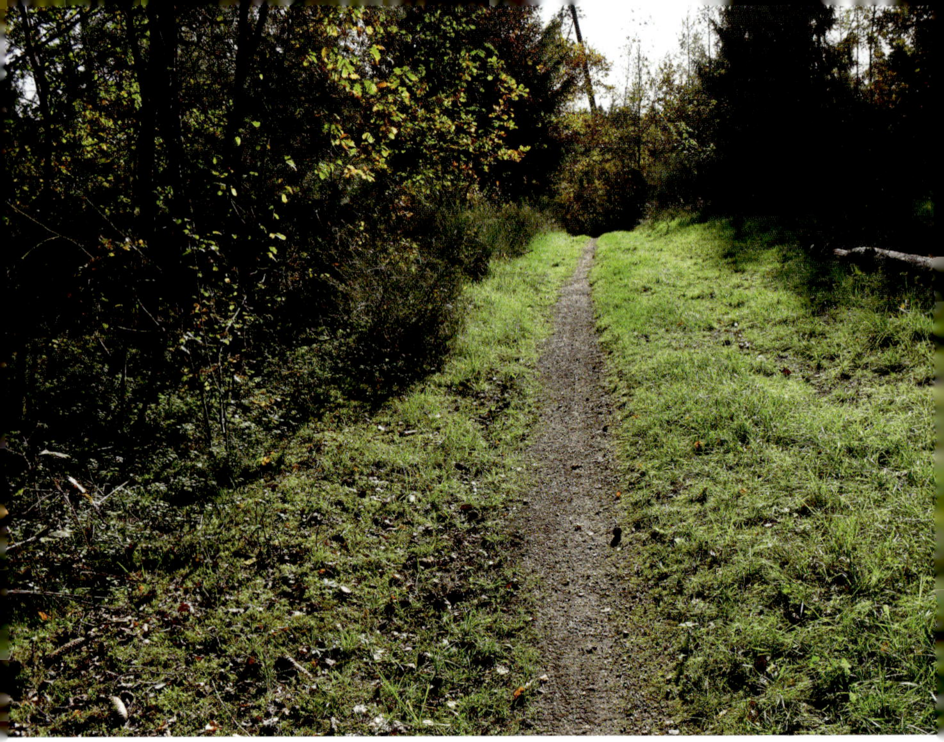

Herrlicher Wanderpfad

Blick auf Regenstauf und den Schlossberg

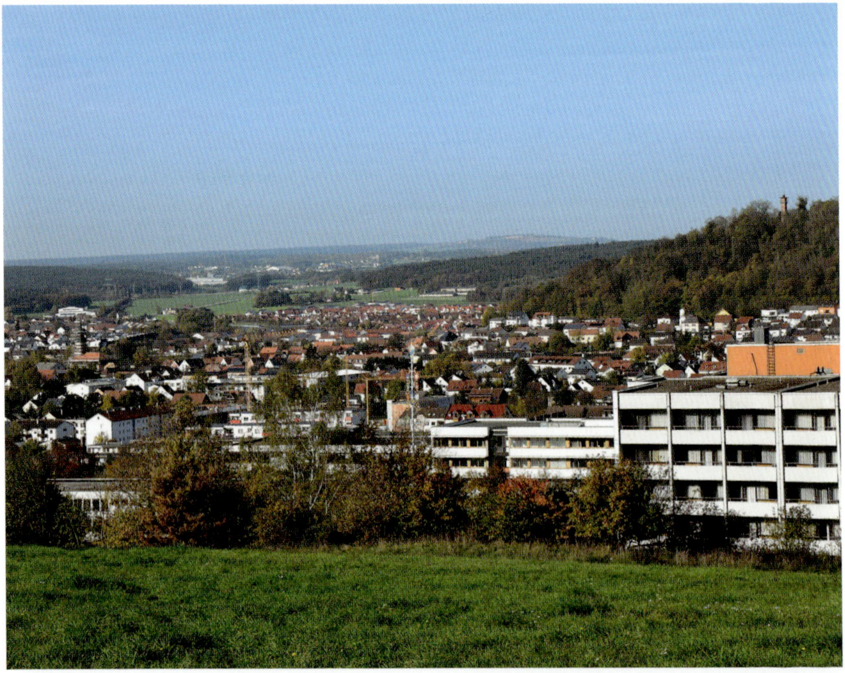

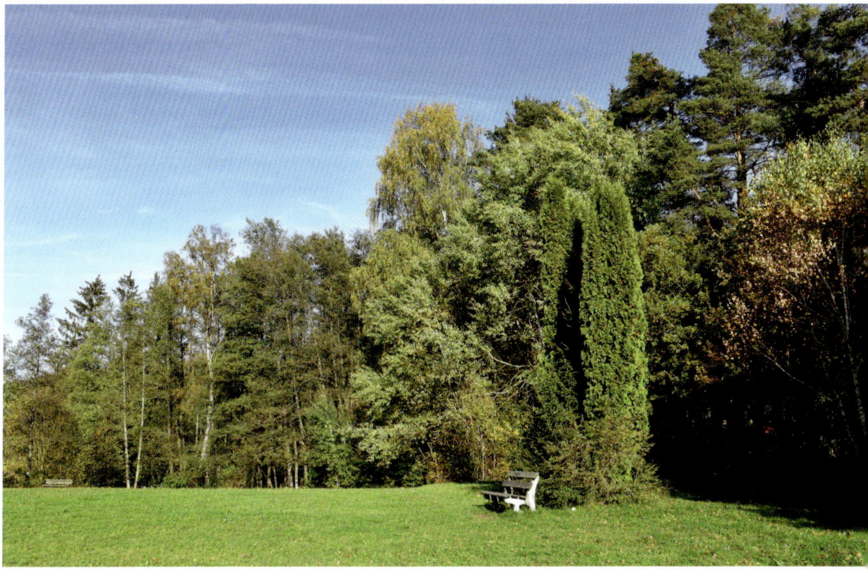

Am Ende der Tour finden sich schöne Rastbankerl

nach einer 180 °-Linkskurve bis zur Hochwasserschutzanlage 2 folgen. Ganze 20 Jahre dauerten hierfür die Planungen. 3600 Quadratmeter Wald mussten dem Hochwasserschutz weichen. Das Bachbett wurde umgeleitet und die Fischteiche wurden zurückgebaut, damit das gesamte Baufeld von ca. 13000 Quadratmetern für die weiteren Arbeiten frei war. So schlecht, finde ich, schaut es gar nicht aus und die Natur wird sich ihren Teil zurück erobern. Jetzt heißt es ein bisschen bergauf, entlang am Steinbachtal. Nach 1,2 km verlassen wir den geschotterten Forstweg und biegen nach rechts auf einen Pfad ab. An der Stelle ein bisschen Obacht geben, man ist schnell mal daran vorbei gelaufen. Dann links dem gut ausgeschilderten Eichhornweg folgen. Der höchste Punkt ist überwunden und merklich geht es abwärts. Auf der Hochstraße angekommen rechts weiter, vorbei an den schweren Maschinen, mit denen hier so einiges abgebaut wird. Nach ca. 200 m wieder ein bisschen die Augen offen halten. Rechts geht es auf einen Waldweg, der uns zur Hauptstraße führt. Diese überqueren, leicht links versetzt setzt sich der schöne Weg fort. Die nächste scharf rechts und auf dem Weg bleiben bis zum Aussichtspunkt 3. Unsere Blicke schweifen über den Markt Regenstauf. Gut zu erkennen sind die Jakobuskirche, der Schlossberg mit dem Ziegelturm und in weiter Ferne die Kaiser- und Herzogsburg zu Lengenfeld. Jetzt hinunter, vorbei am Waldkindergarten, durch den Lindenpark, schon ist es geschafft.

Der Schlossberg von Regenstauf

Das Wahrzeichen von Regenstauf

TOUR 05

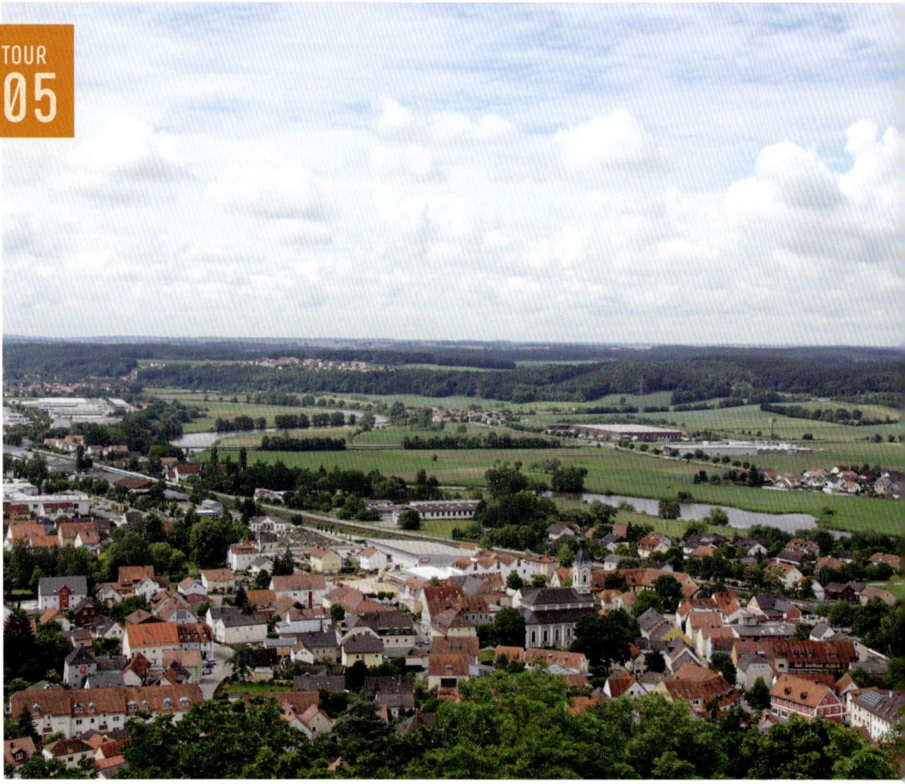

Parkplatz Am Schloßberg,
93128 Regenstauf

Rundweg um den Schlossberg von Regenstauf

Sehr gepflegte, leicht zu gehende Wege; für Kinderwägen mit großen Rädern gut möglich

Der Weg ist für Kinder und auch für ältere Menschen sehr gut geeignet. Es sind viele Bänke rund um den Felssporn verteilt, sodass Pausen zur Erholung jederzeit möglich sind. Ein Besuch des Schlossberges lohnt sich allemal. Zum Thema „Geschichte trifft Natur" hat der Bergverein Regenstauf hervorragende Arbeit geleistet und ein Infocenter sowie zwei Ritterspielplätze errichtet. Weitere Informationen dazu gibt es auf der Homepage des Bergvereins: www.bergverein-regenstauf.de

Café-Restaurant Am Schloßberg
Schlossberg 1, 93128 Regenstauf
Tel. 09402 9485585
www.schlossberg-regenstauf.com

Foto: Blick auf Regenstauf vom Kriegerdenkmal aus

leicht · 1,5 km · 87 Hm · 0:45 h

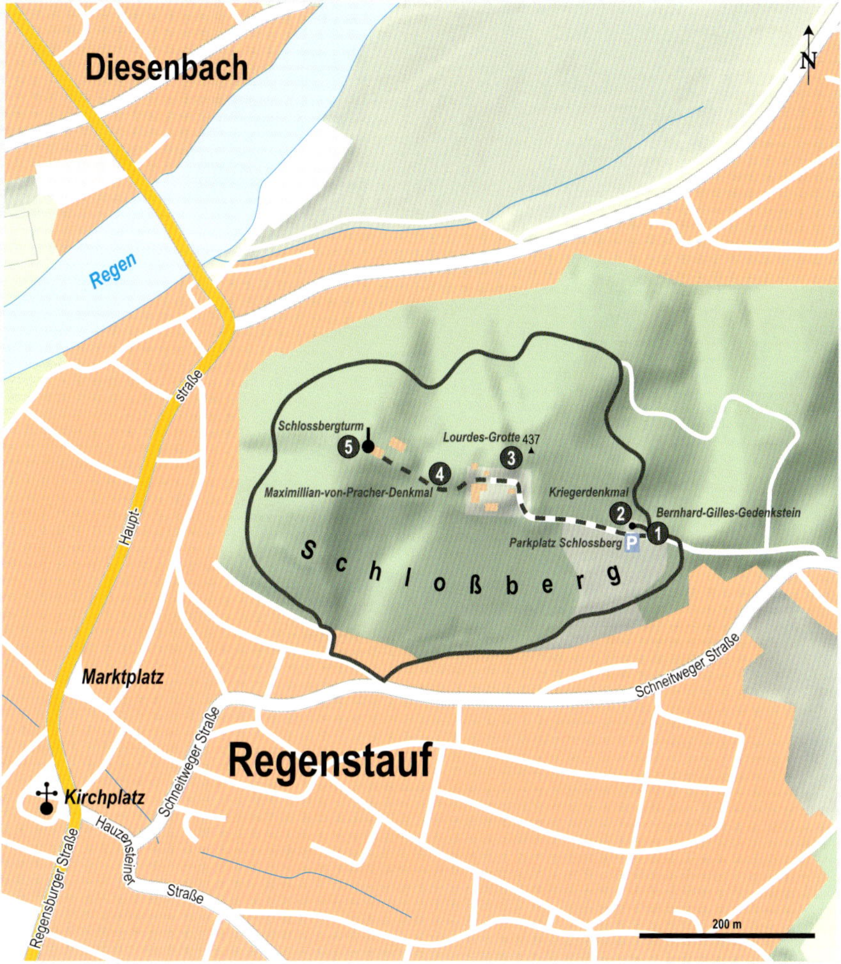

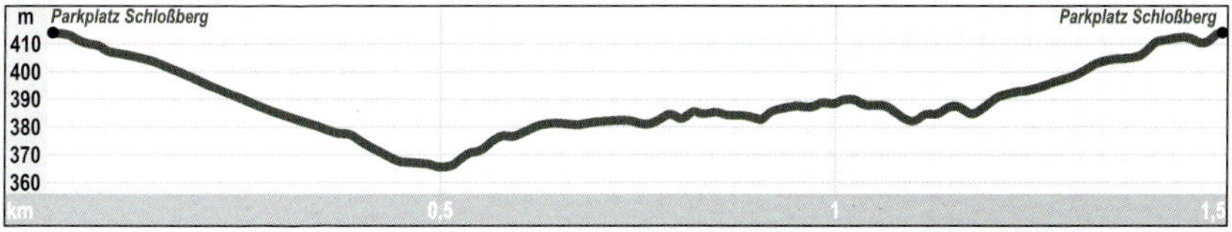

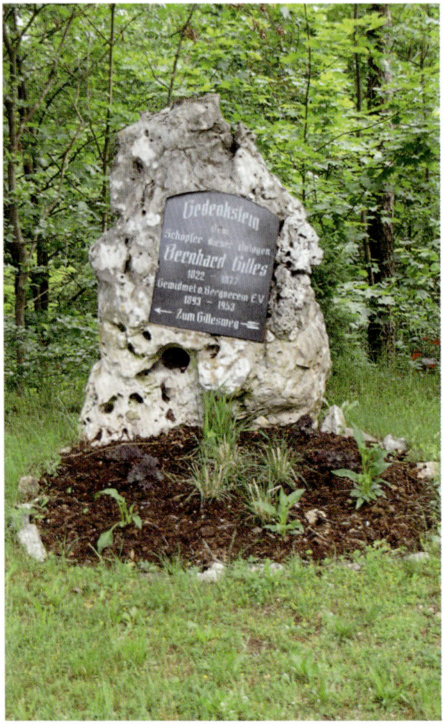

Der Gilles-Gedenkstein

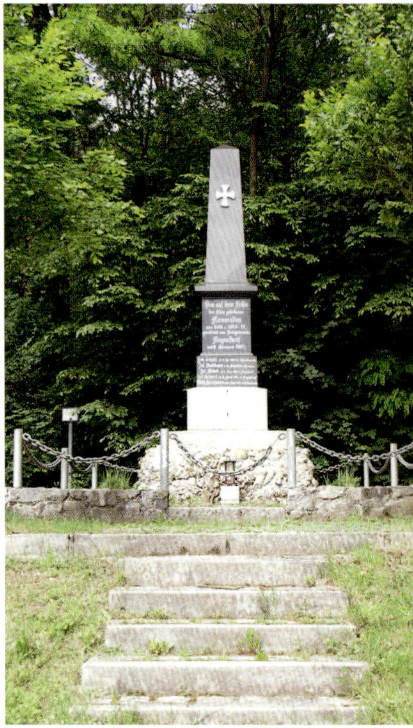

Das Kriegerdenkmal

An Schlossberg, den kennt a jeda Rengstafa, und de wo nan ned kenna, sollten des af jedan Fall nochholn. Hier möchte ich nicht die kleine Runde um den Berg in den Vordergrund rücken, sondern die vielen Sehenswürdigkeiten, Naturthemen und Spielmöglichkeiten für die Kinder. Dennoch beginnen wir mit der Umrundung des Felsens. Vom Parkplatz zwischen Gilles-Gedenkstein ❶ und Kriegerdenkmal ❷ gehen wir in Richtung Süden den Bürgermeister-Strasser-Weg hinunter. Der Gilles-Gedenkstein wurde 1953 zu Ehren von Herrn Kgl. Gerichtsschreiber Bernhard Gilles errichtet, welcher schon um 1870 die ersten Anpflanzungen auf dem Schlossberg vorgenommen hatte. Im Jahre 1953 wurde am 17. Mai eine Gilles-Gedenkfeier abgehalten, zu deren Erinnerung dieser Gedenkstein gehörte. Das Kriegerdenkmal wurde zu Ehren der gefallenen Kameraden errichtet, welche zwischen den Jahren 1866 und 1870/71 ihr Leben lassen mussten. Ein Obelisk auf Inschriftsockel und gestuftem Unterbau, errichtet 1904. Das Denkmal stand 30 Jahre im Garten der Gastwirtschaft „Zum Adler", im Ortskern. 30 Jahre waren dem Denkmal an seinem ursprünglichen Platz vergönnt, dann musste es der neuen Poststelle weichen. Nach langem Hin und Her fand sich doch ein Platz auf dem Schlossberg, den der Markt zur Verfügung stellte. Der dann in den Bürgermeister-Hans-Zelzner-Weg über geht. Unten treffen wir auf die Bergstraße, die wir ca. 150 m in westliche Richtung gehen. Dann gehen wir zwischen den Häusern ein kurzes Stück rechts rauf. Jetzt links auf dem Georg-Puchner-Weg aufwärts marschieren. Sobald wir auf den Kreuzweg treffen, geradeaus weiter. Der Weg wird jetzt zum Bernhard-Gilles-Weg. Man ist hier gar nicht weit von den Straßen entfernt, trotzdem ist es recht ruhig und man hört

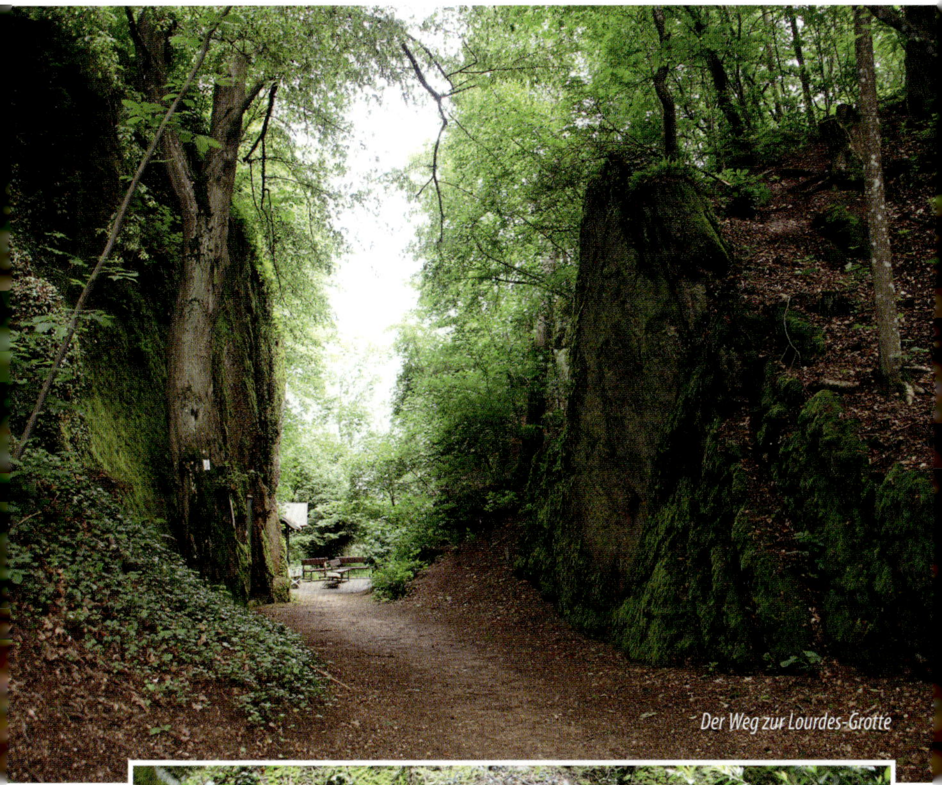

Der Weg zur Lourdes-Grotte

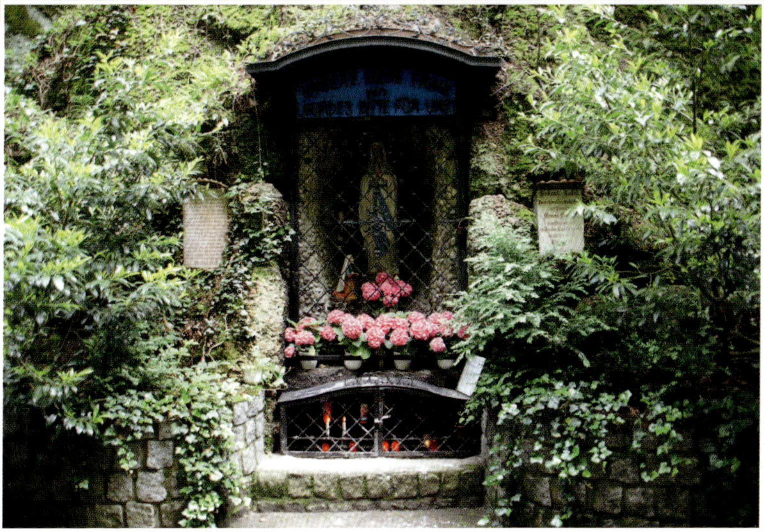

Die Lourdes-Grotte

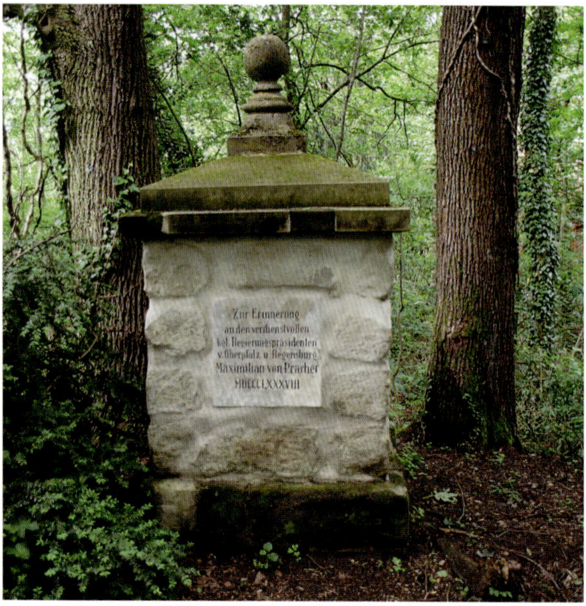

Das Maximilian-von-Pracher-Denkmal

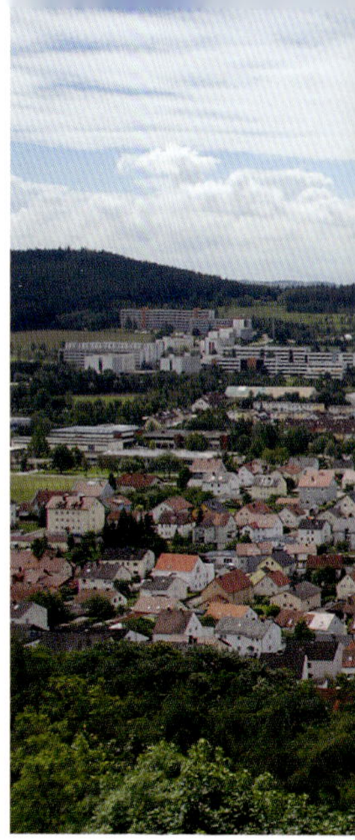

viele Vögel zwitschern. Auf dem Rundweg findet man auch zahlreiche Infotafeln zu den heimischen Vogelarten. Ab und an öffnet sich der recht dichte Baumbewuchs und man kann so manche Blicke auf den Ort Regenstauf erhaschen. Dem Waldweg immer folgen, bis ein kleiner Pfad rechts hinauf geht. Das letzte Stück bis zum Parkplatz ist bald bewältigt. So und jetzt schauen wir mal, was es hier so alles zu entdecken gibt. Rechts neben dem Kriegerdenkmal befindet sich der Baumpfad. An einigen der Bäume sind Tafeln angebracht, auf denen der deutsche und lateinische Name steht. Der Weg zur Lourdes-Grotte führt durch den schluchtartigen Burggraben. Links und rechts stehen mächtige Felsen, deren Wände steil abfallen. Man hat den Eindruck, als ginge man durch ein unsichtbares Tor, in eine andere Welt ❸. Die Lourdes-Grotte auf dem Schlossberg ist von Felsen umgeben, wurde im Jahre 1888 geschaffen und 2001 renoviert. Wie viele leidgeprüfte Menschen mögen seit über 100 Jahren hierher gekommen sein, um Trost zu suchen und um Hilfe zu bitten. Im Monat Mai begibt sich schon in den frühen Morgenstunden eine Schar Gläubiger zur Grotte, um in Gottes freier Natur eine Maiandacht abzuhalten. Dieser schöne Brauch ist bereits zur Tradition geworden. Die Lourdes-Grotte ist auch das Ziel für Prozessionen sowie für die Erstkommunionkinder, die sich mit ihren Eltern und Verwandten daran beteiligen. Bei feierlichen Anlässen fanden an diesem Ort auch eindrucksvolle Feldgottesdienste statt.

Links unterhalb der Gaststätte beginnt der Turmweg, welcher uns direkt zum ersten Ritterspielplatz führt. Da möchte man gerne noch mal Kind sein. Wie ein Stück Mauer einer alten Ritterburg steht er da und wartet darauf bespielt zu werden. Rechts neben dem Spielplatz ist der Eingang zum Infocenter. Hier dreht sich alles um die heimische Natur. Es gilt spielerisch Rätsel zu lösen, man kann Vogelstimmen erraten und viele Tiere, z. B. das Eichhörnchen, der Steinmarder, Hornissen und viele verschieden Vogelarten, sind als Präparate zu bewundern. Weiter geht's auf dem Turmweg. Kurz einen Abstecher zum Pracherdenkmal ❹. Es handelt sich um einen Kubus mit Deckplatte,

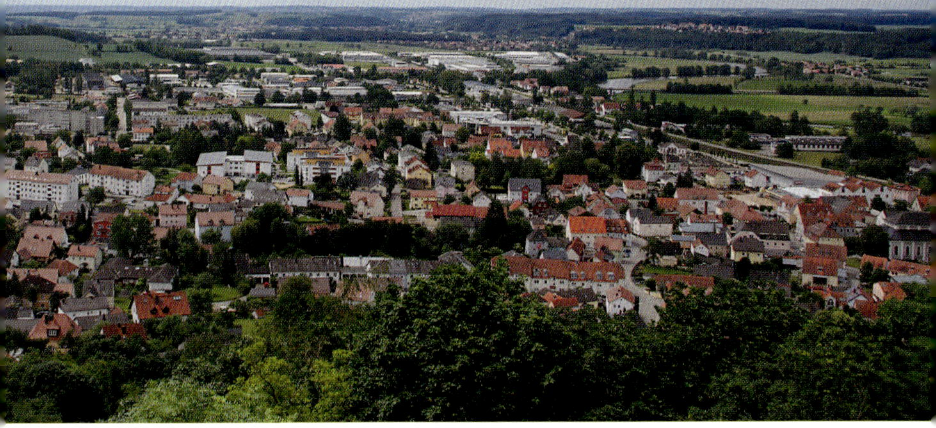

Die Aussicht auf Regenstauf vom Schlossberg

Inschriften und Aufsatz, spätklassizistisch, errichtet 1888. Dann schnurstracks zum Turmplatz. Das mit roten Hartbrandziegeln errichtete Bauwerk 5 scheint zu leuchten, wenn es von der Sonne angestrahlt wird. Der Schlossbergturm ist das Regenstaufer Wahrzeichen. Erbaut wurde der Turm 1891 und im Jahre 1952 wurde er nochmal erhöht. Gut dass ich den Schlüssel für den Turm noch schnell in der Gastwirtschaft mitgenommen habe. Eine schier endlos scheinende Wendeltreppe mit über 100 Stufen führt uns hinauf. Der Ausblick ist enorm. Keine Bäume trüben das Sichtfeld. Der Markt liegt uns zu Füßen, der Regen, wie er sich zwischen Diesenbach und Regenstauf durchschlängelt, die Kaiser- und Herzogsburg von Burglengenfeld ist gut zu sehen und weitreichende Aussichten ins Hinterland lassen die Herzen höher schlagen. Auf dem Platz befindet sich auch der zweite Ritterspielplatz. Zwei sich gegenüber stehende Holzpferde mit Federbeinen stellen einen Turnierplatz dar. Das Lanzenstechen, auch Tjosten genannt, ist die Königsdisziplin eines jeden Ritterturniers. Der Unterlegene muss dabei nicht nur

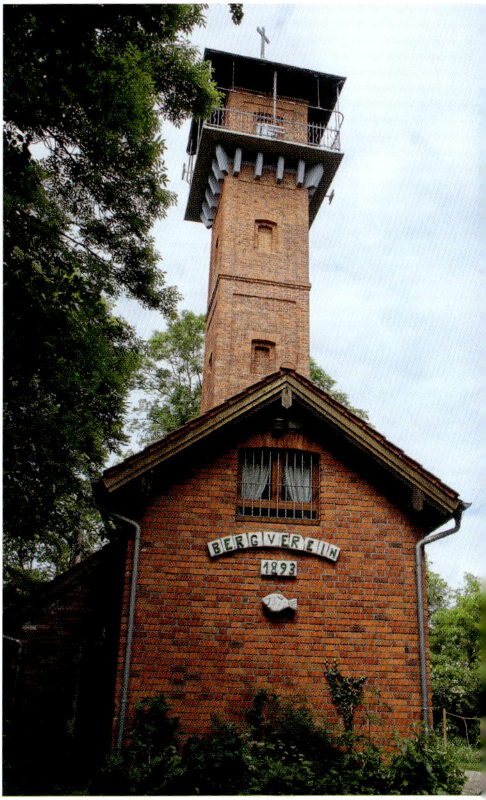

Der Aussichtsturm

mit der Schmach des Verlierers leben, sondern verliert auch Pferd und Waffen an den Sieger. Für die Eltern gibt es einige Sitzgelegenheiten, während sich die Kids so richtig austoben können. Zu erwähnen ist auch noch der Kreuzweg, der mit seinen Marmorstufen an einer recht steilen Stelle am Berg sehr schön angelegt ist. Sollte ich das eine oder andere vergessen haben zu erwähnen, sei mir verziehen. Aber genau das ist das Schöne am unterwegs sein auf dem Schlossberg. Er bietet für Groß und Klein, für Alt und Jung jede Menge Abwechslung und langweilig wir es hier oben nie. Was ist das für ein Geräusch? Oh, mein Bauch meldet sich. Ich verspüre doch so ein bisschen Hunger. Jetzt aber schnell ins Café-Restaurant Am Schloßberg. Das reichhaltige Angebot lässt keine Wünsche offen.

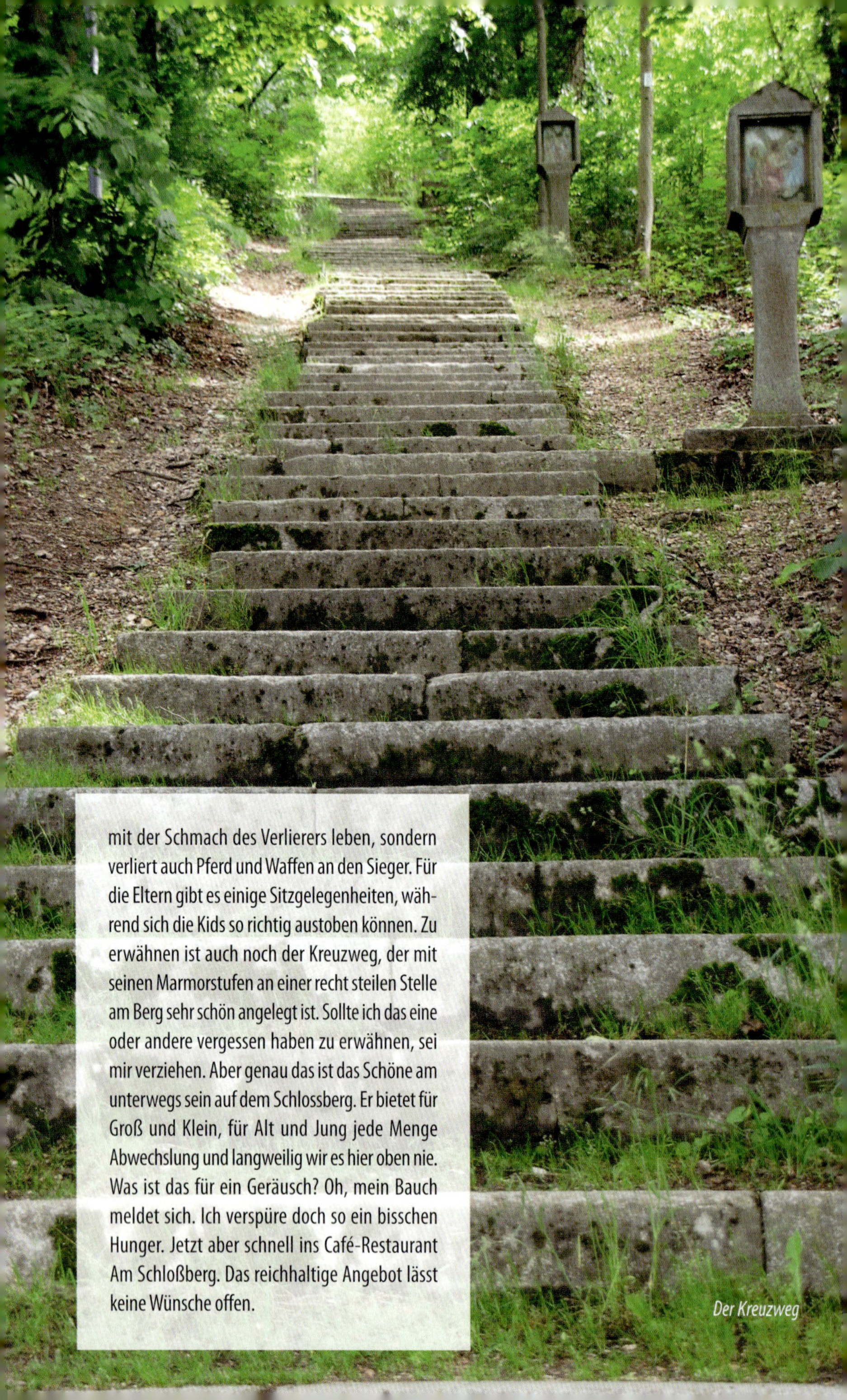

Der Kreuzweg

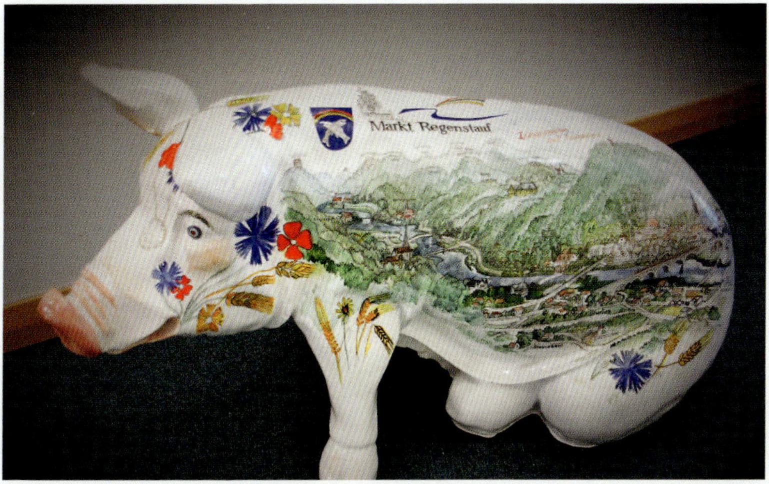

Der Oherr

„Vor mehr als 100 Jahren hat sich in Regenstauf eine Begebenheit zugetragen, die bis auf den heutigen Tag noch nicht vergessen ist. Die Not war seinerzeit fast in jedem der kleinen Tagelöhnerhäuschen daheim. So ist es auch verständlich, daß einer seiner Bewohner, der zugleich eine stattliche Kinderzahl sein eigen nannte, in aller Heimlichkeit eine Sau stahl und sie auch schlachtete, um die hungrigen Mäuler zu stopfen. Aber schon nach wenigen Stunden erfuhr der Tagelöhner, daß man auf der Suche nach dem gestohlenen Schwein war. In aller Eile schleppte er daher die noch ungeteilte Diebesbeute über die Bodenstiege in eine kleine Kammer und legte sie dort behutsam in ein Bett: gleich einem Schwerkranken deckte er sie fürsorglich zu. Nur noch der „Saukopf" verriet die wohlverwahrte Beute. Flugs nahm sich der geängstigte Dieb die Zipfelhaube vom Kopf und stülpte sie seinem Opfer so geschickt über, daß nur noch der Rüssel und die geschlossenen Augen der Sau sichtbar waren. Nach getaner Arbeit verließ er die Kammer und begab sich in die einzige Stube zu ebener Erde. Schon pochte es an die Tür. Ein Schandarm erschien, der beauftragt war, bei dem der Tat verdächtigen Taglöhner Hausdurchsuchung zu machen. So kam er auch vor die Bodenkammer. Als er Miene machte, sie zu betreten, stellte sich der Taglöhner in die Tür, jeglichen Zutritts zum Diebesversteck verwehrend. „Do koanst net eine, doa liegt unsa kranka Oherr drin!"
Doch der Diebesbeflissene ließ sich nicht von seinem Vorhaben abbringen, schob den Tagwerker beiseite, und betrat die Kammer. Er traute seinen Augen nicht, als er den angeblichen Oherrn im Bett fand, der sich bei näherem Betrachten als die gesuchte Sau entpuppte.
„Ah dös is eier kranka Oherr! Der schlaft aber recht guat! Gehn ma, daß er net wach wird" sprachs und brachte den überführten Dieb in sicheren Gewahrsam. So fand die Fürsorglichkeit des armen Taglöhners ein jähes und tragisches Ende."
Was die Erzählung an Dichtung und Wahrheit birgt, lässt sich heute nicht mehr genau feststellen.

Ruine Forstenberg

Zeitzeuge vergangener Tage

TOUR 06

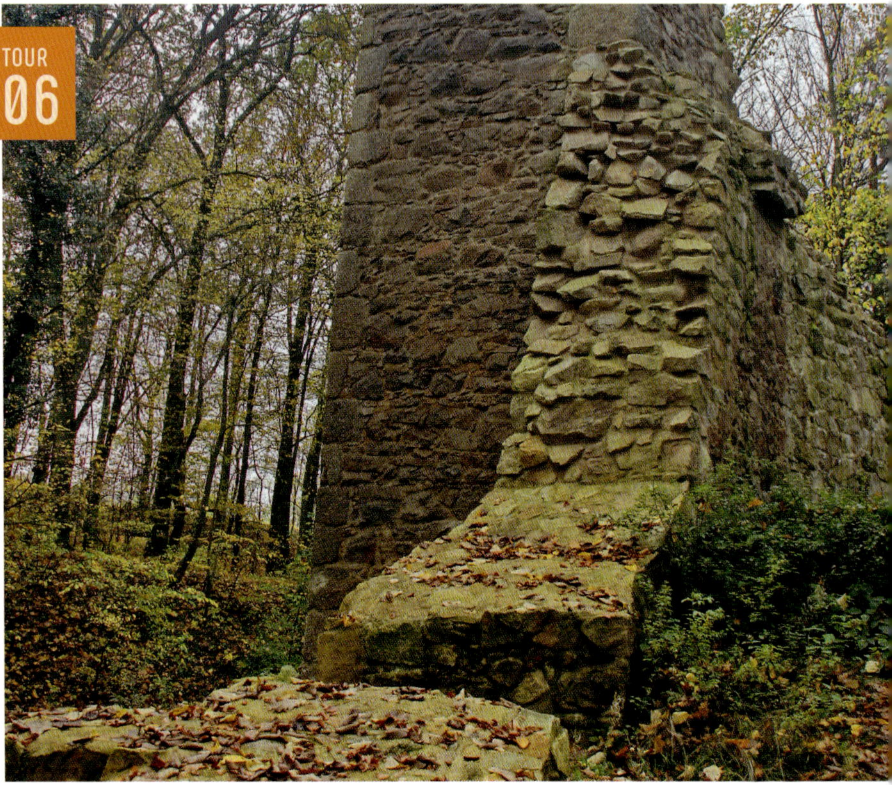

Start/Ziel: Wanderparkplatz Karlstein, Schloßparkstraße 1, 93128 Regenstauf

Karlstein – Ruine Forstenberg – Stadel – Karlstein

Beginn und Ende kurzes Stück Teerstraße; ansonsten Wald- und Schotterwege; festes Schuhwerk ist ratsam

Eine nette kleine, sehr ruhige Runde, mit An- und Abstiegen. Highlight ist hier die Ruine Forstenberg, welche vor nicht allzu langer Zeit renoviert wurde.

Landgasthof Lautenschlager
Schloßparkstraße 3, 93128 Regenstauf
Tel. 09402 5393
www.landgasthof-lautenschlager.de

Kaffee Herzerl Ramspau
Karlsteiner Straße 2, 93128 Regenstauf
Tel. 09402 782551

Foto: Ruine Forstenberg – bitte die Anlage nicht betreten oder besteigen! Sie ist auch nur von außen zu besichtigen.

leicht | 4,3 km | 153 Hm | 1:30 h

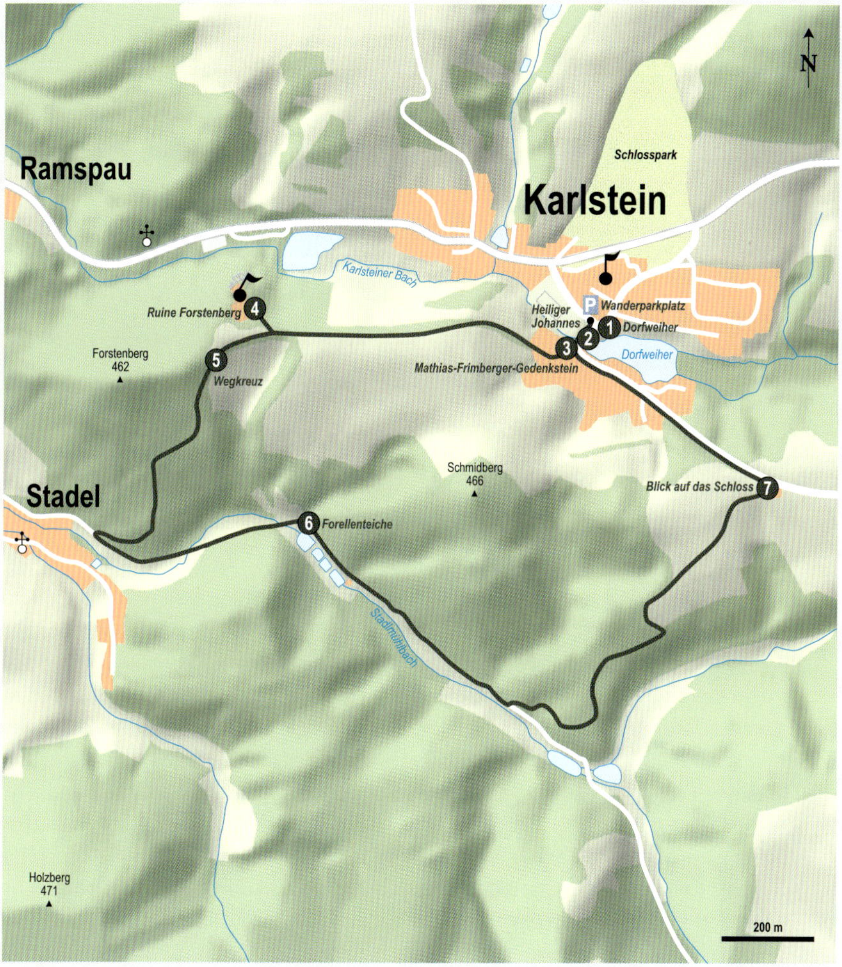

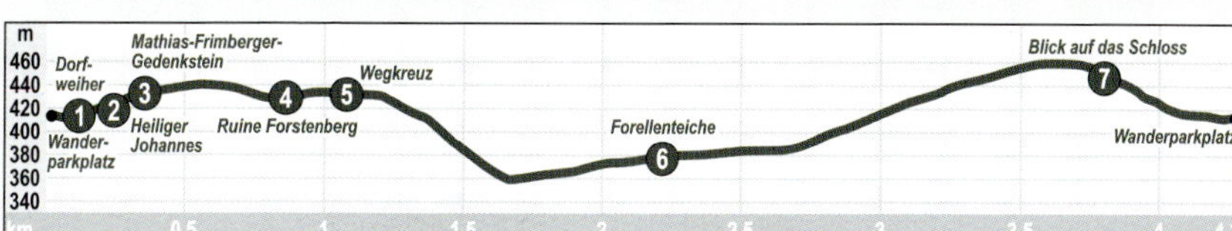

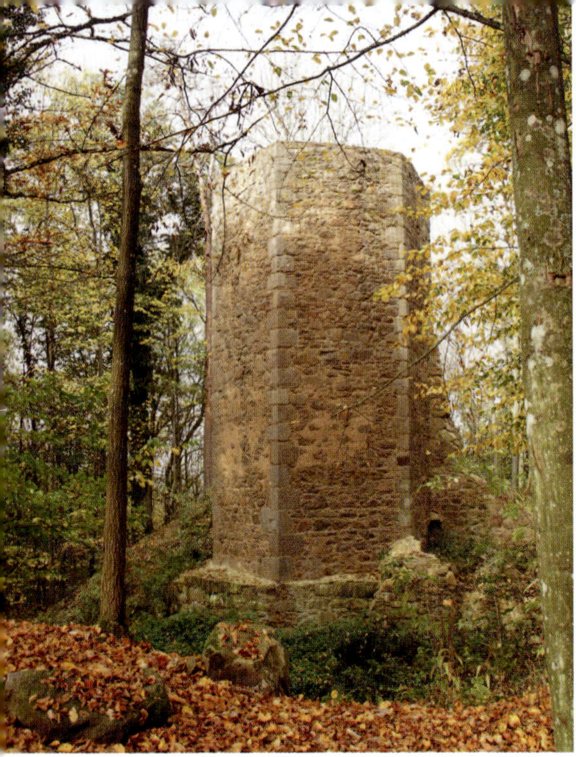

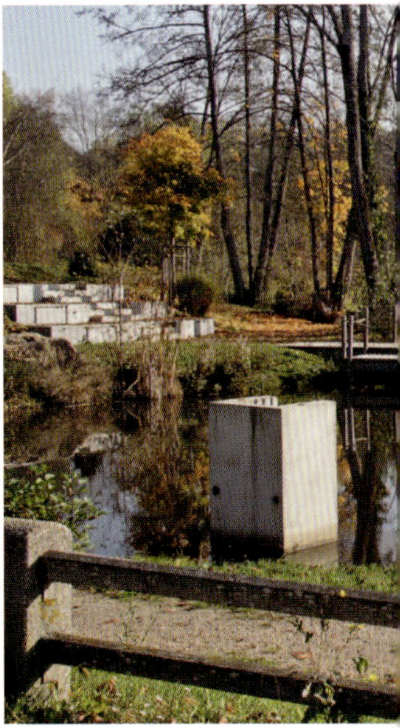

Ruine Forstenberg

Auch hier ist der Ausgangspunkt der Parkplatz an der Schloßparkstraße in Karlstein. Wir halten uns Richtung Dorfweiher und orientieren uns an einem grünen Rechteck auf weißem Grund (Wanderwegmarkierung). Man kann sich an der Ecke der Kreuzung noch weiter über die Gegend und Wandermöglichkeiten informieren. Karlstein ist vor allem durch seine herrliche landschaftliche Lage, das Karlsteiner Schloss, die örtliche Gastronomie und als Knotenpunkt im regionalen Wanderwegenetz ein beliebtes Naherholungsziel. Der Dorfweiher ❶, welcher direkt vor uns liegt, wurde unter dem Motto „Geschichte trifft Natur" vor ein paar Jahren aufwendig und unter Einhaltung ökologischer Gesichtspunkte aufgehübscht. Gewacht hat hierüber wohl der Hl. Johannes ❷, dessen Statue auf einem Steinsockel nebst dem Weiher steht. Unser Weg führt uns rechts weiter und ein Wegkreuz bzw. ein Gedenkstein ❸ erweckt unsere Aufmerksamkeit. Der Bindermeister Mathias Frimberger ist hier am 24.10.1924 tödlich verunglückt. Der Beruf des Binders, auch Fassbinder, Kübler oder Schäffler genannt, umfasste unter der Haupttätigkeit des Herstellens von Fässern auch das Produzieren von Bechern, Eimern, Kannen, Waschzubern usw. Die Straße macht sodann einen Linksknick. Wir marschieren rechts auf dem Alleeweg zwischen den Häusern hindurch. Es geht leicht bergauf, links ist eine hohe bewaldete Böschung. Rechts haben wir über Felder und Wiesen eine freie Sicht auf die nun vor uns liegende Ortschaft, samt Schloss. Auf der linken Seite steht bei einer alten Bank eine Informationstafel zu Ortsgeschichte, Besitzerwechsel und Schlossgeschichte, welche im Zuge der ins Leben gerufenen Burgensteige aufgestellt wurde. Dem Weg einfach weiter folgen. Der Wald wechselt jetzt von der

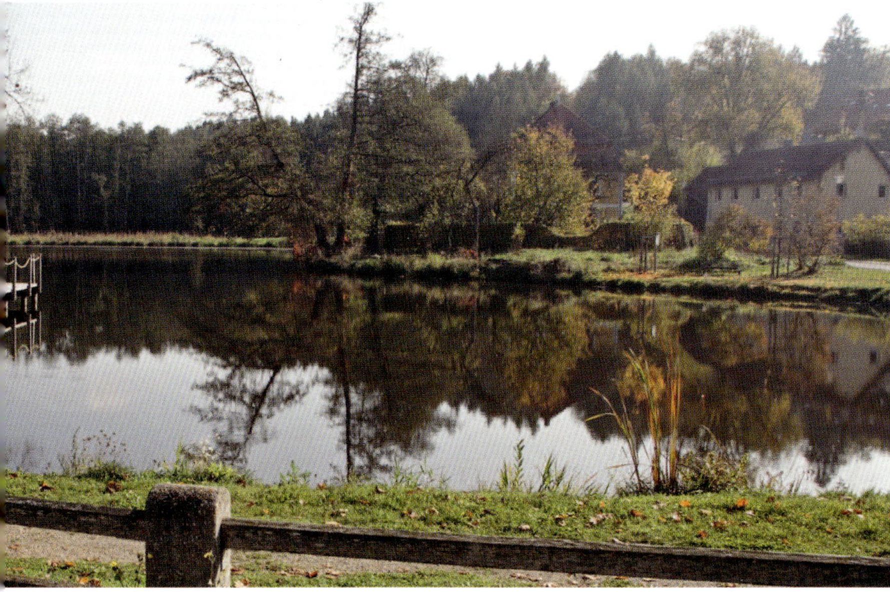

Der Dorfweiher in Karlstein

linken auf die rechte Seite. Sobald man bei der Weggabelung, an der ein mächtiger Laubbaum steht, angekommen ist, besteht die Möglichkeit, einen Abstecher zur rechts liegenden Ruine Forstenberg 4 zu machen. Es handelt sich hier um eine typische Kleinburg, welche vermutlich im 13. Jahrhundert von den „Herren von Forstenberg" erbaut wurde. Wenige Jahrzehnte später wechselten die Herren der Burg nach Falkenstein und Burg Forstenberg ging in der darauffolgenden Zeit durch viele Hände. Spätestens ab dem 17. Jahrhundert wurde sie endgültig aufgegeben und verfiel zusehends. Erhalten blieben nur der mächtige Stumpf des fünfeckigen Bergfrieds und Teile der Wall- und Grabenanlagen. Wunderschön und imposant jedoch ist ihre traumhafte Lage auf einer Anhöhe mitten im Wald. Bitte die Anlage, welche sich in Privatbesitz befindet, nicht betreten oder besteigen. Sie ist auch nur von außen zu besichtigen (kein Zugang). Bitte den gleichen Waldweg wieder zurück bis zur Gabelung gehen. Dann rechts über den nun folgenden Wiesenweg weiter, bis zur nächsten Gabelung. Hier links, vorbei an einem alten Holzkreuz 5, welches traurig und vergessen wirkt. An den Spuren lässt sich ablesen, dass hier mal eine Jesusfigur hing. Kurz darauf wieder links, dem schmäleren, leicht verwachsenen Weg bergab folgen (grünes Rechteck). An diesem herrlichen Herbsttag, ab und zu blitzt die Sonne durch, begeistern mich die verschiedenen Farben der Blätter, die dem Laubwald eine besondere Atmosphäre verleihen. Nach ca. 200 m erneut links, bis wir auf die Forellenteiche 6 am Ortsende von Stadel treffen. Die Teiche werden ständig vom Stadlmühlbach gespeist, sodass die Fische immer mit sauberem, sauerstoffreichem Wasser versorgt werden. Der Untergrund wechselt jetzt zu einem breiteren Schotterweg,

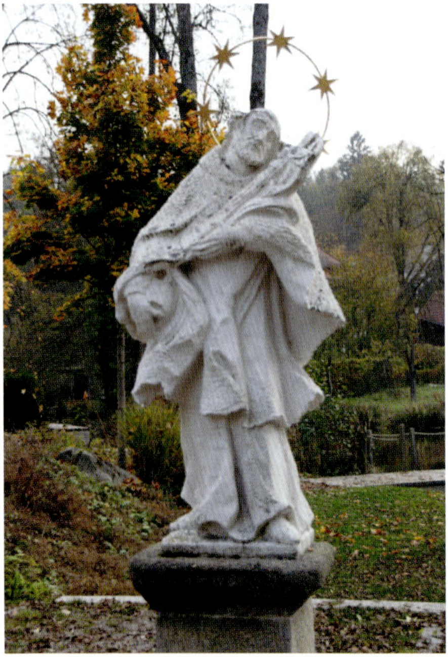

Hl. Johannes

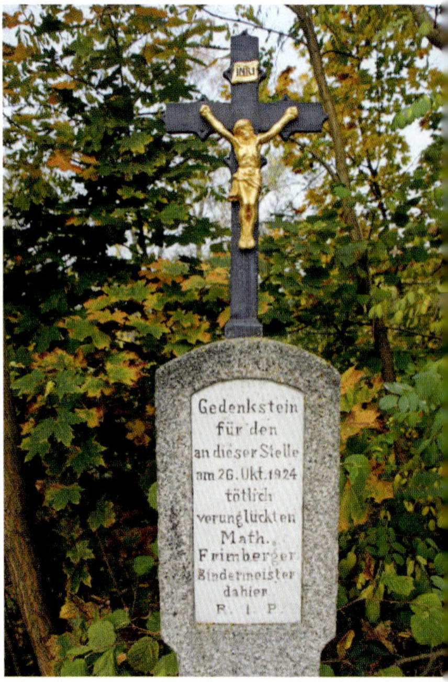

Gedenkstein

Wall- und Grabenanlage der Ruine Forstenberg

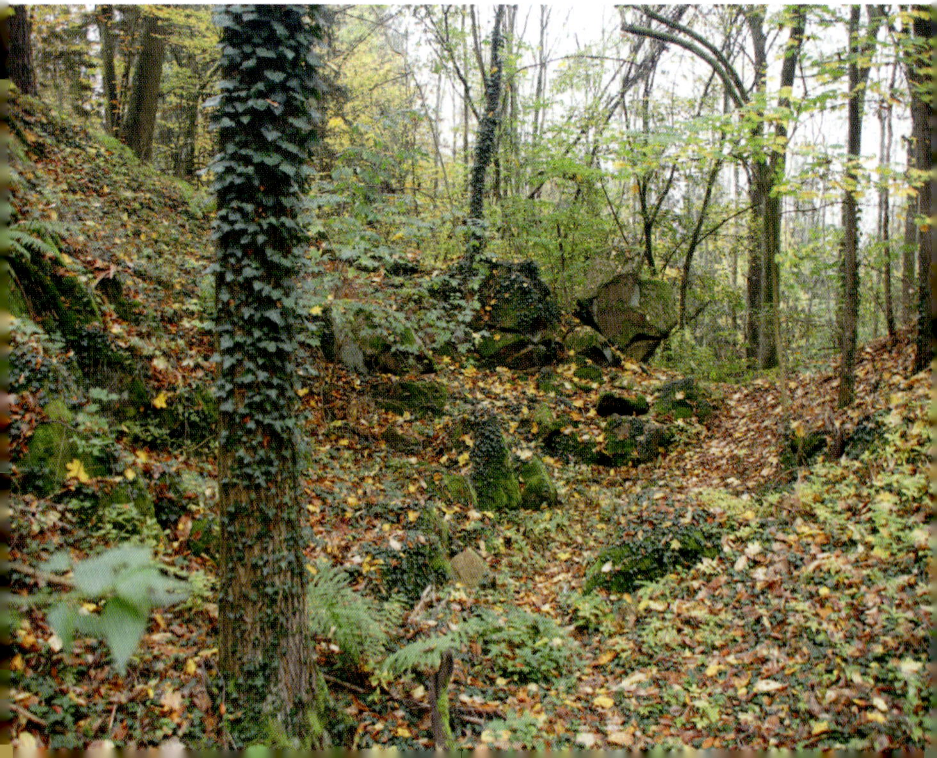

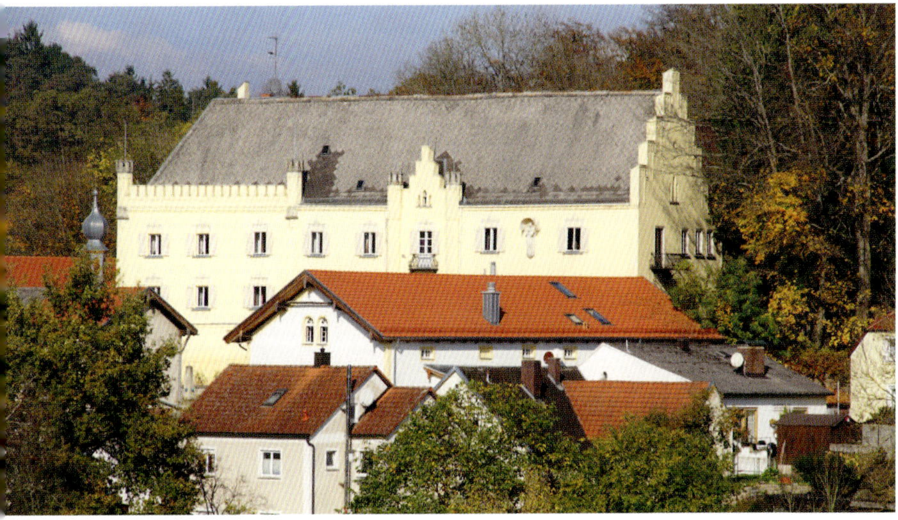

Blick auf das Schloss Karlstein

Altes Holzkreuz

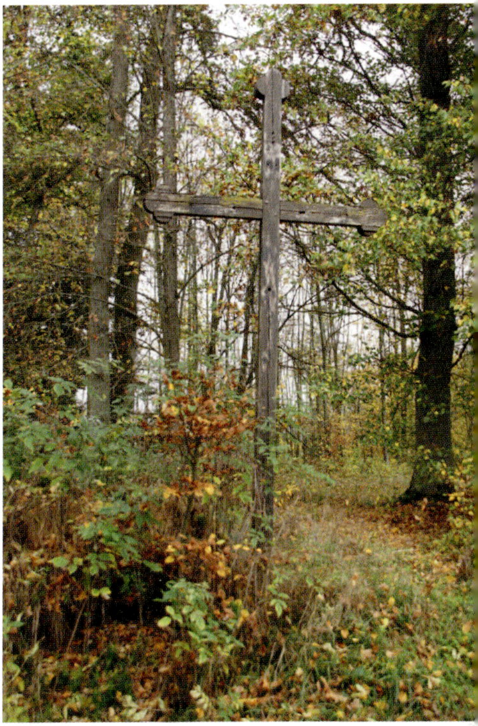

den wir links, bergauf, immer am Bach entlang marschieren. Es kommt noch eine weitere Fischzuchtanlage, die auf mich einen vernachlässigten Eindruck macht. Achtung: Nach ca. 1 km gabelt sich erneut der Weg. Hier müssen wir bergauf, Richtung Karlstein, Ruith. An einem Baum ist ein gut sichtbarer Wegweiser. Kurze Steigungen lassen den Puls schneller schlagen und rasch wird uns warm. In Schlangenlinien zieht sich der Weg durch den Wald. Links sind einige große Ameisenhügel. Scheinbar fühlen sich die sehr nützlichen Tierchen hier sehr wohl. Der Wald lichtet sich und es kommen Felder und Wiesen. Es öffnet sich freie Sicht, sodass wir die Blicke über die Gegend schweifen lassen können. Wieder auf die Hauptstraße treffend, links bergab nach Karlstein. Wenn man rechts schaut, hat man einen guten Blick auf das Schloss 7. Noch vorbei am Weiher und schon sind wir wieder bei unserem Ausgangspunkt angekommen.

Auf den Spuren der Riesen

Abwechslungsreiche Strecke mit herrlichen Aussichten

TOUR 07

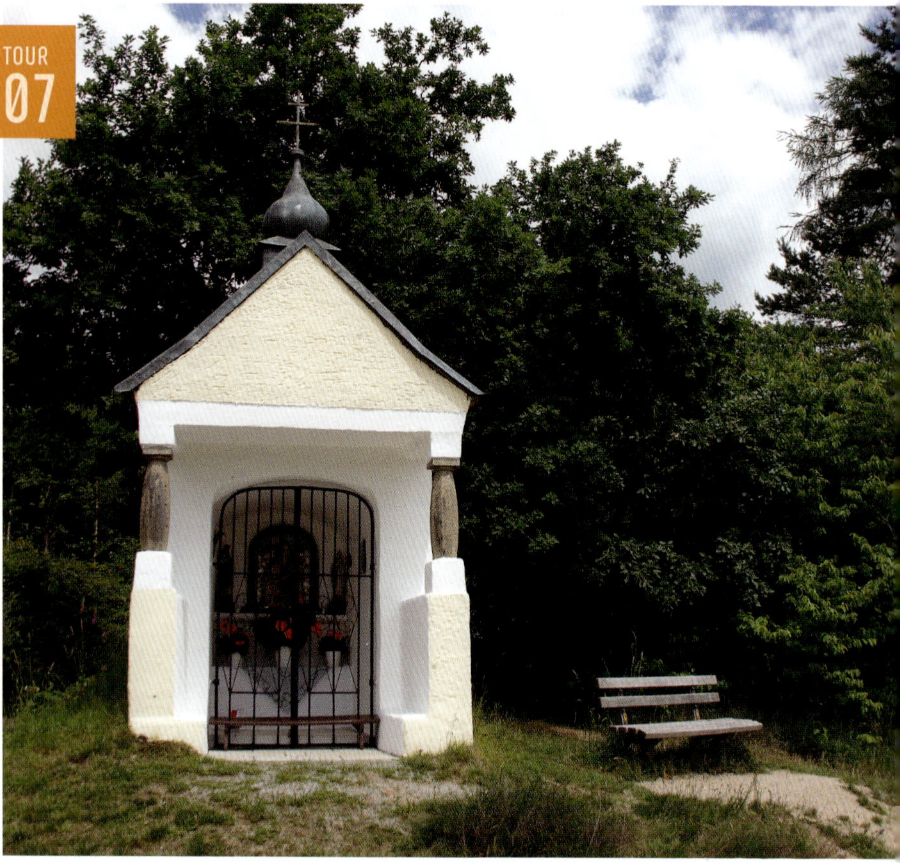

Start/Ziel: Wanderparkplatz Karlstein, Schloßparkstraße 1, 93128 Regenstauf

Karlstein – Drackenstein – Danersdorf – Kirchberg – Karlstein

Überwiegend Pfade und Waldwege; dazwischen auch mal Teer; festes Schuhwerk ist ratsam

Die Strecke ist abwechslungsreich und bietet herrliche Aussichten. Nach dem langgezogenen, mäßigen Anstieg nach Drackenstein ist das anstrengendste Stück geschafft.

Landgasthof Lautenschlager
Schloßparkstraße 3, 93128 Regenstauf
Tel. 09402 5393
www.landgasthof-lautenschlager.de

Foto: Die Theresienkapelle

mittel | 9 km | 233 Hm | 2:30 h

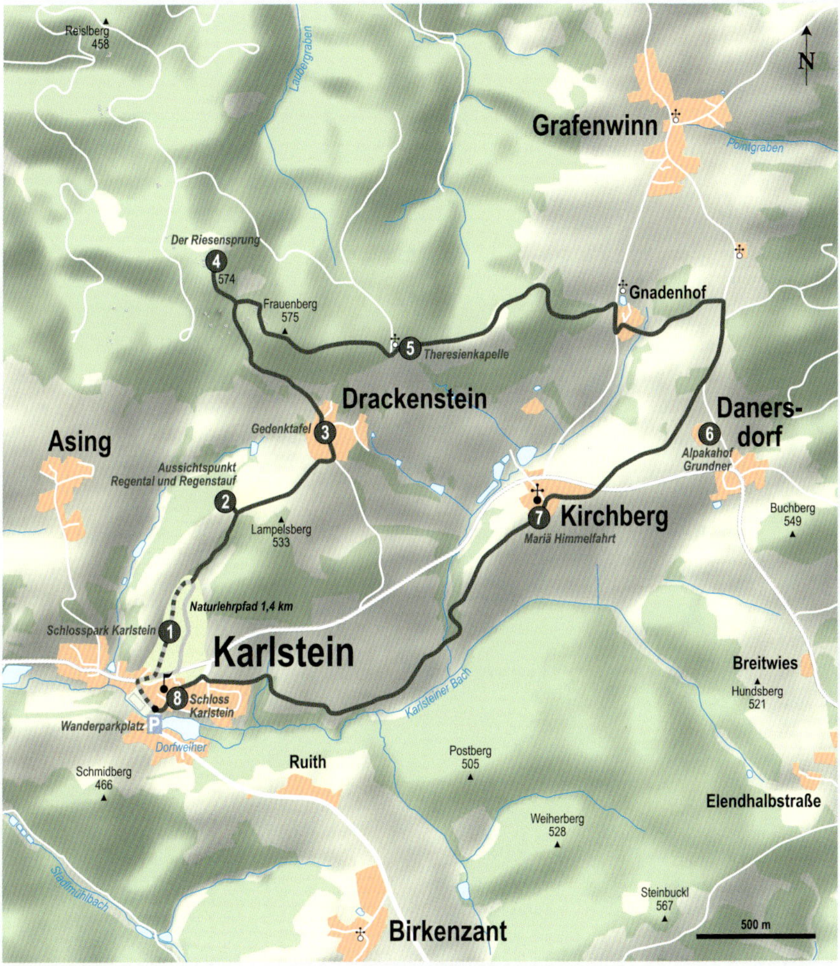

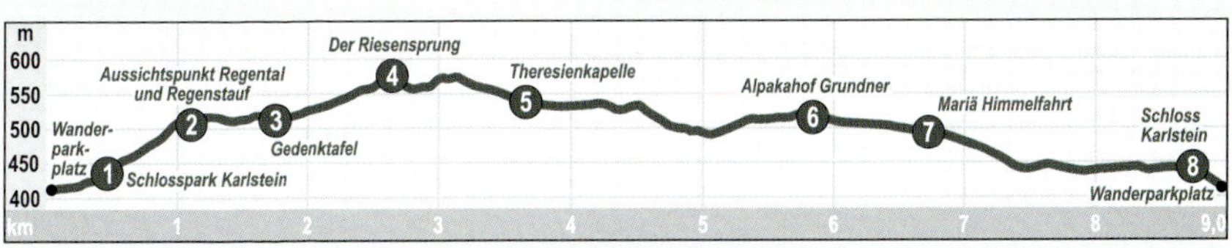

Vom Parkplatz an der Schloßparkstraße in Karlstein machen wir uns auf den Weg zur Max-Graf-von-Drechsel-Straße, Hauptdurchgangsstraße. Bevor man die Straße überquert, kommt man am Gedenkstein des Widerstandskämpfers von Drechsel vorbei, * 3. Oktober 1911 in Karlstein, † 4. September 1944 in Berlin-Plötzensee. Rechts neben dem Feuerwehrhaus beginnt der urige Schlossgarten ❶. Leicht bergauf zieht sich der mit Blättern bedeckte Waldweg Richtung Norden. Links und rechts stehen mächtige Buchen und Eichen. Was die wohl alles schon erlebt haben, wenn die uns was erzählen könnten. Der Pfad ist mit Infotafeln über die heimische Tier- und Pflanzenwelt bestückt, sodass man sich ganz nebenbei weiterbilden kann. Es besteht die Möglichkeit, den Schlosspark als Rundweg zu nutzen (ca. 1,4 km). Für Familien mit kleineren Kindern eine kurzweilige, nette Runde. Auch im Sommer, durch den hohen Schattenanteil, sehr angenehm zu gehen. Wir folgen dem Weg mit der grünen Dreiecksmarkierung auf weißem Grund am Feldrand entlang. Auf der Anhöhe, wenn der Wald zu Ende ist, lohnt es sich, ein paar Meter links in die Wiese zu gehen. Ein toller Ausblick ❷ ins Regental und auf die Ortschaft Regenstauf sind unser Lohn. Über einen Feldweg, vorbei an Schlehenstauden und wilden Kirschbäumen, marschieren wir nach Drackenstein. Rechts kann man Kirchberg mit der Mariä-Himmelfahrt-Kirche sehr gut sehen. Links öffnet sich ein malerisches Panorama ins Regental und der Horizont scheint nur aus Hügeln und Bergen zu bestehen. In Drackenstein links halten. Nach ca. 50 m stoßen wir auf eine Gedenktafel ❸, die da Grausiges zu berichten vermag. Die Anna war's! Sie hat sie erschlagen, die Sabina Kapfenberger, ihre grausame Herrin, im Jahre 1552. Brandstifter und Diebe gaben der Burg 1573 den Rest. Vom nachhinein erbauten Schloss ist heute nichts mehr zu sehen. Weiter auf der Asphaltstraße bergab, bis zu einer Gabelung. Aufgepasst:

Im Naturlehrpfad

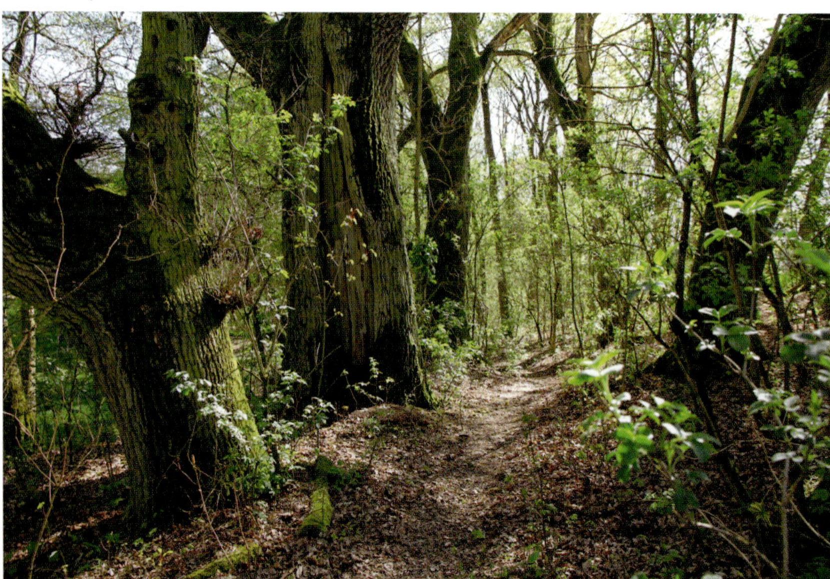

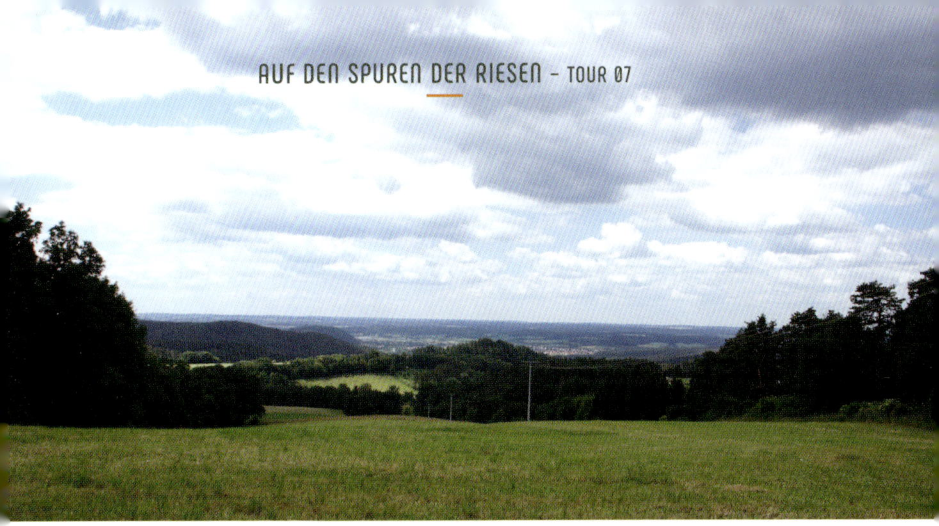

Aussichtspunkt ins Regental und auf Regenstauf

Hier nicht dem grünen Weg folgen. Weiter geradeaus, zu den Häusern 6, 6a, 7. Die Straße geht nahtlos in einen Schotterweg über und führt Richtung Wald. Bis zum hölzernen Hinweisschild „Riesensprung 400 m" folgen wir dem Weg am linken Waldrand. Ruhe, durchatmen, das tut gut. Granitfelsen und Findlinge geben schon einen kleinen Vorgeschmack auf das, was uns erwartet. Der märchenhafte, weiche Wurzelweg zieht uns in seinen Bann. Schön! Was ist das? Rechts, direkt neben dem Weg, stehen ein Schalenstein und eine steinerne Sitzbank. Was von den Kelten, könnte man meinen. Wurden hier mal Rituale abgehalten? Ich glaube eher nicht. Schaut bei

Wegweiser zum Riesensprung

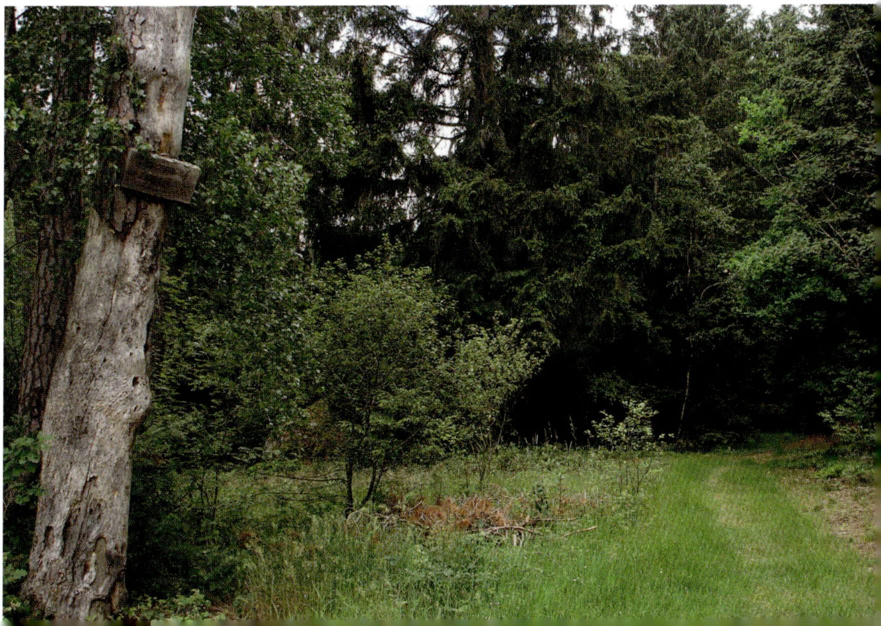

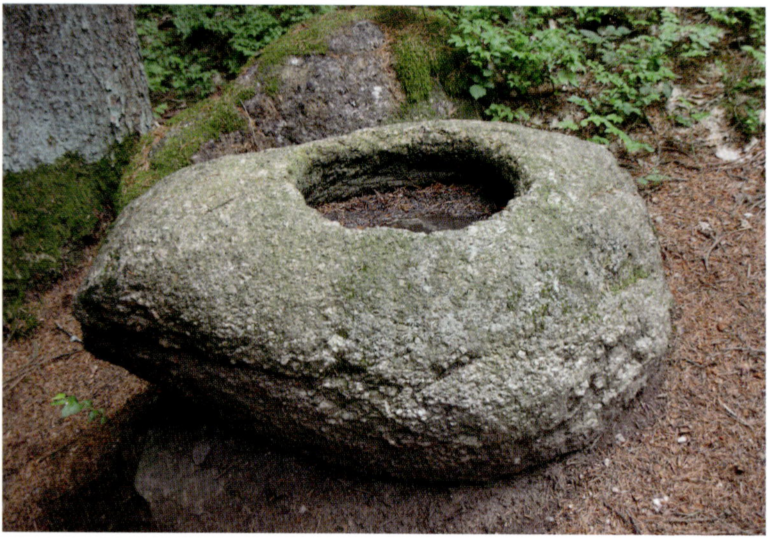

Ein Schalenstein

näherer Betrachtung jünger aus. Den Vögeln wird's gefallen, wenn an heißen Sommertagen ein Bad in der Schale für Abkühlung sorgt. Jetzt aber weiter zum Riesensprung. Bei der nächsten Kreuzung (rechts liegt ein großer Findling mit Spuren von Schlageisen) gehen wir links bis zu einer Felsformation mit dem Abdruck vom Riesen 4. Die Sage weiß zu berichten: Als die Erde noch nicht ganz ausgehärtet war, lebten in der Oberpfalz viele Riesen. Die sind auch dafür verantwortlich, dass es bei uns so hügelig ist. Einer davon sprang von hier nach Regensburg. Dabei hinterließ er einen Abdruck im Felsen. Wer meint, das sei ein Fußabdruck, der irrt sich gewaltig. Es ist nur eine seiner großen Zehen. Zurück zur Kreuzung und geradeaus weiter, rechts am Findling vorbei. Mächtige Steinformationen sind unsere ständigen Begleiter durch den Wald am Frauenberg. Bis zur Theresienkapelle immer auf dem Waldweg bleiben. Von der Kapelle 5 aus folgen wir wieder der grün markierten Forststraße Richtung Grafenwinn. Ausblicke nach Süden und Osten schmeicheln aufs Neue unseren Sinnen. Es geht noch durch ein kleines Waldstück. Achtung: Sobald wir freie Sicht haben, rechts halten, in den Wald hinein, ein kleines Stück bergauf, dann gleich wieder links bergab, bis zur Asphaltstraße. Jetzt rechts, an Gnadenhof vorbei, links führt die Straße in die Ortschaft und dann rechts leicht bergab bis man auf einen Feldweg kommt. Dieser führt zunächst über Felder Richtung Norden, links kommt ein kleines Waldstück, dann rechts halten bis zur Straße. Sobald man über der Kuppe ist, kann man Danersdorf und den Alpakahof der Familie Grundner sehen 6. Vor dem Gehege geht rechts ein Weg hinein, am Anfang steht ein Wegkreuz. Zwischen Wiesen und Äckern kommen wir nach Kirchberg. Der Weg ist in den Sommermonaten nicht immer gemäht. Wem das Gras zu hoch ist, kann auch auf der Straße weitergehen und dann rechts Richtung Kirchberg wandern. Die Hauptstraße überqueren und der Dorfstraße bis zur Kirche Mariä Himmelfahrt folgen 7. Die Kirche wurde auf einer bereits bestehenden Kirche aufgebaut. Der Grabstein mit der Jahreszahl von 1344 wird als einer der ältesten Zeugen Kirchbergs angesehen. Weithin sichtbar ist der gotische Kirchturm. Dem Weg weiter folgen, nicht bergab gehen, durch einen Hof (Kirchberg 1). Gleich nach dem Hof kommt ein zweispuriger Feldweg, der uns Richtung Karlstein führt. Wenn wir rechts schauen, sehen wir die Theresienkapelle. Eben noch so nah und jetzt so fern. Immer leicht bergab nähern wir uns dem Karlsteiner Bächlein. Rechts treffen wir noch einmal auf Riesen, auf Baumriesen. Mächtige alte Eichen stehen hier versammelt. Inmitten eine Bank, ein schattiges Plätzchen, herrlich. Immer weiter auf dem breiteren Weg bleiben, bis wir wieder in Karlstein angekommen sind. Nur noch links die Schlossparkstraße hinunter, am Schloss 8 vorbei. Das heutige Schloss selbst hat keine mittelalterliche Bausubstanz mehr aufzuweisen. Es wurde um 1900 im neugotischen Stil komplett neu erbaut. In den Umfassungsmauern sind noch Reste eines Vorgängerbaus aus dem 16. Jahrhundert zu erkennen. Direkt vor uns liegt der Landgasthof Lautenschlager, welch ein Zufall. Bei einer guten Brotzeit und einem Hopfentee genießen wir die Sonne auf der Dachterrasse vom Wirtshaus. Mit Blick auf den Dorfweiher lassen wir die Wanderung ausklingen.

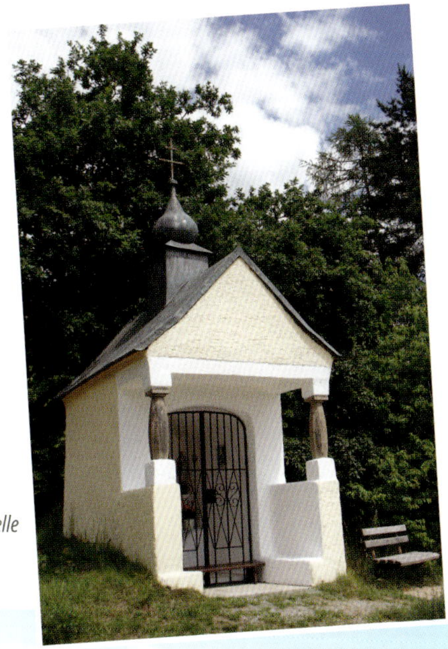

Die Theresienkapelle

Alpakas vom Grundner-Hof

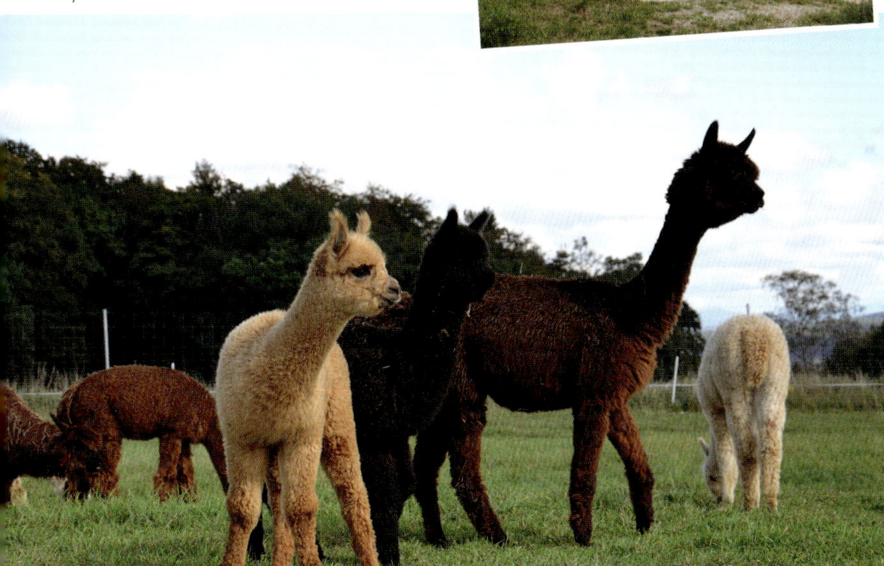

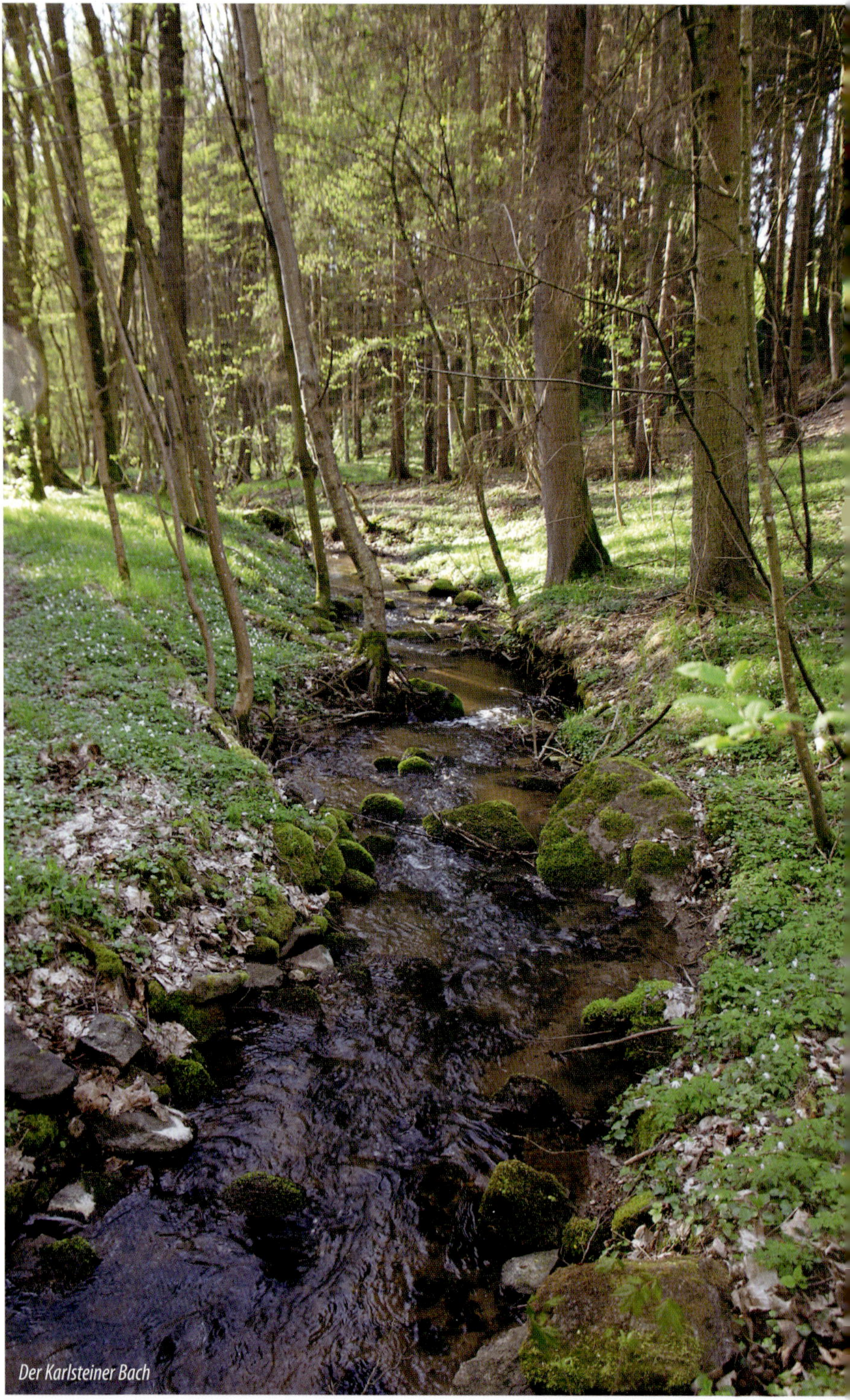

Der Karlsteiner Bach

Rund um das Golddorf Ramspau

Durch Wälder und übers Wasser, bis zum Petrus

TOUR
08

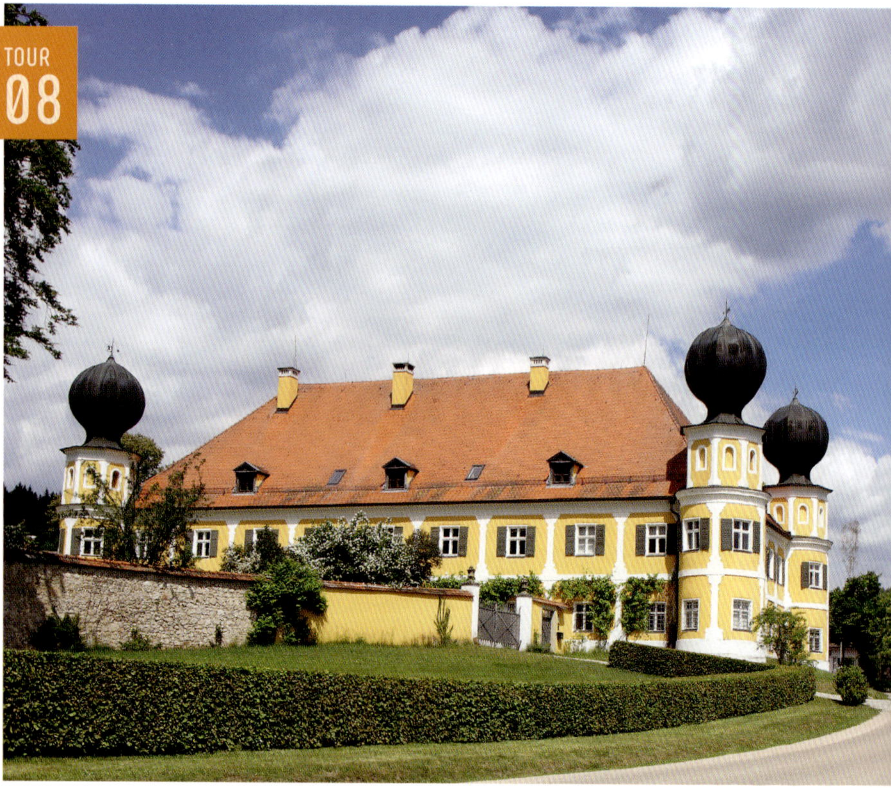

Start/Ziel: Tourist-Info Ramspau, Dorfstraße 2, 93128 Regenstauf

Ramspau – Hochstraße – Fußgängerbrücke über den Regen – Öffentlicher Badeplatz – Ramspau

Beginn und Ende auf kurzem Teerstück; ansonsten Wald- und Forstwege; festes Schuhwerk ist ratsam

Eine leichte Runde mit einer kleinen Steigung zu Beginn. Mit Kinderwägen und Buggys mit großen Reifen möglich.

Gasthaus Ramspauer Hof
Dorfstraße 5, 93128 Ramspau
Tel. 09402 4560
E-Mail: Ramspauer-Hof@Kneitinger.de

Gasthof Kriegner
Alte Leonberger Str. 1, 93128 Ramspau
Tel. 09402 4605
E-Mail: gasthof.kriegner@tmv-regental.de

Kaffee Herzerl
Karlsteiner Str. 2, 93128 Regenstauf
Tel. 09402 782551
E-Mail: cibbeckler@t-online.de

 Foto: Schloss Ramspau

leicht 6,5 km 155 Hm 2:00 h

Ohne Abstecher zum Wehr: 5,3 km

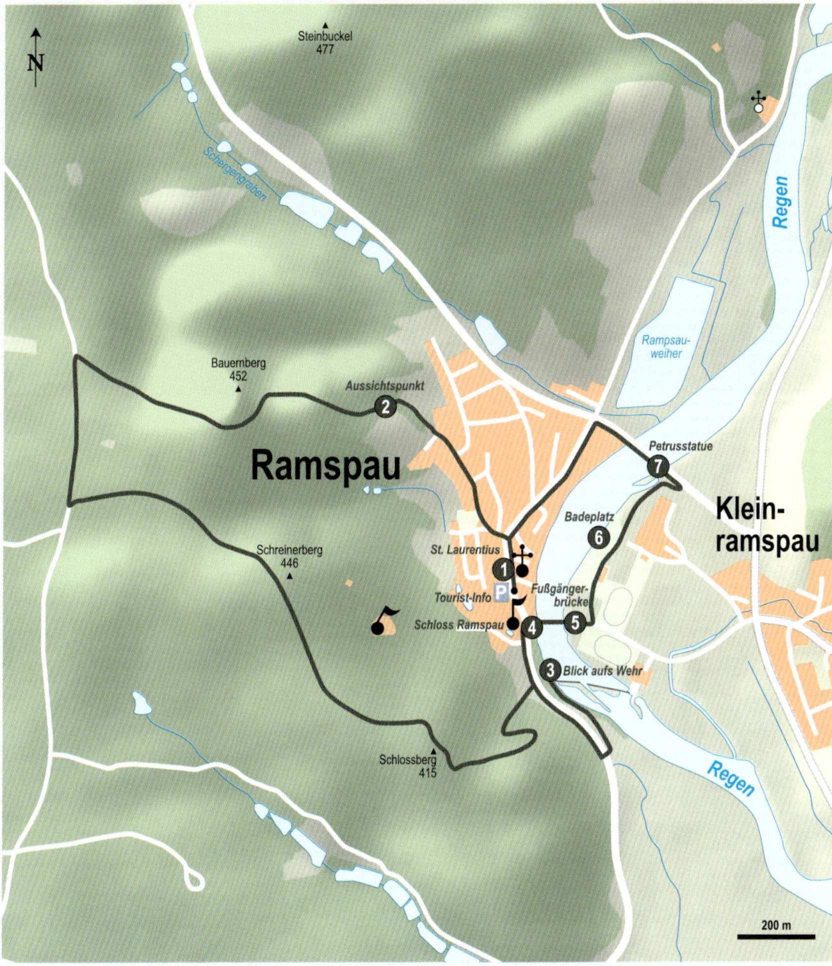

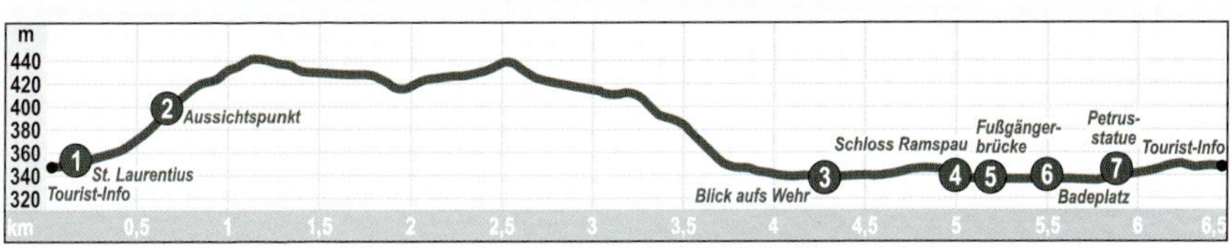

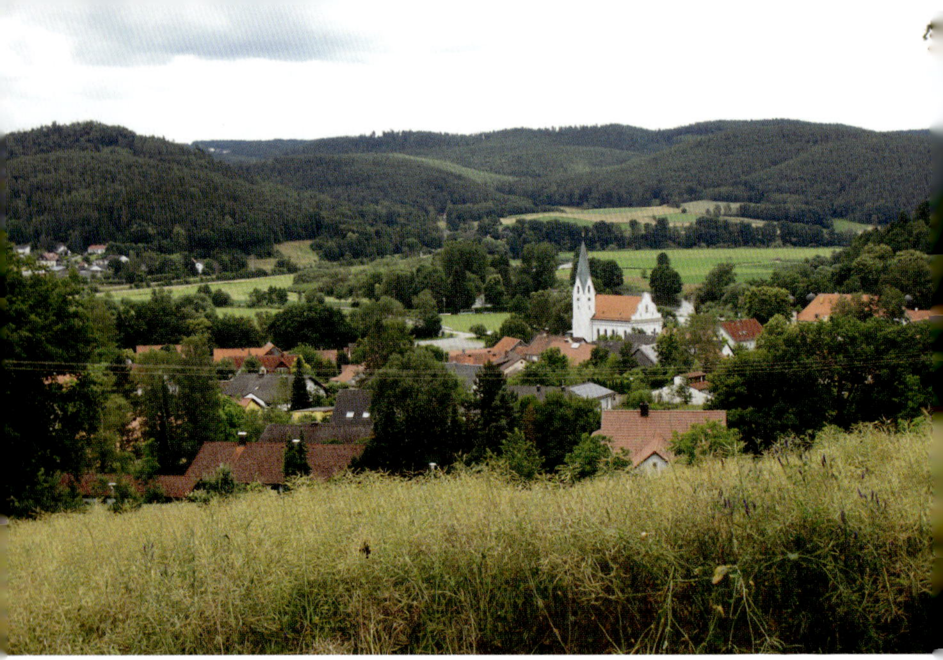

Am Aussichtspunkt: Ein wunderschöner Blick auf das Regental und das vor uns liegende Ramspau

Wo sonst als bei der Tourist-Info in Ramspau, Dorfstraße 2, sollte man diese Runde beginnen. Los geht es auf der Dorfstraße, wo wir rechts gleich die Pfarrkirche St. Laurentius sehen ❶. Seit 1321 besteht die Pfarrei Ramspau, die Kirche erlebte in der Folge mehrere Umbauten und wird 1761 am Ort eines gotischen Vorgängerbaus im Barockstil errichtet. 1904 wurde die Pfarrkirche vergrößert und 1990 renoviert. Weiter gehen in nördliche Richtung, bis man links in die Straße Am Bauernberg abbiegen kann. Dieser folgen wir bis zum Ende und gehen dann rechts an der Parkbank vorbei, grün markierter Wanderweg. Nach dem kurzen Bergaufstück treffen wir erneut auf eine Parkbank, unser Aussichtspunkt ❷ mit wunderschönem Blick in das Regental und auf das vor uns liegende Ramspau. Das „Golddorf", wie es seit der Verleihung der Goldmedaille genannt wird, feierte 2011 sein Tausend-Jahr-Fest. „Randesbure" wird der Ort am rechten Regenufer in der Urkunde von 1011 genannt. Immer dem grün gekennzeichneten Wanderweg durch den dicht bewaldeten Bauernberg folgen, bis wir auf die Hochstraße (Forststraße) treffen. Dort steht auch eine Hinweistafel mit Lesestoff zur Burgruine. Erbaut wurde das Castrum Ranspawren um die Mitte des 13. Jahrhunderts. Im 14. Jahrhundert wohnten hier die herzoglichen Pfleger aus dem Rittergeschlecht der Weichser. Aufgabe oder Zerstörung im Dreißigjährigen Krieg, 16. Jahrhundert. Um 1700 wurden große Teile der Burg abgetragen und als Baumaterial für ein neues Schloss im Tal am Regen genutzt. Deshalb ist von der einstigen Veste nicht mehr viel übrig und durch stetige Vegetation ist der Zugang nicht mehr möglich. Es wird angenommen, dass der Bergfried mit Hilfe eines Standgerüsts aus Leitern, zusammengebundenen Holzbalken und darüber gelegten Brettern gebaut wurde. Die Querhölzer wurden zur Stabilisierung oft eingemauert. Sicherer als die wackeligen Standgerüste waren Auslegergerüste, die durch die Wand geschoben und eingemauert wurden. Ihre Balken boten an der Außen- und Innenseite sichere Standflächen.

Viele Wegweiser und der Ritter Wonnebold geben uns wieder mal mehr als ein halbes Dutzend Möglichkeiten. So mancher tut sich dann schwer, den rechten Weg zu wählen. Links, Richtung Regenstauf, rot markierter Wanderweg, auf der Hochstraße geht's weiter. Die nächste von links kommende Forststraße biegen wir ab. Es geht hier leicht bergauf und wir befinden uns am Schreinerberg. Nach dem Überwinden der kleinen Kuppe geht es überwiegend bergab. Am Wegesrand finden wir das Drüsige Springkraut, welches aus Indien stammt. Mit seinen wunderschönen zartrosa Blüten sieht das Gewächs zunächst einmal ganz harmlos aus. Und dass das Kraut bei Berührung seine Samen meterweit in die Welt hinaus schießt, wirkt auch eher lustig als gefährlich. Besonders Kinder haben viel Freude an der Samenschleuder. Genau diese Eigenschaft macht das Springkraut so gefährlich für die heimische Flora. Durch den Springmechanismus verbreitet sich die Pflanze in Windeseile und verdrängt selbst die widerstandsfähigsten einheimischen Pflanzen. Hat das Springkraut erst einmal Wurzeln geschlagen, kann man seine Ausbreitung kaum noch aufhalten. Wir folgen weiter der geschotterten Forststraße, welche sich bis zur Asphaltstraße

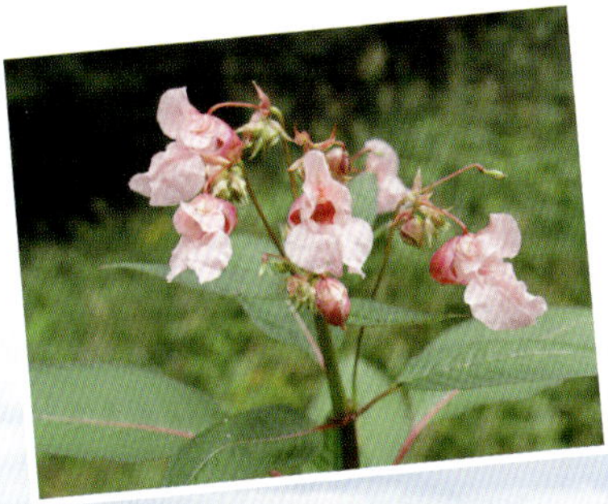

links:
Drüsiges Springkraut am Wegesrand

unten:
Blick auf Ramspau und die Wehranlage

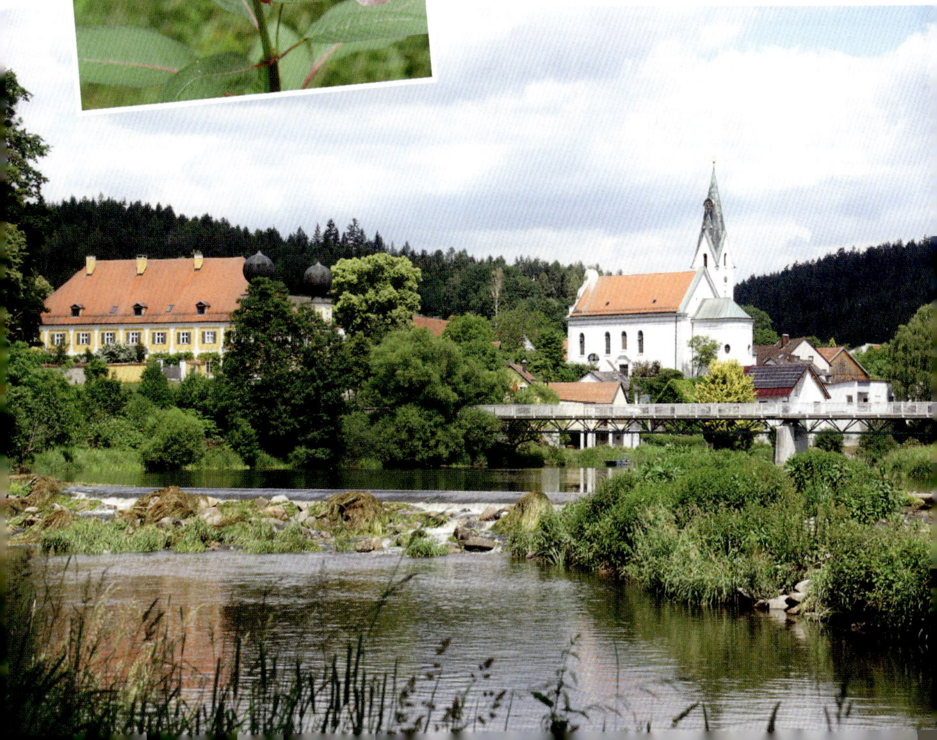

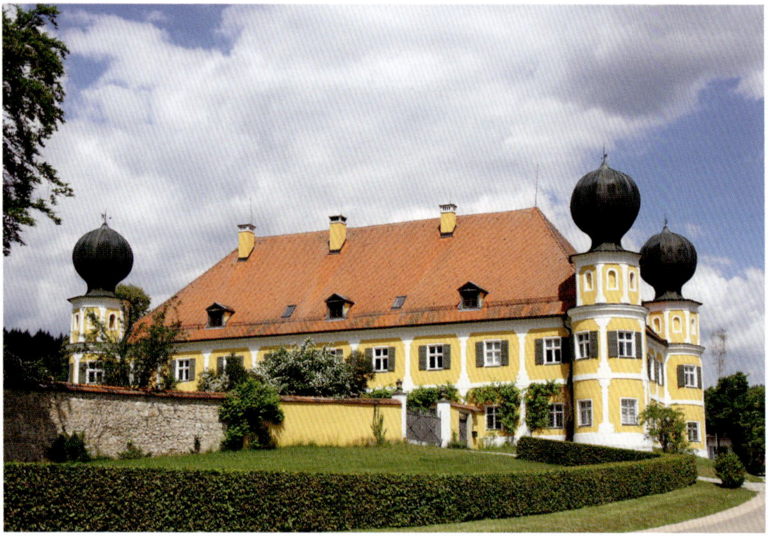

Das pompöse Schloss

Petrusstatue

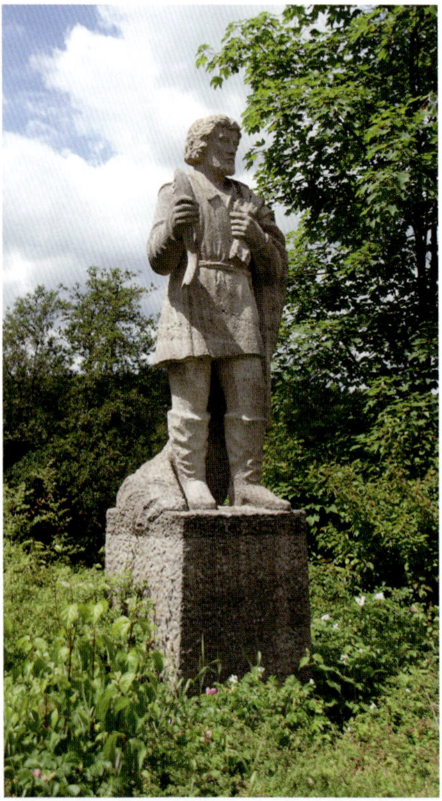

zum Ortsschild vom Golddorf schlängelt. Wer einen sehenswerten Abstecher ans Wehr machen möchte, geht hier rechts, bis links ein Weg zum Wasser führt. Vor der Schranke gleich wieder links geht's zum Wehr hinunter ❸ und wenn der Regen gut Wasser führt, lässt sich die Kraft spüren, mit welcher er die Staustufen passiert. Dort kann man auch eine Wanderhilfe für Wasserorganismen begutachten. Das Betreten der Wehranlage ist strengstens verboten! Zurück geht es dann auf dem gleichen Weg. Links sieht man sofort das pompöse Schloss ❹ mit seinen Türmen und den Zwiebelkuppeln. Es handelt sich dabei um eine zweigeschossige barocke Anlage mit Walmdach und vier runden Ecktürmen mit achteckigen Aufsätzen, welche wiederum von Zwiebelkuppeln überragt werden. Gegen 1726 war der Bau vollendet. Seit 1995 ist das Schloss im Besitz von Wigbert Graf von Ledebur-Wicheln und seiner Ehefrau Isabella, geborene Gräfin von Ingelheim, genannt Echterin von und zu Mespelbrunn. Das Schloss mit Blick auf den Fluss Regen, das immer noch prägend für das Ortsbild von Ramspau ist, befindet sich in einem sehr guten Zustand. Gegenüber vom Schloss gehen ein paar Stufen hinunter, die uns zur Fußgängerbrücke 5 führen. Auf halber Strecke öffnen sich beeindruckende Blicke auf den Fluss. Auch die Ansicht von der Kirche, dem Schloss, ja dem ganzen Dorf, hat was von einer märchenhaften Stimmung. Am anderen Regenufer angelangt, marschieren wir gleich die nächste links, Richtung Flussbad 6. Ein Abstecher direkt zum Ufer ist jederzeit möglich. Ein zunächst gepflasterter, dann geschotterter Weg führt uns bis zur großen Brücke. Vor der Brücke rechts und dann gleich links auf die Brücke gehen. Hier steht eine Statue vom Hl. Petrus 7, welcher als Schutzpatron der Fischer und Angler gilt, Petri Heil! Erneut überqueren wir den Regen und ein anderer Blickwinkel auf das Dorf tut sich auf. Bei der großen Kreuzung links und der Dorfstraße bis zum Ausgangspunkt folgen. Keine Wanderung ohne Brotzeit! Auf geht's, noch in den Ramspauer Hof, der liegt eh auf dem Weg gegenüber der Kirche. Ein großzügiger Biergarten mit ausreichend schattigen Plätzen und einem Spielbereich mit Rutsche lässt Kinder- und Elternherzen höher schlagen.

Die Ruhe spiegelt sich im Wasser

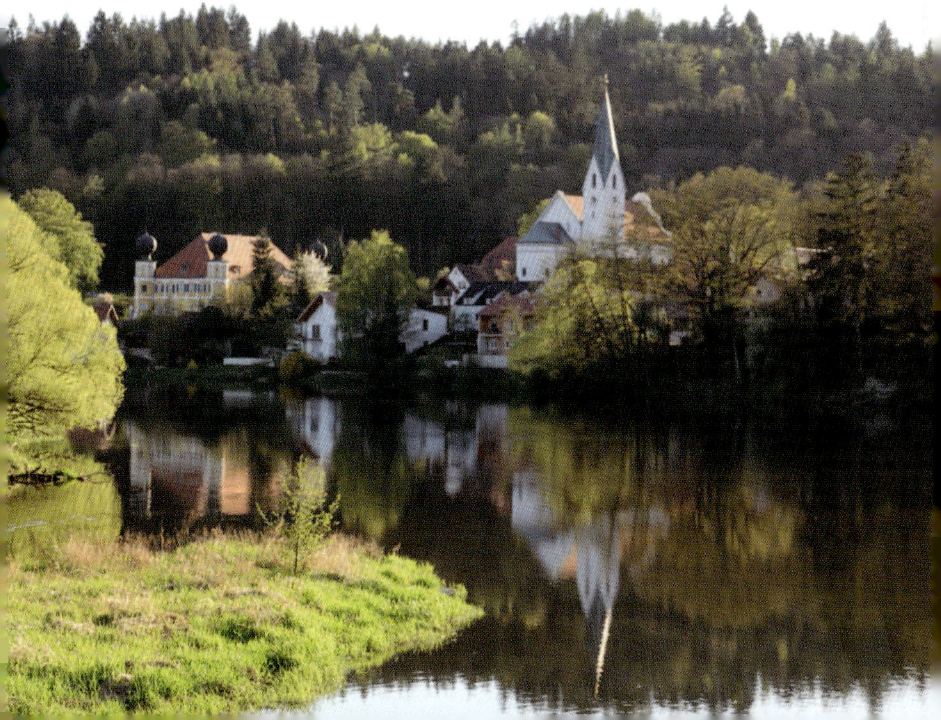

Zum Lanzlhof

Johann Lanzl baute dieses Haus von 1898 bis 1912

TOUR 09

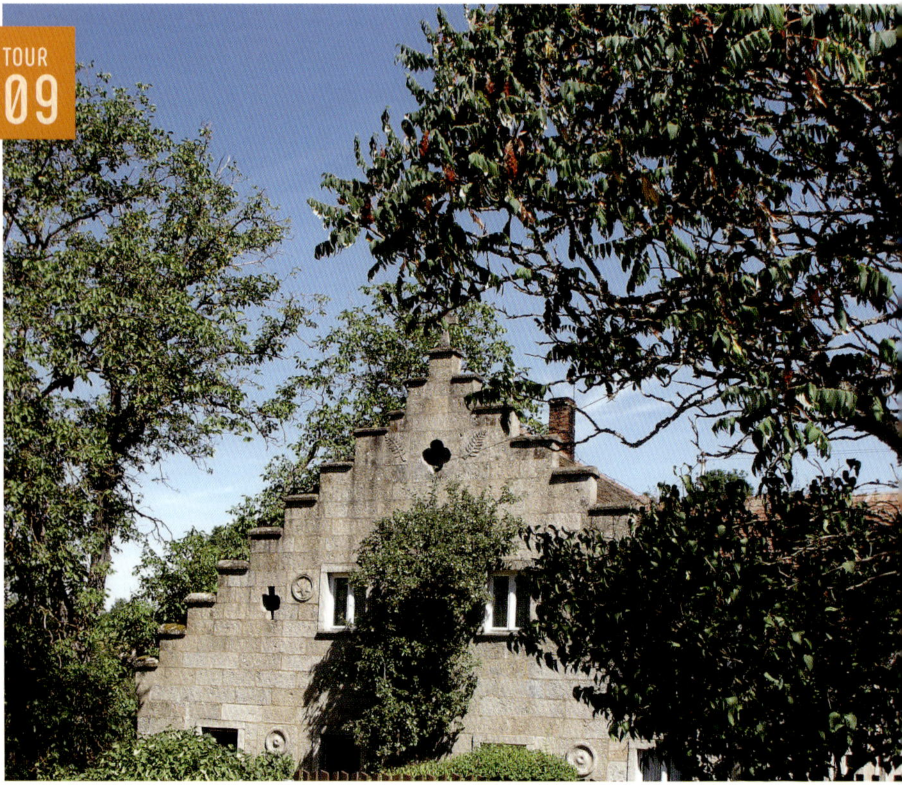

Start/Ziel: Wanderparkplatz in Gibacht, Gibachter Weg, 93128 Regenstauf

Gibacht – Kreuth – Lanzlhof – Gibacht

Beginn und Ende auf kurzem Teerstück; ansonsten Wald- und Forstwege; festes Schuhwerk ist ratsam

Leicht zu gehende Strecke mit wenig Anstiegen. Für Kinder, die schon gut zu Fuß sind, ist diese Wanderung gut machbar.

Gasthof Heilinghausen
Alte Regenstraße 5, 93128 Regenstauf
Tel. 09402 4238
www.gasthof-heilinghausen.eatbu.com

Restaurant Valentinsbad
Regentalstraße 13, 93128 Regenstauf
Tel. 09402 500337
www.valentinsbad.de

 Foto: Der Lanzlhof

leicht | 6 km | 186 Hm | 1:30 h

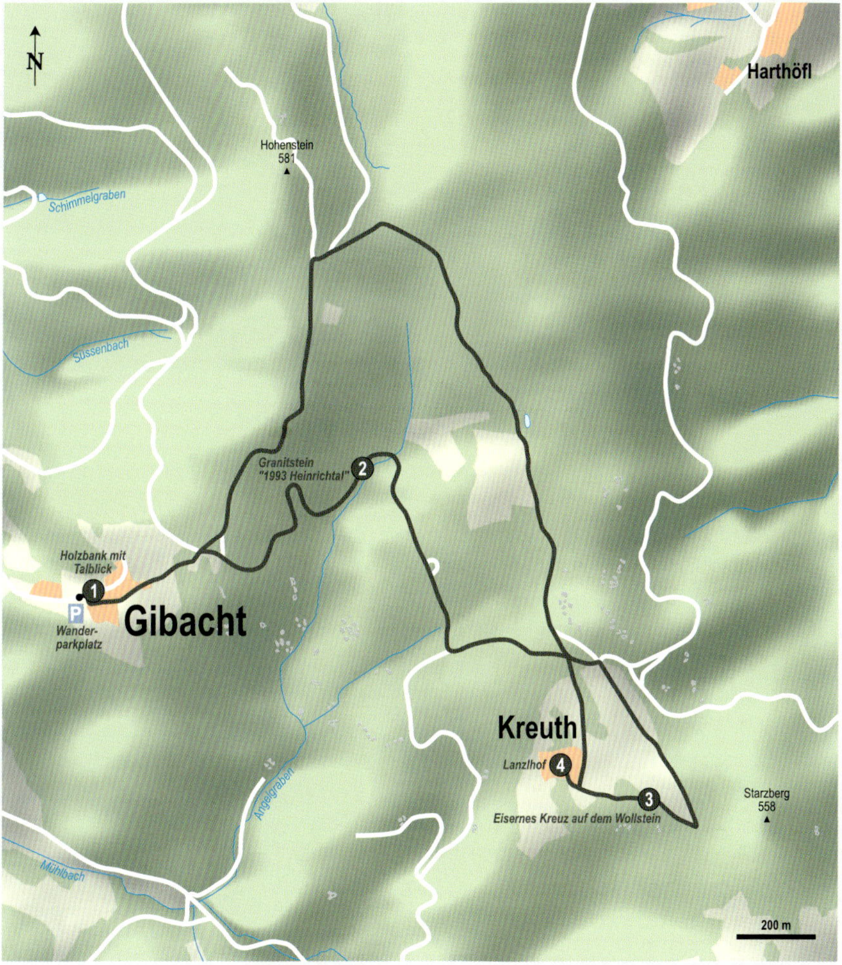

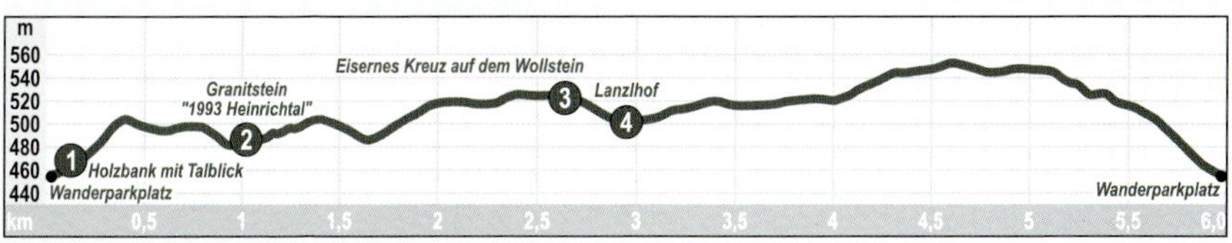

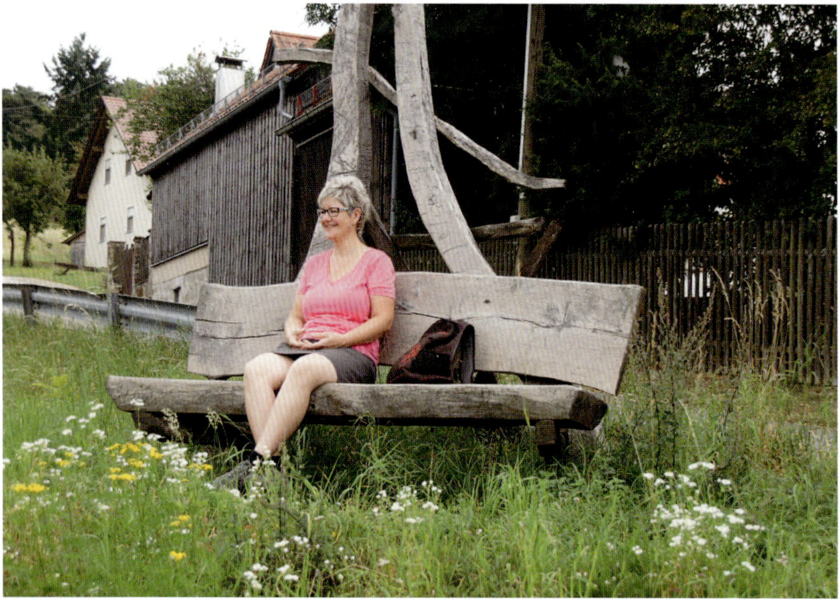

Rastplatz in Gibacht

Seit 2020 gibt es in Gibacht einen Wanderparkplatz, von dem aus wir starten. Gleich beim Parkplatz steht eine sehr schöne massive Holzbank ❶, von der man einen guten Blick ins Tal hat. Danke an den Erbauer, wer immer das auch ist. Direkt nach dem Ortsschild geht der Weg rechts weiter und gleich wieder links durch den Ort hindurch. Nicht verwirren lassen, der Pfad führt uns direkt über eine Wiese, an alten Granitzaunpfosten vorbei. Sobald wir auf die Forststraße treffen, rechts gehen, Richtung Heinrichtal. Ab hier wird diese Wanderung ein echter Genuss für Liebhaber der Stille und des Waldes. Wie so oft im Regental, findet man auch hier große mit Moos bewachsene Granitfelsen. Nach circa einem halben Kilometer kommen wir an eine Lichtung. Rechts davon ist eine kleine Wasserstelle, die einen tümpelartigen Eindruck vermittelt. Ein Granitstein ❷ liegt rechts an der Böschung, mit der Inschrift „1993 HEINRICHTAL", und bestätigt, dass wir auf dem richtigen Weg sind. Links ist auch nochmal eine Wasserstelle und wir gehen zwischen den Gewässern hindurch. Dann gleich wieder rechts, den naturbelassenen Waldweg weiter. Immer geradeaus, durch das märchenhafte Waldstück. Ich finde es sehr schön, wenn Waldwege auch solche bleiben dürfen. Was bei der heutigen

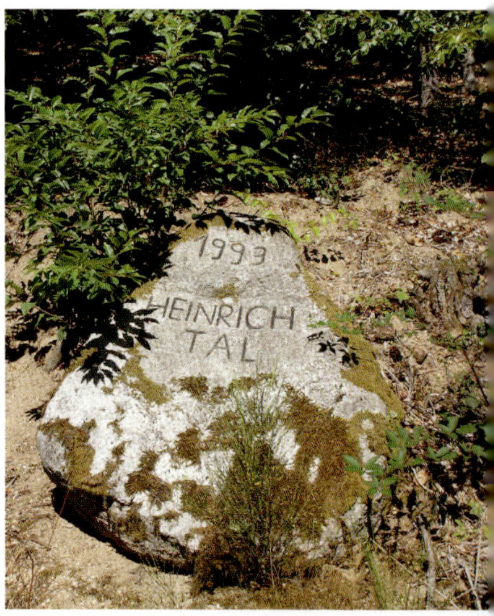

Granitstein mit Inschrift „1993 Heinrichtal"

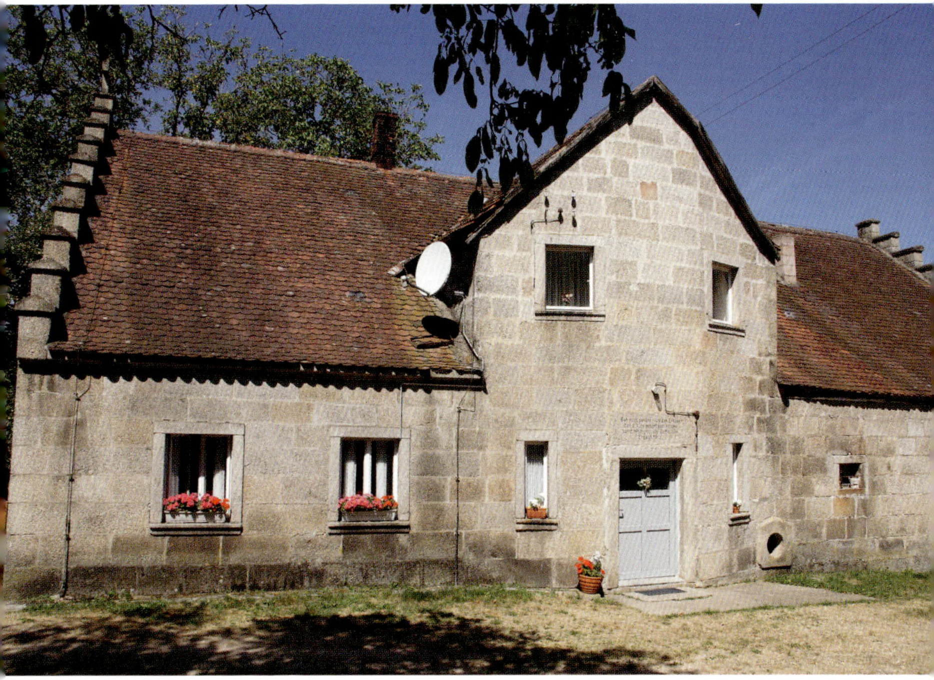

Der Lanzlhof

Holzwirtschaft leider nicht oft berücksichtigt werden kann. Schon wird der Pfad wieder zu einer Forststraße, der wir bergab bis zur nächsten Kreuzung folgen. Hier zieht sich der Weg bergauf durch den Forst. An der Schranke vorbei bis zu einer größeren Kreuzung. Links ist Wald, rechts sind freie Flächen und Äcker. Hier rechts zwischen den Feldern durchmarschieren. Wegmarkierung rotes Dreieck. Sobald der Forstweg endet und eine Asphaltschicht beginnt, rechts hinunter, Richtung Kreuth. Nach ein paar Meter kann man schon den Wollstein mit dem gusseisernen Kreuz 3 gut sehen. Es steht auf einem gemauerten Sockel mit der Jahreszahl 1940. Franz Lanzl brachte das Kreuz im Alter von 12 Jahren mit der Schubkarre hier her und stellte es zusammen mit seinem Großvater auf. Nach 80 Jahren fiel es herunter. Der Zahn der Zeit hatte an ihm genagt. Zum Glück gibt es in der Gemeinde Regenstauf Menschen, die sich der Pflege und dem Erhalt solcher Denkmäler annehmen. Das Kreuz wurde komplett restauriert und mit vereinten Kräften wieder auf den Sockel gesetzt. In Kreuth treffen wir auf den einzigen Hof, den es hier gibt: der Lanzlhof 4, mit dem eindrucksvollen Bauwerk aus Granitblöcken. Johann Lanzl baute dieses Haus von 1898 bis 1912. Das Besondere daran ist, dass der Steinmetz jeden Stein, den er zum Bau benötigte, aus den umliegenden Granitfelsen eigenhändig geschlagen hat. Eine kräftezehrende Arbeit, wenn man bedenkt wie hart und schwer das Gestein ist. Ein Felsquader wiegt 200 – 400 kg. Ohne jeglichen Mörtel liegen die Blöcke aufeinander. Lediglich die Außenfugen wurden verspachtelt. Ein

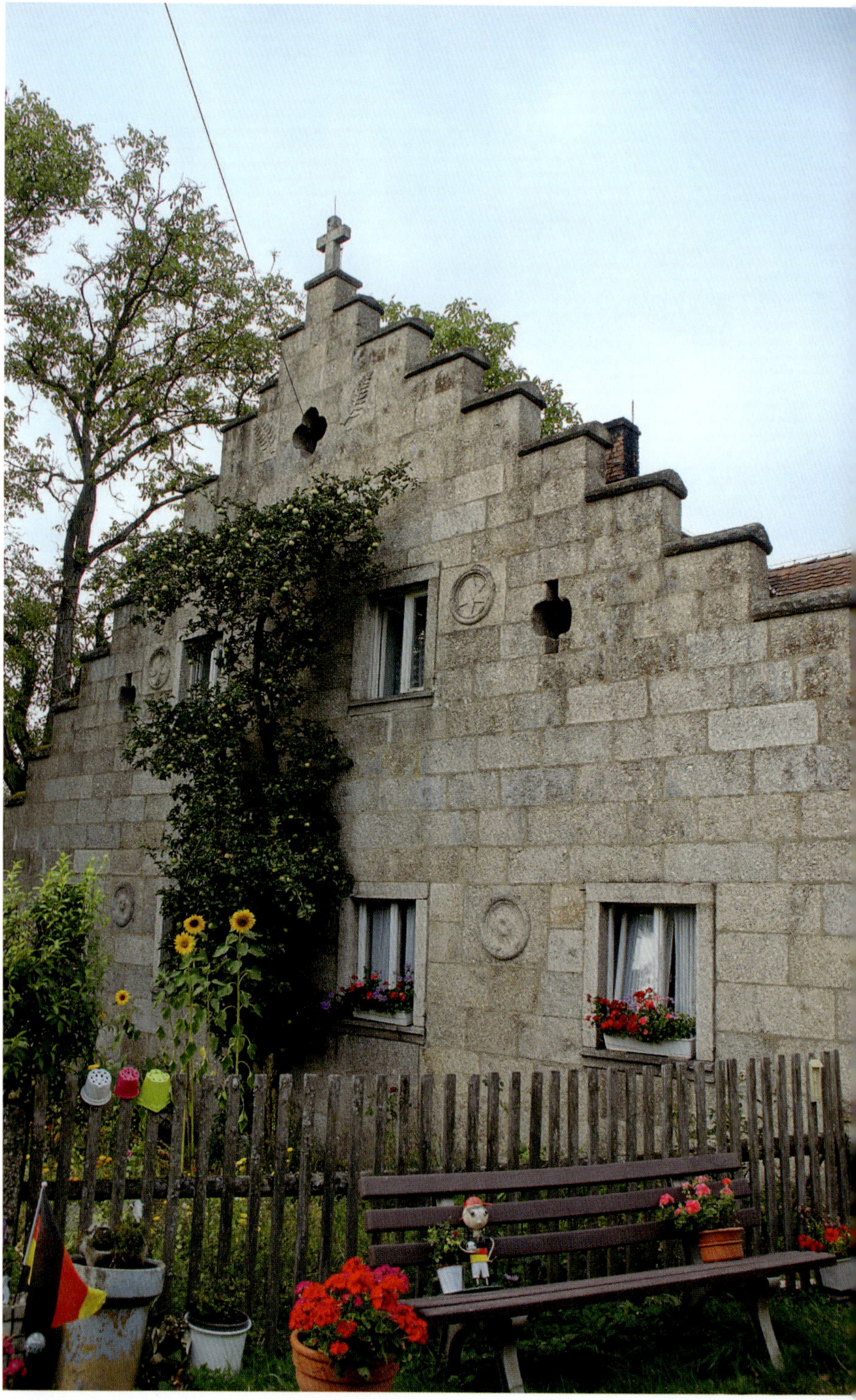

einzigartiges Gebäude, das seit 1986 auch unter Denkmalschutz steht. Leider konnte Lanzl sein Bauwerk nicht in Vollendung sehen. Er verstarb im Jahre 1912. Wer zufällig die sehr nette Familie Lanzl antrifft und höflich darum bittet, bekommt noch einiges an Hintergrundinformationen zum Anwesen erzählt. Zurück nehmen wir den nicht ausgeschilderten Weg, der vor dem Hof nach rechts führt. Zwischen Gartenzaun und Feldern ist ein Trampelpfad, der meist gut gemäht ist. Dem Pfad folgen, bis wir wieder auf die Forststraße treffen. Geradeaus, ein kleines Stück Waldweg, dann sind wir wieder auf einer geschotterten Forststraße. Immer der Wanderwegmarkierung rotes Dreieck, Wackelstein folgen. Nach ca. 1,5 km kommen wir an eine große Kreuzung, an der fünf Wege aufeinander treffen. Im Volksmund als Spinne bezeichnet. Hier links, Richtung Gibacht/ Heilinghausen, dem grünen Rechteck folgen. Mal auf, mal ab, bis zur nächsten Gabelung. Dann rechts bergab und gleich wieder links. Dann nehmen wir den gleichen Weg zurück nach Gibacht bis zum Parkplatz.

Foto: Das eindrucksvolle Bauwerk aus Granitblöcken

Alte Kreuze, Mord und Natur pur

Durch heimische Wälder zu bedeutenden Punkten

TOUR 10

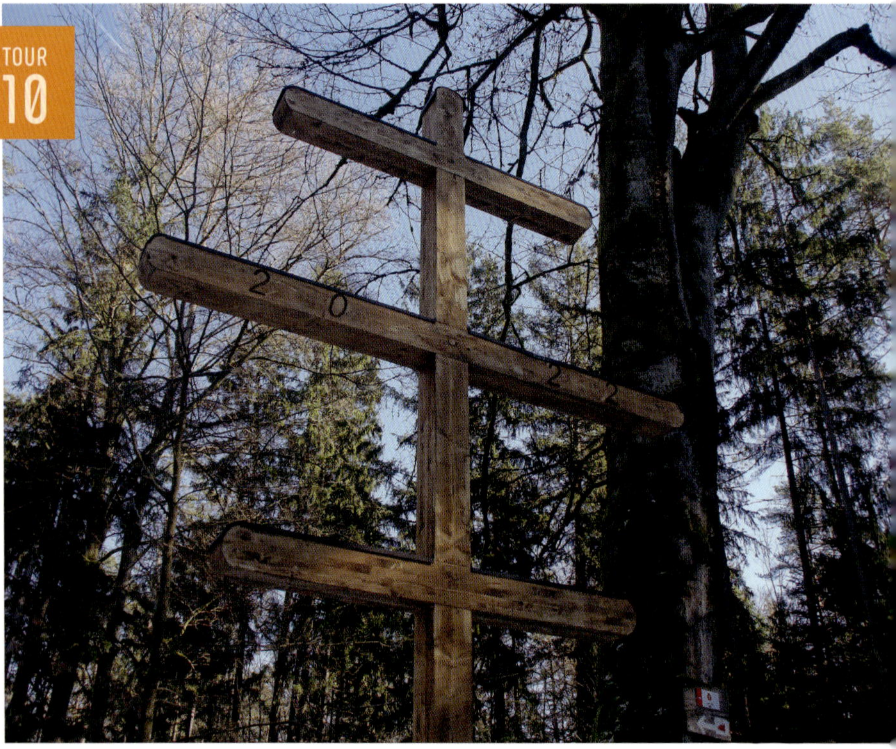

Wanderparkplatz Hirschling,
Brückenweg 20, 93128 Regenstauf

Hirschling – Dreikreuz – Weißes Kreuz – Völkl-Marterl – Regen – Hirschling

Ein ganz kurzes Stück durch die Ortschaft; Forst- und Waldwege; ein kleiner steiler Abstieg ca. 50 m; festes Schuhwerk ist ratsam

Eine gewisse Grundkondition aufgrund der zum Teil anspruchsvollen Steigungen sollte vorhanden sein.

Gaststätte Fuchs
Neuhaus 62, 93149 Nittenau
Tel. 09436 8350

Gasthaus Ramspauer Hof
Dorfstraße 5, 93128 Ramspau
Tel. 09402 4560
E-Mail: Ramspauer-Hof@Kneitinger.de

Gasthof Kriegner
Alte Leonberger Str. 1, 93128 Ramspau
Tel. 09402 4605
E-Mail: gasthof.kriegner@tmv-regental.de

 Foto: Das Dreikreuz

mittel | 10,6 km | 300 Hm | 3:00 h

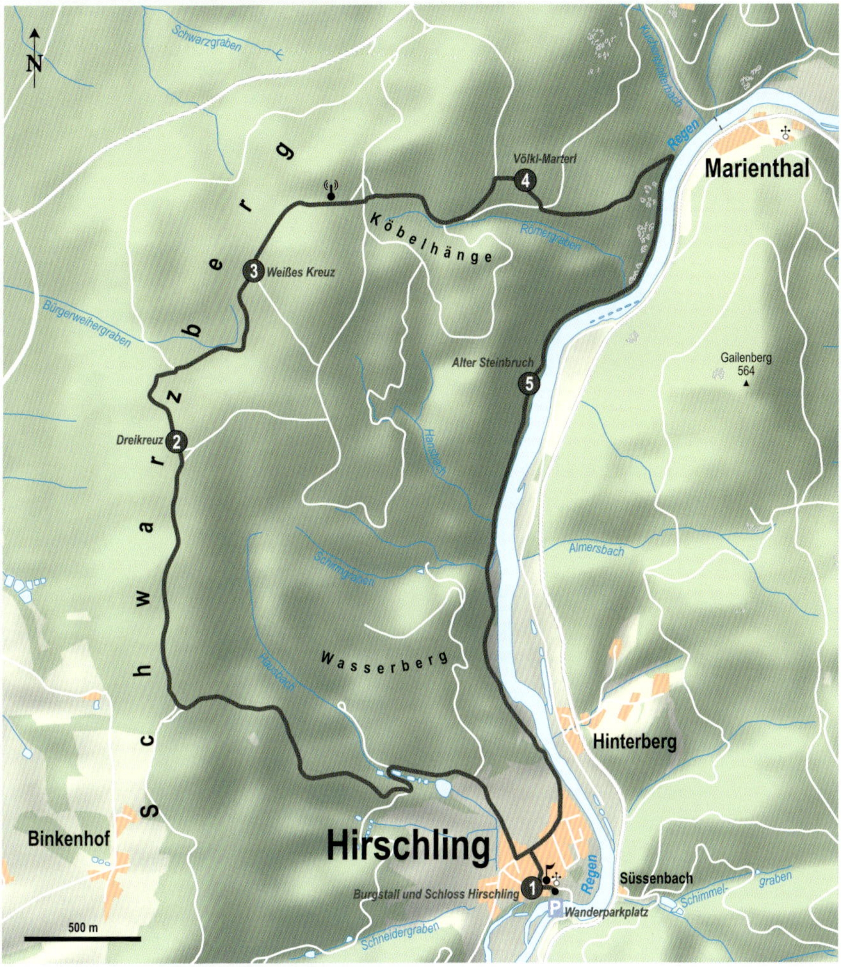

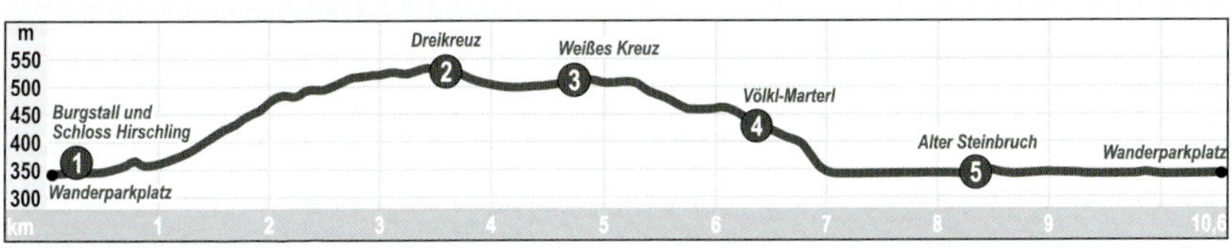

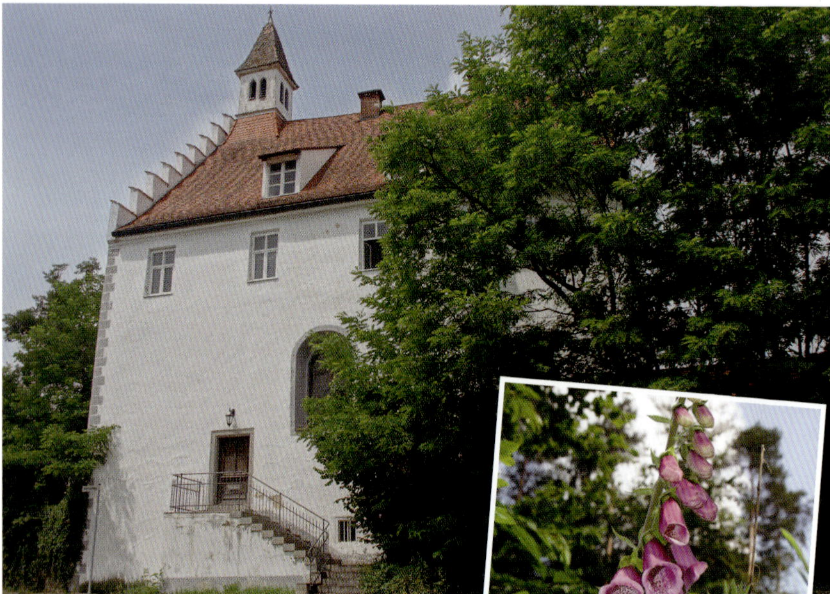

Das Schloss Hirschling

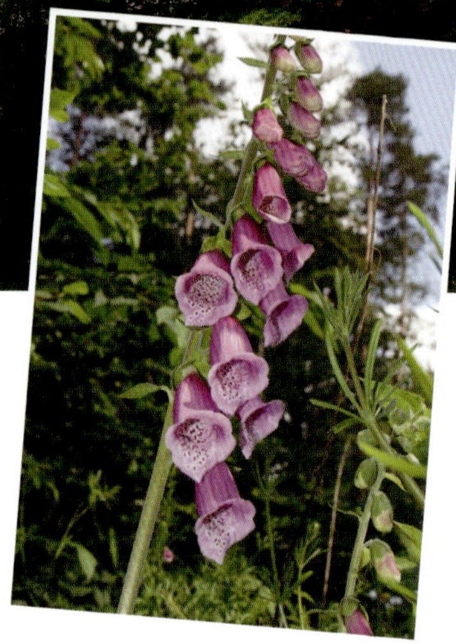

Von Mai bis August begleitet uns der Fingerhut in den unterschiedlichsten Farbvariationen.

Der sehr schön angelegte Dorfplatz von Hirschling liegt zwischen dem Regen und dem Schloss. Er dient uns als Parkplatz und ist zugleich unser Ausgangspunkt. Wir machen uns auf den Weg, gleich rechts liegt das Schloss ❶. Vom ehemaligen Burgstall (erbaut um 1200) ist eine fast 15 m breite Mauer, aus zwei Schichten großer Quaderfelsen, auf der Nordseite des Schlosses erhalten. Der Umbau zum spätmittelalterlichen Schloss folgte 1697. 1950 folgte eine grundlegende Renovierung und von 1925 bis 1972 wurde das Schloss als Dorfschule genutzt. Der Silbergwend (Straßenname) führt uns durchs Dorf. Angekommen beim Wegkreuz am Burgweg gehen wir links und nach einem kurzen Stück geht es rechts in den Kesselweg. Nach dem letzten Haus endet die Asphaltdecke. Die gut begehbare Forststraße führt uns leicht bergauf bis zu einer Gabelung. Links halten und nach einer kleinen Kuppe kommt auf der linken Seite der letzte von einigen Weihern. Ein Idyll für viele Tiere, inmitten des Waldes. Hier lebt der Baumeister der Natur, dessen Spuren rund um den Weiher deutlich sichtbar sind. Der Biber war in Bayern über 100 Jahre ausgerottet. Seit seiner Wiederansiedelung im Jahre 1966 hat er unsere heimischen Gewässer, egal ob Flüsse, Seen oder Weiher, zurückerobert. Weiter dem Weg folgend, bis zur nächsten Gabelung, die 180°-Kurve links bergauf. Jetzt kommt eine weitere Gabelung, wo wir der scharfen Rechtskurve folgen. Es folgt ein sportlicher Anstieg auf der Forststraße, bis wir auf eine Kreuzung stoßen. Links und rechts am Wegesrand begleitet uns von Mai bis August der Fingerhut in den unterschiedlichsten Farbvariationen. Fingerhut enthält vorwiegend in seinen Blättern die hochgiftigen Digitalisglykoside. Es sind besonders

Kinder gefährdet, die mit den Blüten oder Blättern spielen und sie dabei in den Mund stecken. Am rechten Wegesrand finden wir einige Hinweisschilder, die uns auf den Urwald „Teufelsgsperr" aufmerksam machen. Ein 37,2 Hektar großes Waldgebiet, das seit 1978 sich selbst überlassen wird. Die Entwicklung umkehren, hier dürfen Bäume wieder alt werden. Bei der Kreuzung nehmen wir den rechten Weg zum „Dreikreuz". Beeindruckend ist es schon, das seltsam wirkende Kreuz 2, mit seinen drei Querbalken. Nur noch eine der mächtigen Buchen steht neben dem hölzernen Christensymbol, die andere musste wohl wegen Altersschwäche gefällt werden. Missionare aus dem Kloster Scheyern überbrachten ein sogenanntes Dreikreuz mit drei Querbalken. Es wurde damals in der Waldabteilung Starzloh aufgestellt. 1946 fand eine gründliche Renovierung statt. Im Frühjahr 1988 waren das Bodenstück und die Balken derart verrottet, dass es umzufallen drohte. Förster Anton Greiler ließ ein gleiches Kreuz herstellen und setzte es auf ein Betonfundament. 2022 war es wieder so weit, das Kreuz wurde morsch und der oberste Querbalken ist abgefallen. Das zuständige Forstamt hat Anfang 2023 ein neues Dreikreuz aufgestellt. Herzlichen Dank dafür. Links den kurzen Waldweg weiter gehen, bis wir wieder auf die Forststraße kommen. Es geht bergab, ca. 600 m, dann kommt eine scharfe Linkskurve, der wir nicht folgen. Geradeaus geht ein Waldweg weiter, den wir bis zum „Weißen Kreuz" 3 gehen. Das stark verwitterte Kreuz ersetzte Forstmeister Albert Hepp 1966 durch ein neues Kreuz. Herr Kienzl aus Maxhütte-Haidhof baute 1987 das zwischenzeitlich erneut verfaulte „Weiße Kreuz" nach und stellte es wieder an der gleichen Stelle auf. Er übernahm dabei die metallene Jahreszahl von 1966. Auch dies galt früher als Orientierungspunkt und lud zu einem Gebet ein. Beide Kreuze sind bereits in historischen

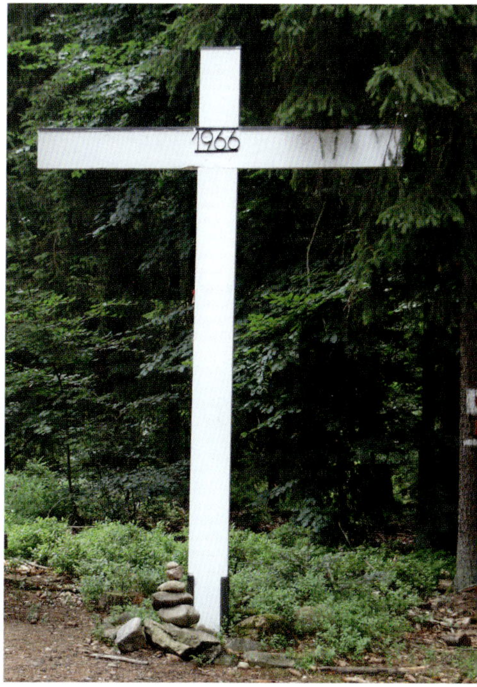

Das Weiße Kreuz

Karten aus dem Jahre 1830 vermerkt. Jetzt sind wir erneut auf der Forststraße unterwegs, welcher wir vom Kreuz aus links leicht bergab folgen. Wir kommen an einem Funkmasten vorbei. Nicht mehr weit, dann macht der geschotterte Weg eine Linkskurve. Achtung: Halbrechts geht ein kleiner Wanderweg (blau markiert) ins Holz und führt uns über eine den Weg querende Forststraße. Sobald wir die beiden kurzen Trampelpfade durch sind, einfach weiter marschieren bis zu einem großen Platz, an dem sich vier Forststraßen treffen. Dieser Platz wird oft zur Holzlagerung und für Verladearbeiten genutzt. Jetzt den linken Weg hinauf bis zur Kuppe, sind so um die 300 m. Ein alter Wanderweg geht hier rechts in einen märchenhaft wirkenden Wald. Inmitten des verträumten Stückchens Erde steht es da, das „Völkl-Marterl"

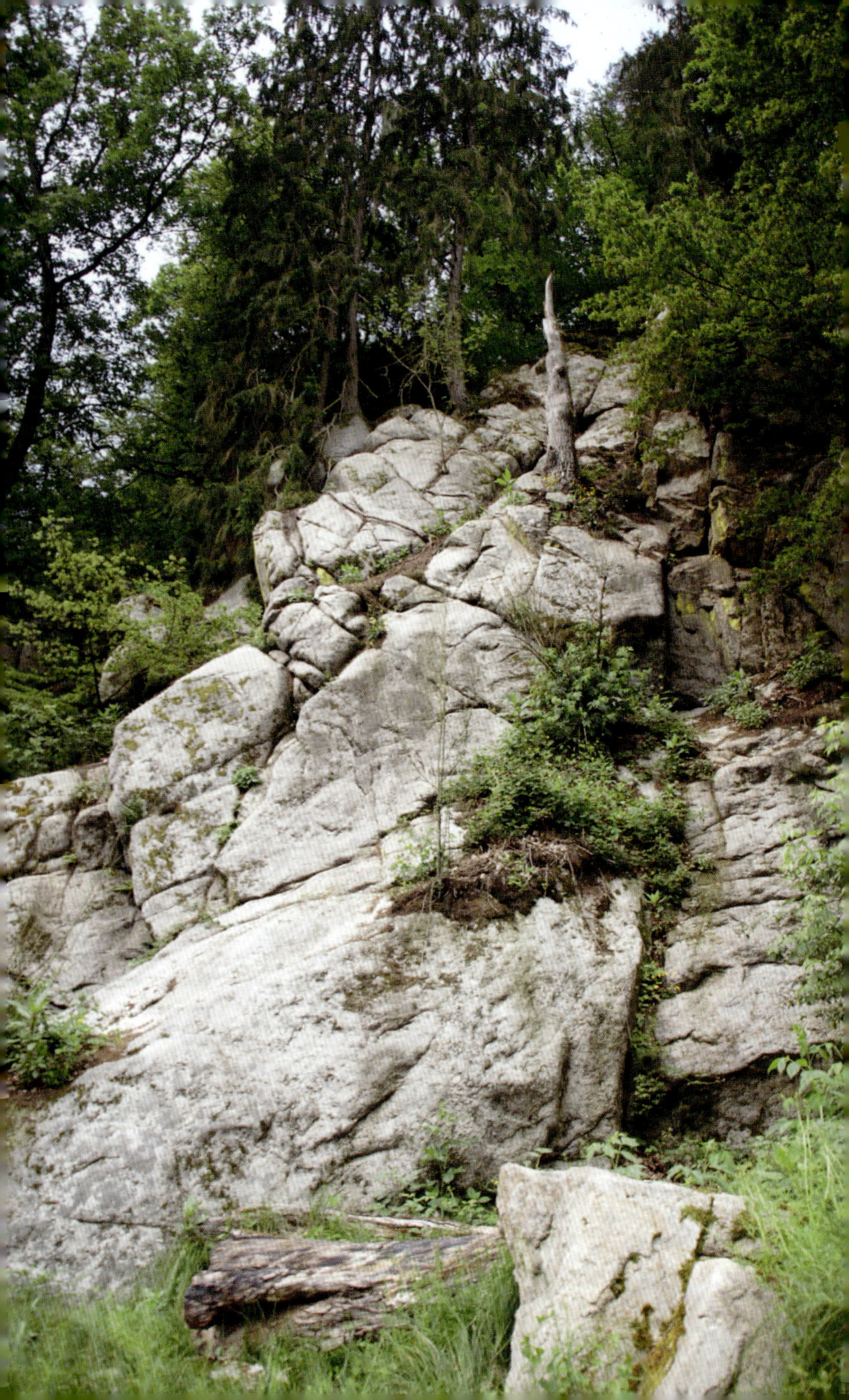

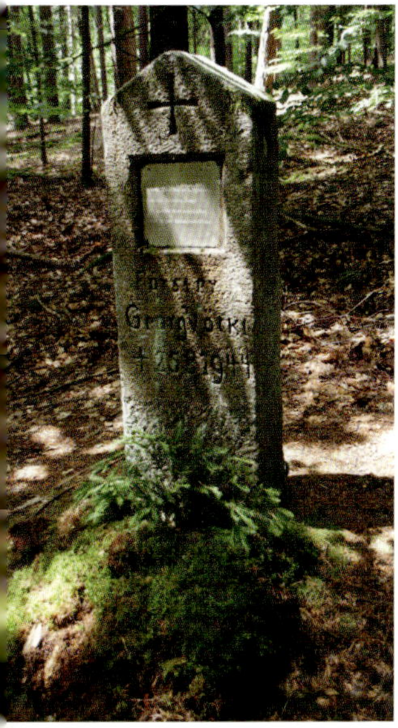

Das Völkl-Marterl

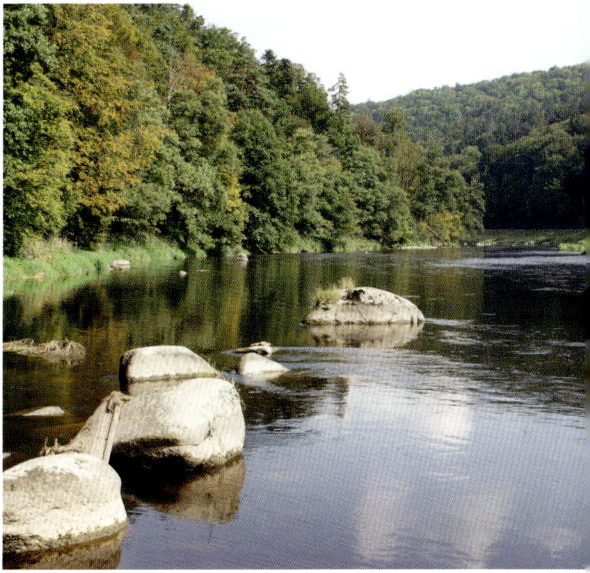

Herrlicher Blick auf den Regen

4. Am 25.08.1944 fand hier eine Bluttat statt. Die Inschrift lautet wie folgt: „Sein Blut hat er vergossen, in des Waldes Sand. Er wurde hier erschossen, von feiger Wilderer Hand." Unter dem Volke wird gemunkelt, das war ganz anders, als es hier geschrieben steht. Es kann halt nicht sein, was nicht sein darf. So langsam, scheint es, wird es vergessen. Ab und zu liegen ein paar Blümchen, Zapfen, Steine oder andere Funde hier beim Marterl. Den Naturpfad weiter, dann treffen wir wieder auf die geschotterte Straße, welche wir überqueren, und wandern den blau markierten Wanderweg abwärts bis zum Regen. Unten angekommen kann man links die letzten Häuser von Marienthal sehen. Wir jedoch gehen rechts, sozusagen am rechten Regenufer, zurück nach Hirschling. Einer der schönsten Abschnitte am Regen, was mir schon einige Male von so manchen Mitwanderern meiner geführten Touren bestätigt wurde. Bäume, die auf der Suche nach Licht über den Weg wachsen, und man glaubt in einem Tunnel zu gehen. Verschnörkselt wachsende Buchen, die wohl durch Angeschwemmtes bei Hochwasser verletzt wurden und erneut ausgetrieben haben. Rechts massive Felswände 5. Man kann hier noch die Überreste von einem alten Steinbruch sehen. Ein großer Betonblock und die glatt abgeschlagenen Felswände sind Zeitzeugen. Bis ca. 1950 wurde hier der Fels abgetragen und zu Schotter für den Straßenbau verarbeitet. Sodann mit einem Seilzugsystem über den Regen ans andere Ufer befördert. Die Färbungen gehen von grau bis rot, von grün bis weiß. Links der Regen, mal sanft dahin schleichend, mal ein reißender Strom, je nach Wasserstand. Die rund geschliffenen Felsen im Fluss wirken als ob sie jemand genau platziert hat. Die Natur hat's drauf. In Hirschling kommen wir auf den Burgweg, dem wir bis zur Silbergwend folgen, dann links bis zu unserem Ausgangspunkt.

Felswand am Regen

Zum Wackelstein

Langgezogene Forstwegrunde mit Anstieg

TOUR 11

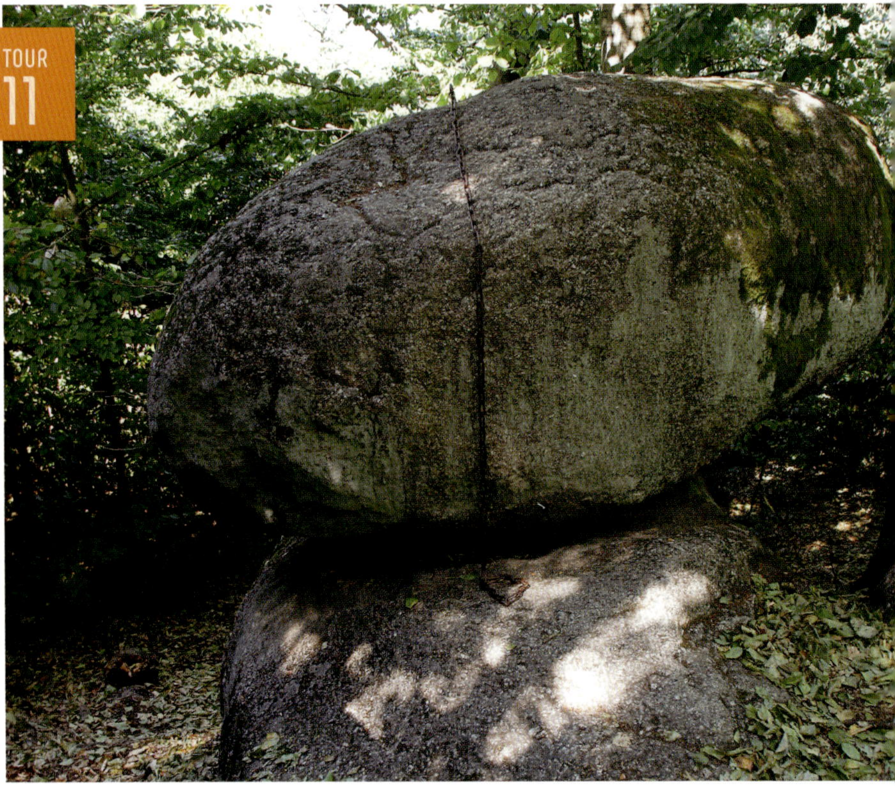

Start/Ziel: Wanderparkplatz Süssenbach, Süssenbach 1, 93128 Regenstauf

Wanderparkplatz Süssenbach – Knotenpunkt – Riedelhöhe – Wackelstein – Gibacht – Wanderparkplatz Süssenbach

Forst- und Waldwege; festes Schuhwerk ist ratsam

Langgezogene Forstwegrunde mit einem knackigen Anstieg. Für Kinder, die schon gut zu Fuß sind, ist diese Wanderung gut machbar. Für gute Geher besteht die Möglichkeit, diese Tour mit der Wanderung „Von Marienthal zum Peilstein" zu verbinden, da sich beide am Knotenpunkt Gailenberg kreuzen.

Gaststätte Fuchs
Neuhaus 62, 93149 Nittenau
Tel. 09436 8350

Gasthof Heilinghausen
Alte Regenstraße 5, 93128 Regenstauf
Tel. 0 9402 4238
www.gasthof-heilinghausen.eatbu.com

 Foto: Der Wackelstein

mittel | 8 km | 357 Hm | 2:30 h

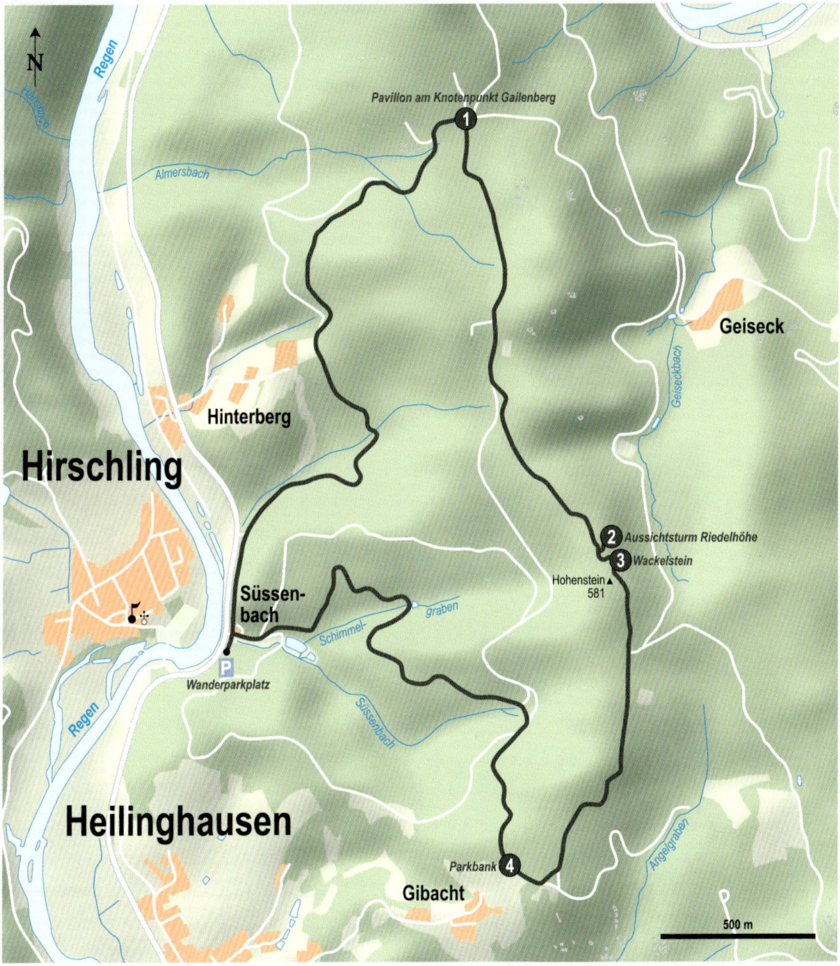

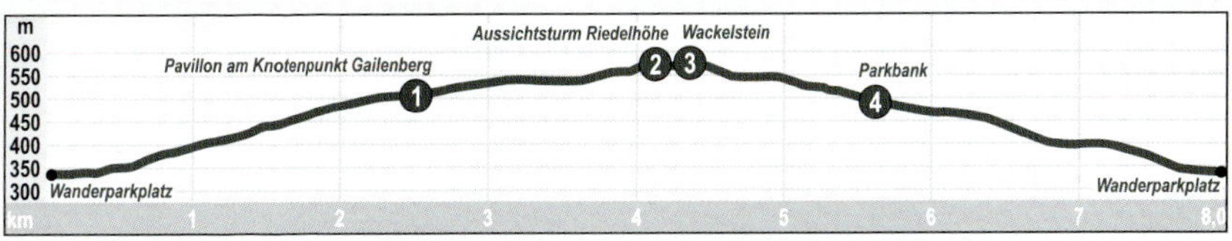

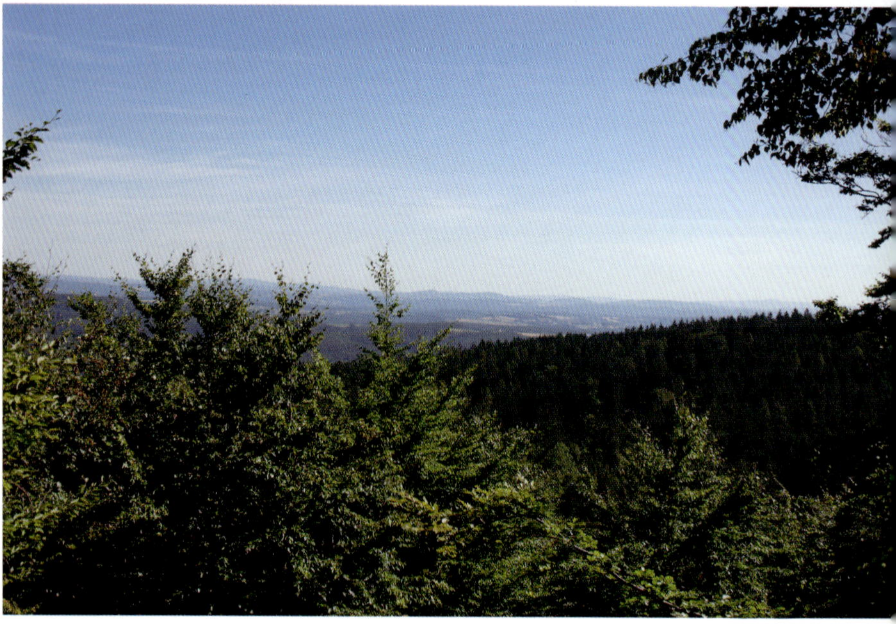

Aussicht von der Riedelhöhe

Gegenüber von Hirschling, am anderen Regenufer, liegt die kleine Ortschaft Süssenbach. Kurz vor dem Örtchen, aus südlicher Richtung kommend, befindet sich ein Ausgangspunkt für Wanderer. Leicht versteckt auf dem Fuß- und Radweg. Dort startet unsere heutige Wanderung zum Wackelstein. Alternativ kann man auch auf dem Dorfplatz in Hirschling parken und über die Brücke nach Süssenbach gehen. Auf dem Fuß- und Radweg legen wir unsere ersten Meter zurück. Wir folgen dem roten Rechteck. An zwei rot-weiß-gestreiften Hindernissen, die wohl eher den Radlern ein bisschen Einhalt gebieten sollen, vorbei, geht ein schmales Weglein rechts neben der Hauptstraße. Dieser führt uns direkt zur Forststraße. Jetzt sind unsere Waden gefordert. Bis zum Knotenpunkt am Gailenberg geht es nur bergauf. Knackige Anstiege und entspannte Steigungen wechseln sich hier stetig ab. Wir treffen auf einen alten Rastplatz, rechts neben dem Weg, er liegt ein wenig über uns. Schad drum! Langsam neigt er sich seinem Ende zu. Hier verlassen wir die Forststraße und gehen halbrechts den naturbelassenen Wanderweg weiter. Dieser verläuft parallel zur Straße. Am Ende des Pfades links, nicht weit, dann wieder rechts auf die geschotterte Piste. Jetzt ebnet sich der Weg bis zum Pavillon 1 am Knotenpunkt. Kurz verschnaufen, was trinken und weiter geht's. Rechts Richtung Wackelstein, dem roten Dreieck folgend. Auf unserem Weg halblinks weiter Richtung Riedelhöhe / Wackelstein. Die Findlinge links und rechts von uns nehmen in Menge und Größe stetig zu. Hier ein bisschen Obacht geben. Auf einer Anhöhe bei großen Findlingen, diese liegen direkt neben dem Weg, links zur Riedelhöhe gehen 2. Das sind doch mal Steine. Die Steinstufen, die nach oben zur Aussichtsplattform führen, sind gut begehbar, und das massive Stahlgeländer sorgt für ausreichend Sicherheit. Eine kleine Lücke ist in den Wipfeln noch frei, sodass man noch ein bisschen Aussicht hat. Ein sehr schöner Turm ist das allemal. Nur noch ein kurzes Stück auf unserem Weg, bergauf geht's. Schon sind wir beim nächsten Highlight, dem Wackelstein 3. Ganz ehrlich, ich bring das Ding nicht zum Wackeln.

rechts: Riedelhöhe

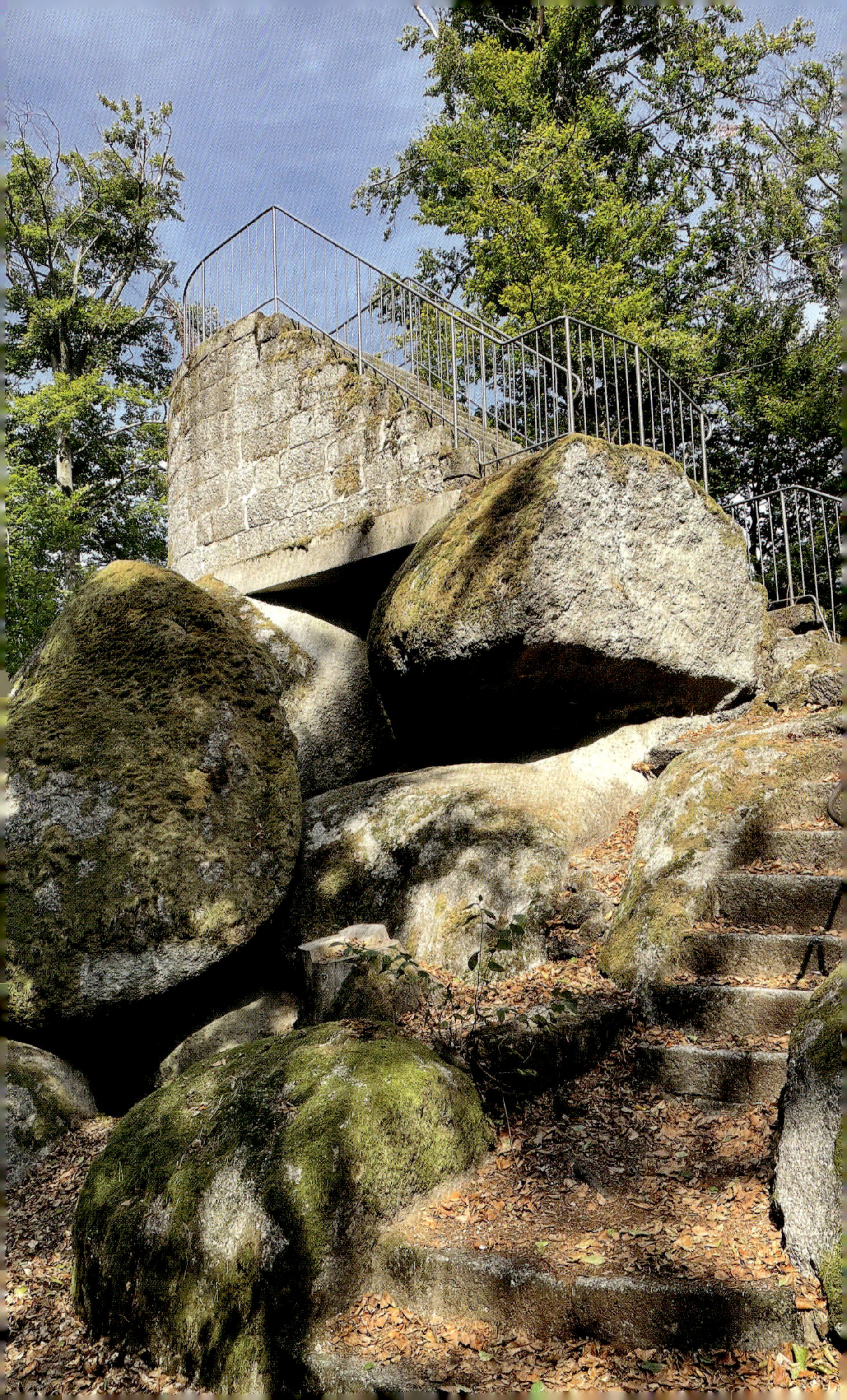

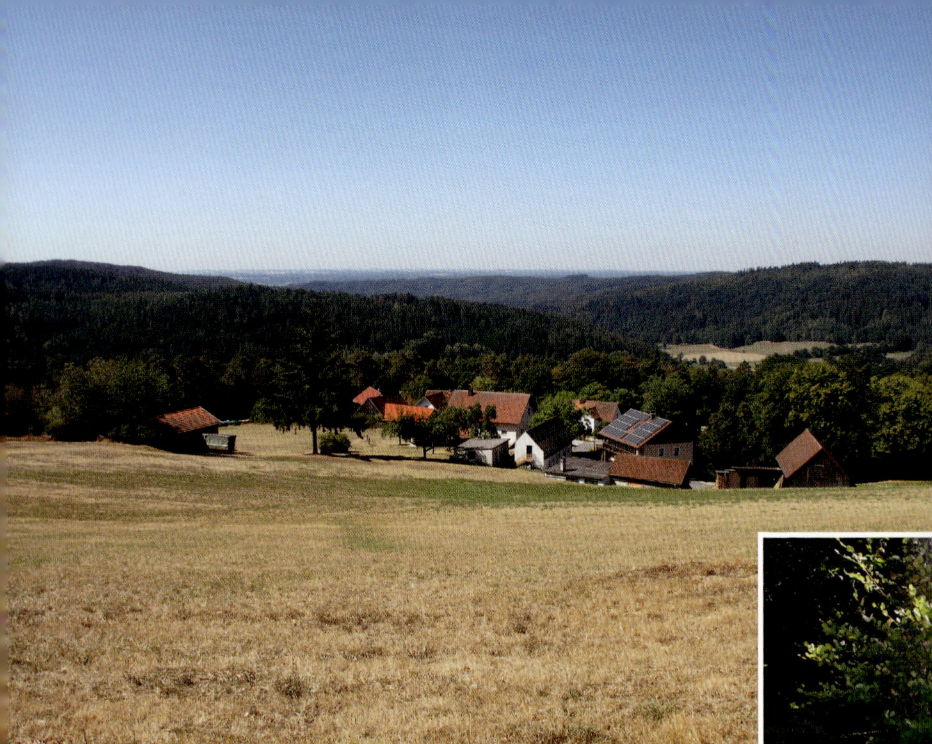

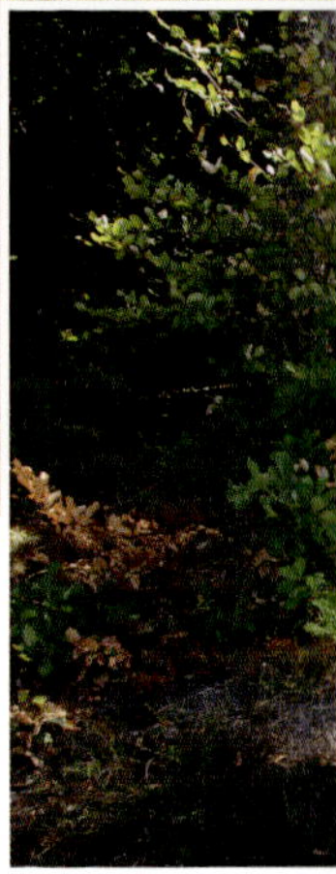

oben:
Aussicht von der Parkbank

rechts:
Parkbank oberhalb Gibacht

TIPP FÜR BADERATTEN

Direkt unter der Brücke, auf der Seite vom Schloss, findet man das liebevoll angelegte „Badeplatzl". Noch vor kurzem standen unzählige Brennnesseln am Hirschlinger Regenufer und es war kein Durchdringen zum Ufer möglich. Seit 2013 verbreitet der neue Kiesstrand Urlaubsambiente. Die Kiesdeckschicht ist so fein, dass Badegäste dort auch ihre Handtücher ausbreiten und ein Sonnenbad genießen können. Besonders die vielen Bootswanderer auf dem Regen, die im Sommer tagtäglich den kleinen Ort passieren, freuen sich über den attraktiven Rastplatz, an dem sie mit ihren Booten anlegen können.

Hab gehört, wenn man sich drauf stellt und sein Gewicht verlagert, bringt man ihn dazu. Schau ma mal! Na dann, mal rauf auf den eiförmigen Koloss. Leichter gesagt als getan. Gut dass hier eine Kette hängt. Bin oben! Ich geh von einem Ende an das andere, kreuz und quer, mir wird mulmig. Was passiert, wenn der plötzlich ins Rollen kommt, dann bin ich schneller in Hirschling, als mir lieb ist. Gewackelt hat nichts, schade. Es gibt hier aber noch mehr zu entdecken. Rechts befindet sich eine Art Opferstein. Ein Findling mit rundlichen Ausformungen und in der rechten ist fast immer Wasser. Ein paar Meter links geht ein

Weglein vorbei zu einer Felsplatte mit eisernen Steighilfen und eingehauenen Stufen. Von hier hat man eine tolle Aussicht nach Hirschling. Das Schloss ist gut zu sehen. Für Kinder ein richtiger kleiner Abenteuerspielplatz und wenn man an der richtigen Stelle steht, bringt man die Platte auch zum Wackeln. Unser Weg führt jetzt bergab, bis zu einer Stelle, an der einige Wege aufeinander treffen. Wird von vielen auch Spinne genannt. Weiter geradeaus, wir folgen jetzt dem grünen

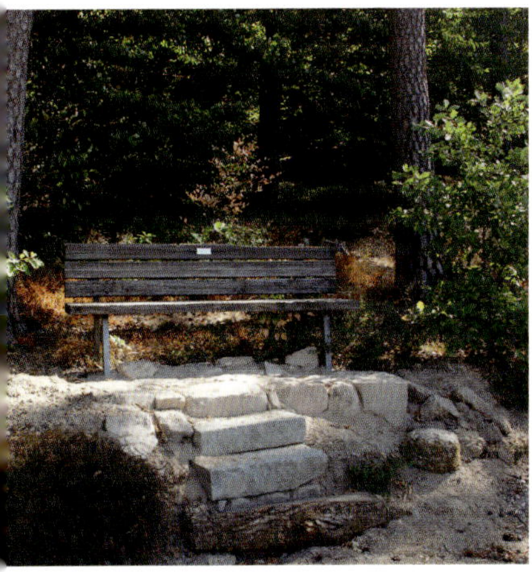

Rechteck. Noch einmal kurz bergauf, dann geht es stetig abwärts. In der langgezogenen Rechtskurve bei Gibacht bitte nicht dem grünen Rechteck nach links folgen. Wir bleiben auf der Forststraße. Es folgt ein kurzes Stück ohne Bäume. Rechts steht eine neu errichtete Parkbank 4, von der man eine tolle Sicht ins Regental und auf die Ortschaft hat. Hinunter schlängelt sich weiter unser Weg. Links kann man auch Blicke ins Süssenbachtal erhaschen. Sobald wir das Rauschen des Schimmelgrabens hören, sind wir fast unten. Links kommen Weiher und schon kann man den Regen sehen. In Süssenbach gehen wir an einem bewohnten Haus vorbei und auf dem Fuß- und Radweg links zurück. Nur noch ein paar Meter, schon sind wir am Ziel.

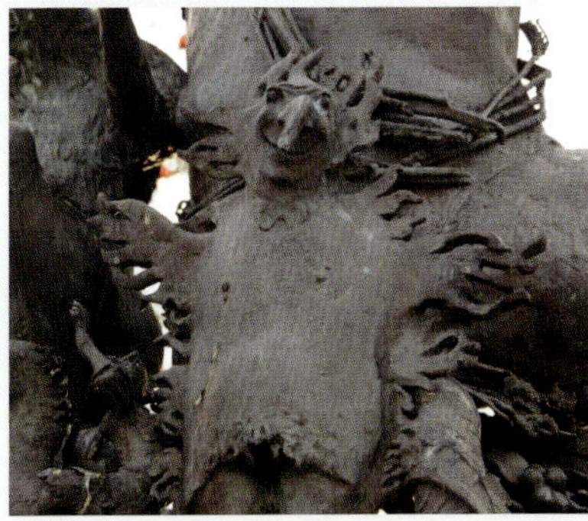

FEURIGE MÄNNER

Die feurigen Männer gehen zur verbotenen Stunde um, zur Geisterstunde. An Feiertagen, Vortagen von großen Festtagen und in der Adventszeit durfte man keine einsamen Waldwege gehen.
Wenn jemand doch in dieser Zeit diese einsamen Wege aufsuchte, kam ein feuriger Mann und sprang demjenigen auf den Rücken. Anschließend musste er dann den feurigen Mann eine weite Strecke tragen.
Die feurigen Männer warten auf ihre Erlösung und sind gern bereit, Wanderern, die in der Nacht vom Weg abgekommen sind, heimzuleuchten.
Für ihren Dienst erwarten sie eine kleine Gabe: ein halbes Geldstück oder Brotbrösel. Überglücklich sind sie für ein „Vergelts Gott", weil sie dann erlöst sind.
Manche feurigen Männer warten schon 1000 Jahre auf diese zwei Worte.

Von Marienthal zum Peilstein

Lockere Runde, gespickt mit Wurzelwegen

TOUR 12

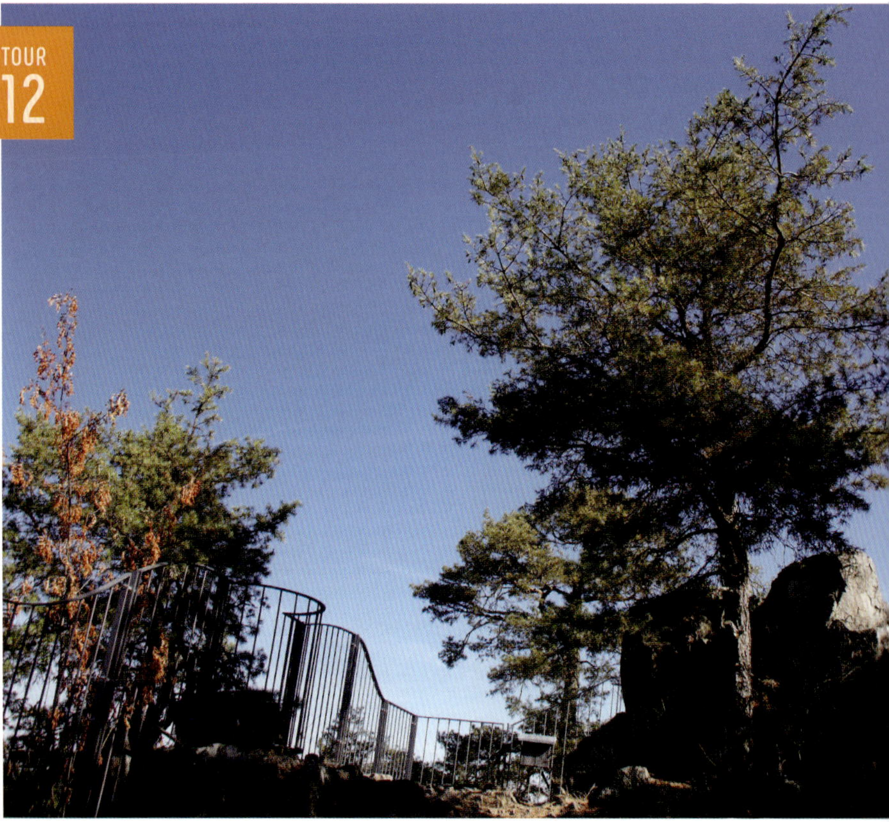

Start/Ziel: Parkplatz Marienthal,
Marienthal 3, 93128 Regenstauf

Marienthal – Knotenpunkt – Franzenshöhe – Peilstein – Marienthal

Ein ganz kurzes Stück durch die Ortschaft; Forst- und Waldwege; festes Schuhwerk ist ratsam

Eine lockere Runde mit kurzen Wurzelwegen. Für Kinder, die schon gut zu Fuß sind, ist diese Wanderung machbar. Für gute Geher besteht die Möglichkeit, diese Tour mit der Wanderung „Zum Wackelstein" zu verbinden, da sich beide am Knotenpunkt Gailenberg kreuzen.

Gaststätte Fuchs
Neuhaus 62, 93149 Nittenau
Tel. 09436 8350

Hotel und Brauereigasthof Jakob
Hauptstraße 10, 93149 Nittenau
Tel. 09436 8224
www.brauereigasthof-jakob.de

 Foto: Der Peilstein

Von Marienthal zum Peilstein – Tour 12

mittel | 7,5 km | 332 Hm | 2:30 h

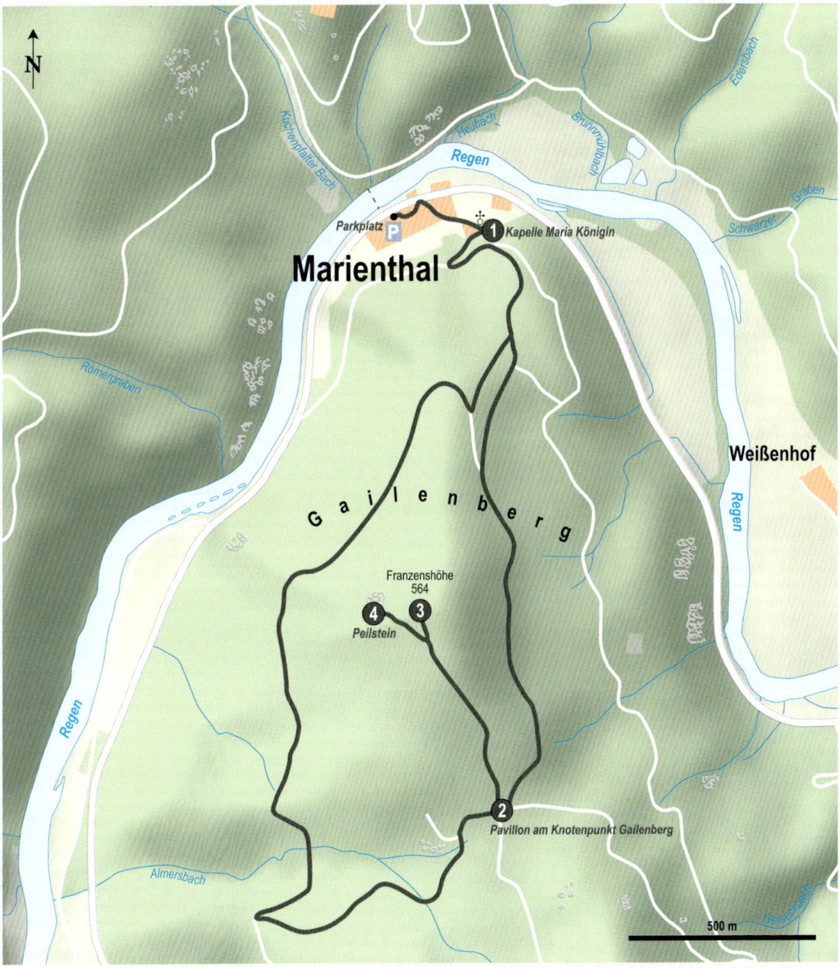

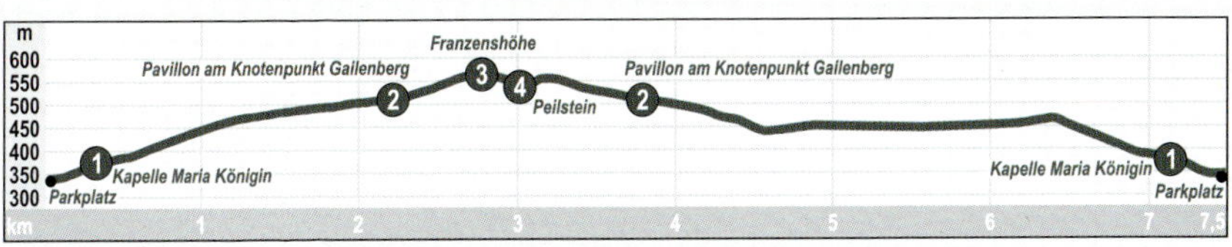

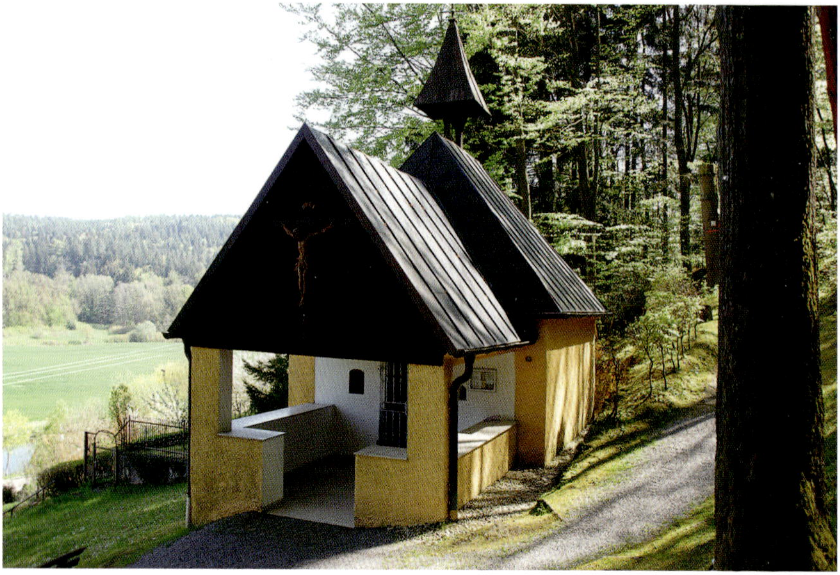

Kapelle Maria Königin

Vom sehr schön gelegenen Parkplatz aus gehen wir links an dem großen Holzstadel vorbei. Der Wegweiser leitet uns Richtung Gailenberg-Knotenpunkt, rote Wanderwegmarkierungen. Nach einem kurzen Stück weist uns ein sehr hübscher Wegweiser den rechten Weg zur Kapelle Maria Königin ❶. Im Jahre 1923 wurde die Kapelle in Marienthal zum Dank für die Heimkehr aller Soldaten aus dem Ersten Weltkrieg von den Bewohnern der Ortschaft errichtet. Ein Blick zurück, schee ist des fei scho, des Regental. Dann überqueren wir die Forststraße und gehen den Wurzelweg bergauf. Auf der kommenden Forststraße gehen wir ein kurzes Stück links, dann gleich wieder rechts dem Wanderweg folgen. Nun weist uns das rote Dreieck rechts, nur ein paar Meter, dann sind wir wieder auf einer Forststraße. Wenn man die Abzweigung verpasst,

Knotenpunkt Gailenberg

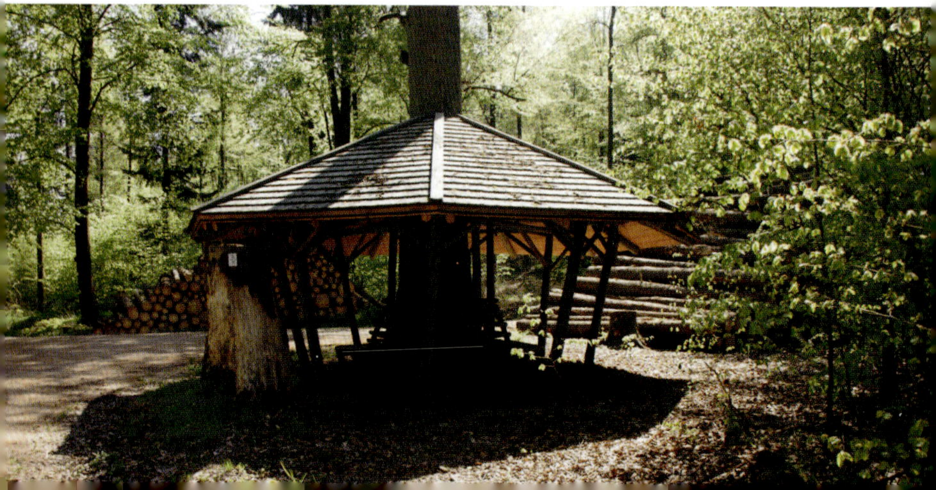

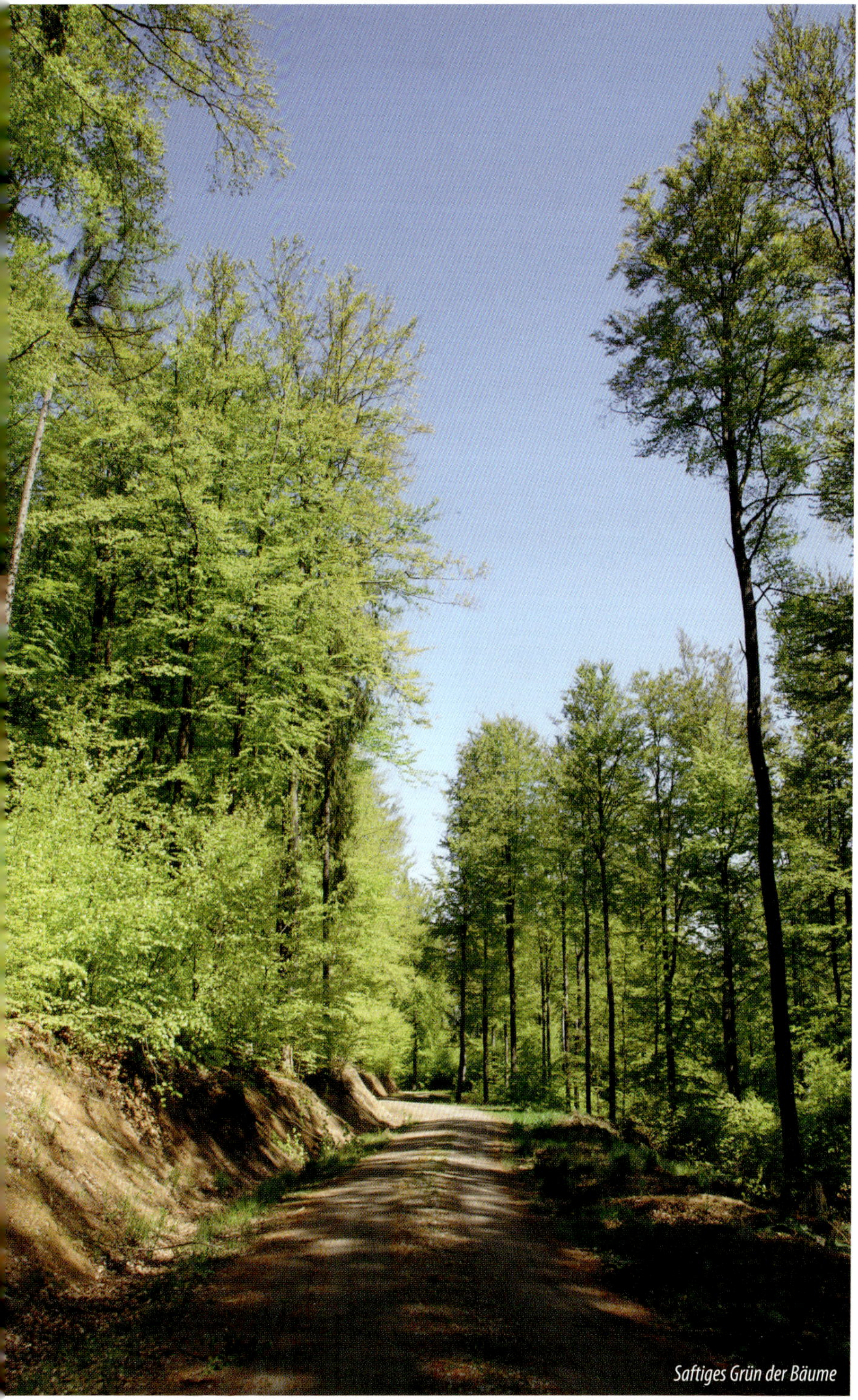

Saftiges Grün der Bäume

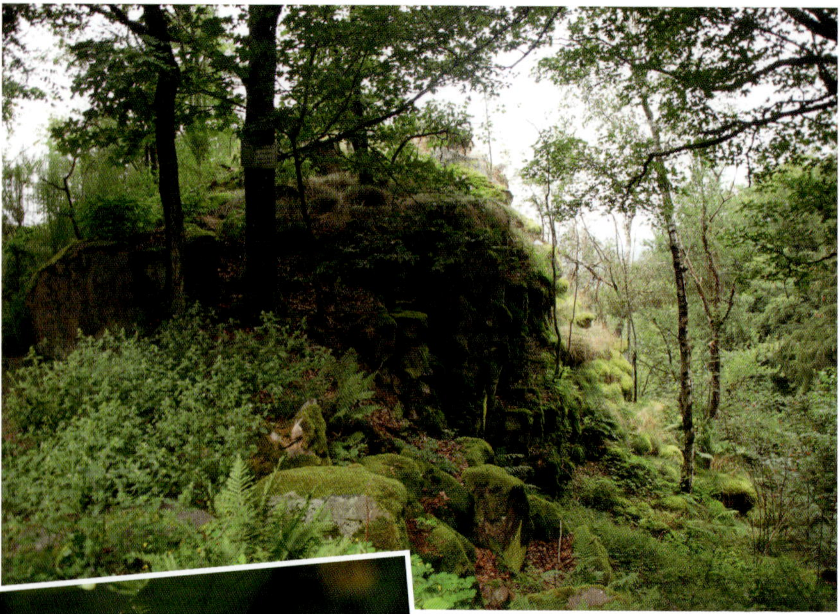

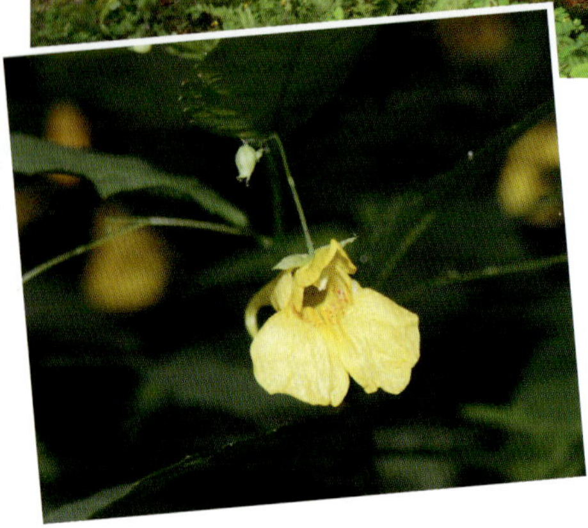

oben: Der Peilstein

links: Das Große Springkraut

macht gar nichts. Man kommt wieder auf denselben Weg, sollte sich dann aber links halten und der Forststraße folgen. Immer geradeaus und auf der geschotterten Piste bleiben. Links und rechts am Wegesrand blüht hier von Juni bis September das Große Springkraut. Die Pflanze ist weit verbreitet und nicht selten. Man findet sie in ganz Mittel- und Nordeuropa an feuchten, halbschattigen Bereichen z. B. Wäldern, oftmals in der Nähe von Quellen oder Bächen. Die reifen Früchte platzen bei Berührung, die Samen werden dabei herausgeschleudert. Die Pflanze wird im Volksmund wegen dieser Reaktion „Rühr-mich-nicht-an!" genannt. Schon bald sind wir am Knotenpunkt ② angekommen. Die Sitzgelegenheit zieht einen magisch an, um hier in der Stille ein bisschen zu verweilen. Angenehm, sehr angenehm. So, jetzt geht's aber rauf zum Gailenberg, ein Naturwaldreservat. Naturwaldreservate sind Wälder, die sich in einem weitgehend naturnahen Zustand befinden. Die natürliche Waldentwicklung läuft hier ungestört ab. Im Lauf der Zeit entstehen „Ur-"Wälder mit starken Bäumen und viel Totholz. Mir gefallen immer besonders die vielen Pilze, welche auf den alten morschen Baumstämmen wachsen. Oben angekommen am höchsten Punkt des Berges, sind wir auf der Franzenshöhe ③. Es scheint als sei es ein Fundament für einen Turm. Ich denke, es ist doch eher eine Art Aussichtsplattform. Zumindest mal gewesen, als die Bäume noch nicht standen. Durch die dichte Bewaldung hat man leider keine Aussicht mehr von diesem Punkt. Dann gehen wir halt zum Peilstein. Ein kurzes Stück zurück, dann geht ein steiniger

Weg (roter Punkt) direkt zum Peilstein 4. Hier ist es viel besser mit der Aussicht. Ein massiver Felssporn, der von vielen Wanderern und Mountenbikern gerne angesteuert wird. Auf Grund seines Überhanges ist er recht kahl, mit sehr geringem Bewuchs. Ein optimaler Aussichtspunkt, der bei guter Sicht schon mal 90 km reichen kann. Die Burg Stockenfels ist von hier auch sehr gut zu sehen. Hier oben gibt es ein Gipfelbuch, in das sich schon recht viele eingetragen haben. Eine nette Idee, mit dem Büchlein, wie ich finde. Den selben Weg müssen wir zurück bis zur Abzweigung nahe der Franzenshöhe. Wir gehen zurück zum Knotenpunkt und nehmen den rechten Weg bergab (rotes Rechteck). Immer auf der alten Forststraße bleiben. Bei der kommenden Kreuzung scharf rechts abbiegen. Leicht abfallend windet sich der feine Schotterweg um den Gailenberg. Saftiges Grün begleitet uns. Um die 2,5 km sind es, bis wir auf auffallende quaderförmige Steine am Wegesrand treffen. Das Waldstück hier heißt Hammerschlag, so steht es auf dem Schild geschrieben. Hier links den Wurzelweg mit dem roten Dreieck hinuntergehen. Ist schon ein bisschen verwachsen, der Weg. Jetzt treffen wir wieder auf die Forststraße, auf der wir zu Beginn schon waren. Einfach genauso zurückgehen wie wir begonnen haben. Vorbei an der Kapelle, dann links und schon sind wir beim Parkplatz.

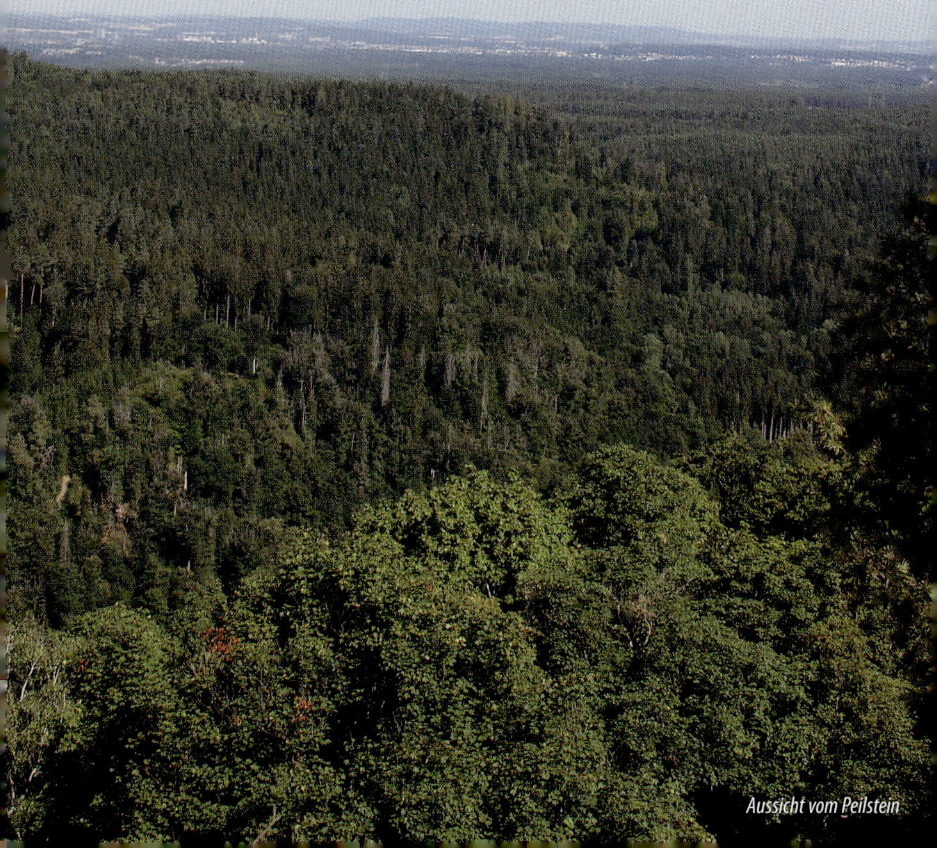

Aussicht vom Peilstein

Geisterburg Stockenfels

Mystische Burg mit unzähligen Sagen behaftet

TOUR 13

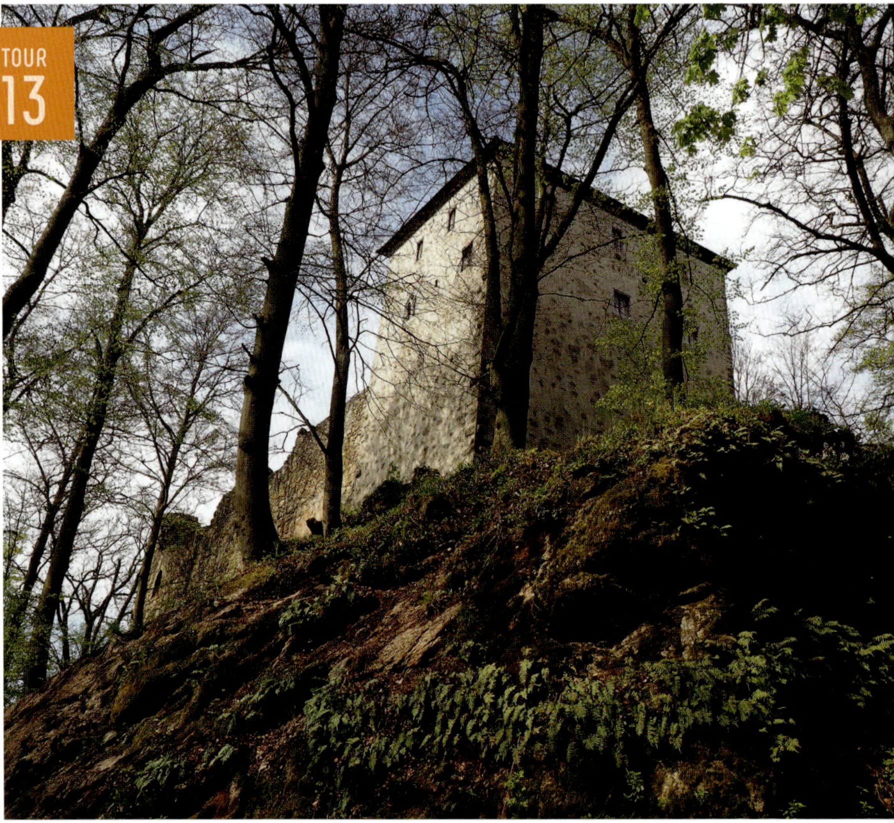

Start/Ziel: Wanderparkplatz an der SAD1, kurz vor der Einfahrt nach Haiderhöf

Wanderparkplatz – Geisterburg Stockenfels – Regen – Wanderparkplatz

Forst- und Waldwege; festes Schuhwerk ist ratsam

Unbedingt festes Schuhwerk (Wanderschuhe/-stiefel) tragen, da ein kurzer Abschnitt recht ausgewaschen ist. Eine kleine Genießerrunde, die man nach Belieben zeitlich ausdehnen kann. Vor allem für Kinder nicht zu weit, abwechslungsreich und kurzweilig.

Gasthof zur Sonne
Brunn 17, 93149 Nittenau
Tel. 09436 693

 Foto: Die Burgruine Stockenfels

mittel | 3 km | 142 Hm | 1:00 h

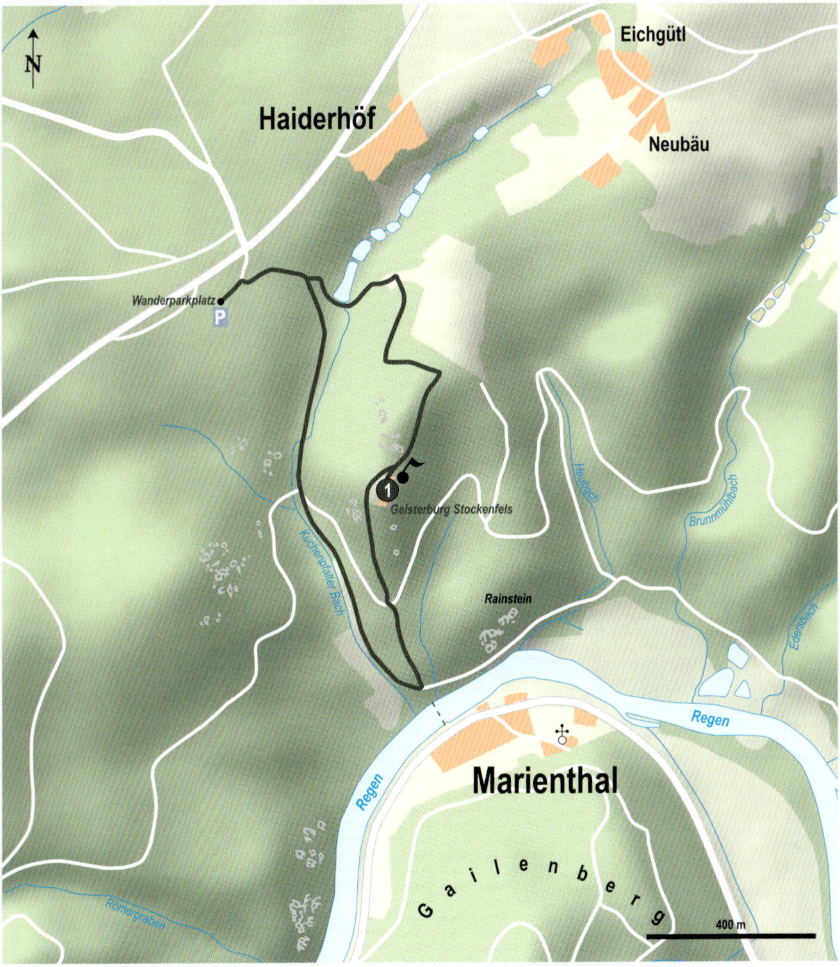

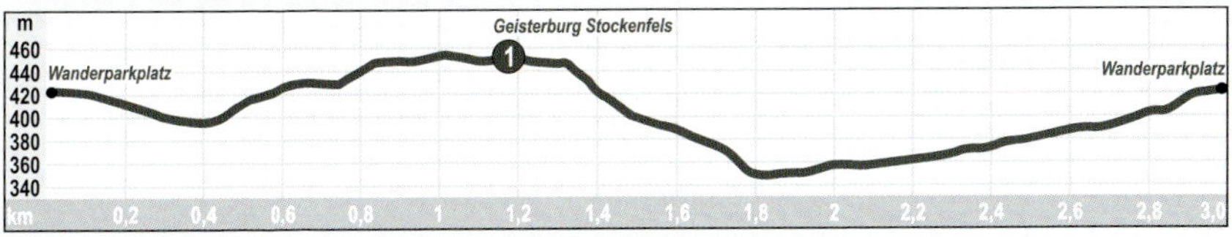

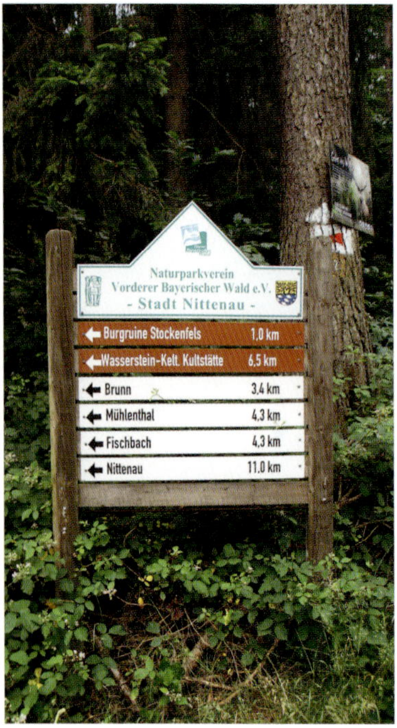

Wegweisertafel am Wanderparkplatz

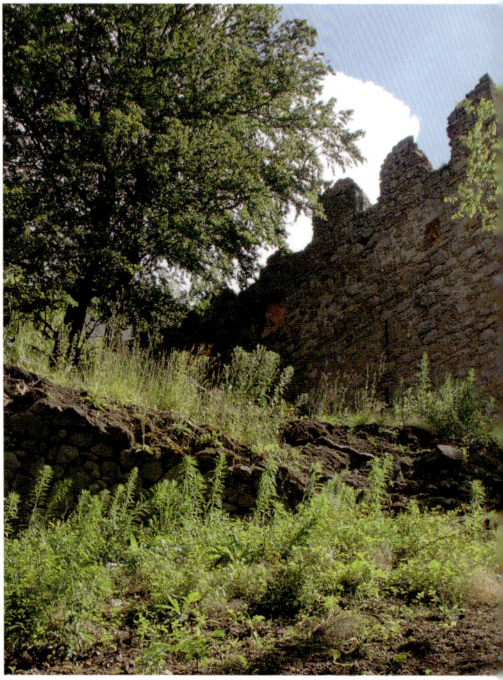

Burg Stockenfels

Unser Ausgangspunkt ist der Wanderparkplatz an der Kreisstraße SAD1. Von Teublitz her kommend, Richtung Fischbach, Bruck, liegt kurz vor der Einfahrt nach Haiderhöf ein großer Parkplatz. Ca. 50 m danach geht es rechts zum Wanderparkplatz im Wald. Nun denn, auf geht's. Auf dem Parkplatz befinden sich zum einen eine großzügige Übersichtskarte vom Gesamtgebiet sowie ein Wegweiser mit vielen Angaben über Wanderwege und Entfernungen. Wir gehen auf der Forststraße abwärts und folgen dem Weg mit der roten und grünen Markierung bis zur nächstmöglichen Abzweigung links. Hier trennt sich der grüne von dem roten Wanderweg. Grün ist Trumpf. Nach ca. 30 m biegen wir rechts ab, links von uns liegt ein Weiher, der meistens mit grünen kleinen Schwimmpflanzen bedeckt ist. Am Ende der Oase für wasserliebende Tiere und Pflanzen scharf links und dicht am Weiher entlang geht es Richtung Wald. Der Weg ist gut markiert, die grünen Markierungen befinden sich aufgemalt an den Bäumen. Ein schöner romantischer Waldweg führt uns einen kleinen Hang hinauf. Sobald sich der Wald lichtet, gehen wir rechts weiter, über einen mit Gras bewachsenen Hang. Sobald der Pfad wieder zu einem breiteren Weg anwächst, kommt kurz darauf eine Abzweigung nach links, der wir hinauf folgen. Rechts steht ein großer Nadelbaum mit den grünen Markierungen. Bergauf bis zur naturbelassenen Bewirtschaftungsstraße, dann rechts gehen. So manchen überkommt ein seltsames Gefühl. Was ist das? Wo bin ich hier? Je näher man der Burg kommt, umso unheimlicher wird es. Ein ungewöhnlicher Gedanke überkommt mich. Bier, Wasser, Radler, was hab ich getrunken oder gar gepanscht in letzter Zeit? Auf dem letzten Fest, eine Maß. War die gepanscht? Und wenn, dann sollns den Wirt holen. Ich hab sie nur getrunken, die Maß. Schon steht sie da, in ihrer Pracht. Das ist sie also, die „Geisterburg

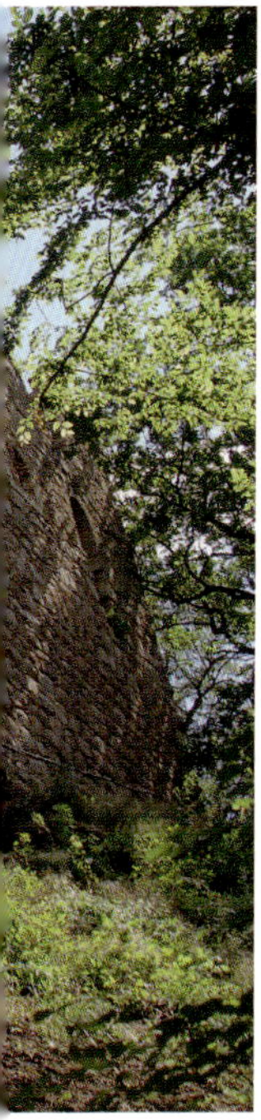

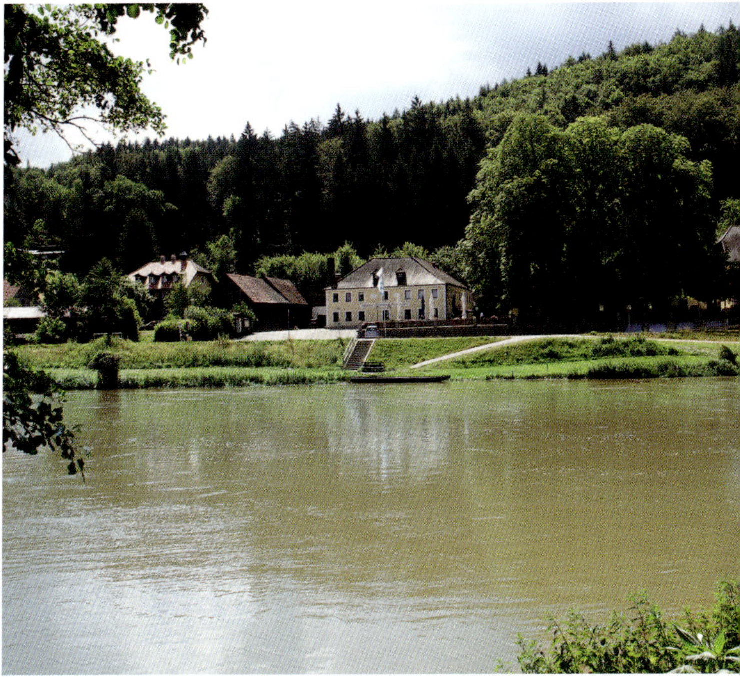

Blick über den Regen nach Marienthal

Stockenfels" ❶, um die sich so viele Legenden ranken. Hexen, Druden, Teufel, Geister, sämtliche Wirte, Schankkellner und Kellnerinnen, die des Bierpanschens überführt wurden, treiben hier ihr Unwesen bis zum heutigen Tag. Das drittschlimmste Verbrechen nach Mord und Brandstiftung war in Bayern jeher, Wasser ins Bier zu schütten, so sagt es der Volksmund. Nacht für Nacht schießt pünktlich um Mitternacht eine endlos scheinende Leiter aus dem Burgbrunnen hinauf, bis zur Turmspitze des Bergfrieds. Die Teufel treiben die armen Seelen der Verbannten auf die Leiter, bis alle Sprossen besetzt sind. Unten schöpft ein Teufel Wasser aus dem Brunnen, Eimer um Eimer, und die Panscher müssen diesen weiterreichen bis ganz nach oben. Der auf der Turmzinne sitzende dicke Oberteufel schüttet das geschöpfte Wasser über die Burgmauer hinweg. Nacht für Nacht zur Geisterstund, ewiglich ist da die Buße, weil Braumalefizianten niemals Ruhe finden. Sie müssen soviel Wasser schöpfen, wie sie in ihrem Erdenleben ins Bier geschüttet haben oder ihre Gäste betrogen haben. Ich sag es meinen Freunden auch immer wieder, passt auf mit euren Radler, Colaweizen oder sonstigen Biermixgetränken. Man kann nie wissen, was alles unter das Bierpanschergesetz fällt. Recht unverändert, was das Aussehen und die Erbauung angeht, soll sie sein, sagt der Burgkastellan. Man kann auch rund um die Burg herum gehen. Hier bitte gut aufpassen. Unser Weg führt uns nun rechts neben der Burg, unterhalb des Felsspornes, zwischen Burg und den Überresten eines Anbaus (mit Feuerstelle) vorbei. Den Berg hinunter geht ein etwas ausgewaschener steiniger Wurzelweg. Trittsicherheit ist von Vorteil. Die kommende Forststraße überqueren wir und marschieren weiter bis zur nächsten Forststraße, die am Regen gegenüber von Marienthal liegt. Die Tour geht auf der Forststraße rechts weiter, am Kuchenpfalter Bach entlang (rote Markierung). Der Bach begleitet uns bis fast bis zum Parkplatz zurück. Das Plätschern und das Gezwitscher der Vögel tut Herz und Seele gut. Nur Geräusche der Natur, herrlich. Hier gedeihen massig Brennnesseln. Wer Schmetterlinge will, braucht diese Pflanze. Für unsere gängigsten Arten trägt das Vorhandensein dieser Pflanzen von Grund auf zum Überleben bei. Kleiner Fuchs,

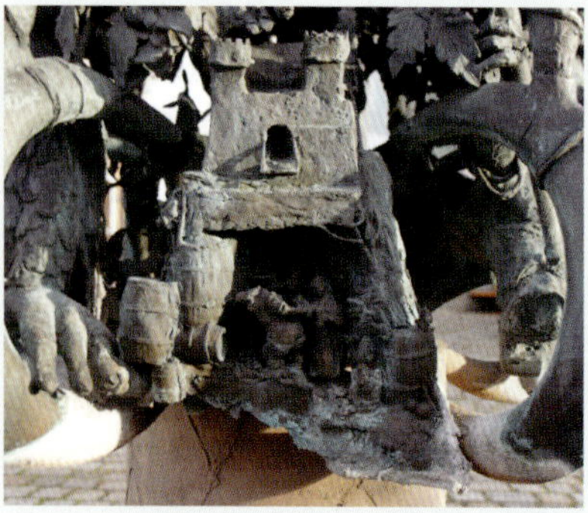

BIERPANSCHER IN STOCKENFELS

Den Aufenthalt der Geister bilden untertags die unterirdischen Räume der Burg. Arbeit haben die Geister keine – aber dafür um so mehr Langeweile. Beschäftigt werden nur die Brauer. Auf den Sprossen einer Leiter stehend, die vom Grunde bis zum Rand des Burgbrunnens reicht, müssen sie in einem von Hand zu Hand gehenden Eimer so viel Wasser aus dem Brunnen schöpfen wie sie im Leben über das zulässige Maß dem Biere beigegeben haben. Die Sühne dauert insbesondere bei Großbrauern sehr lange und die Brauer, hauptsächlich die dicken,

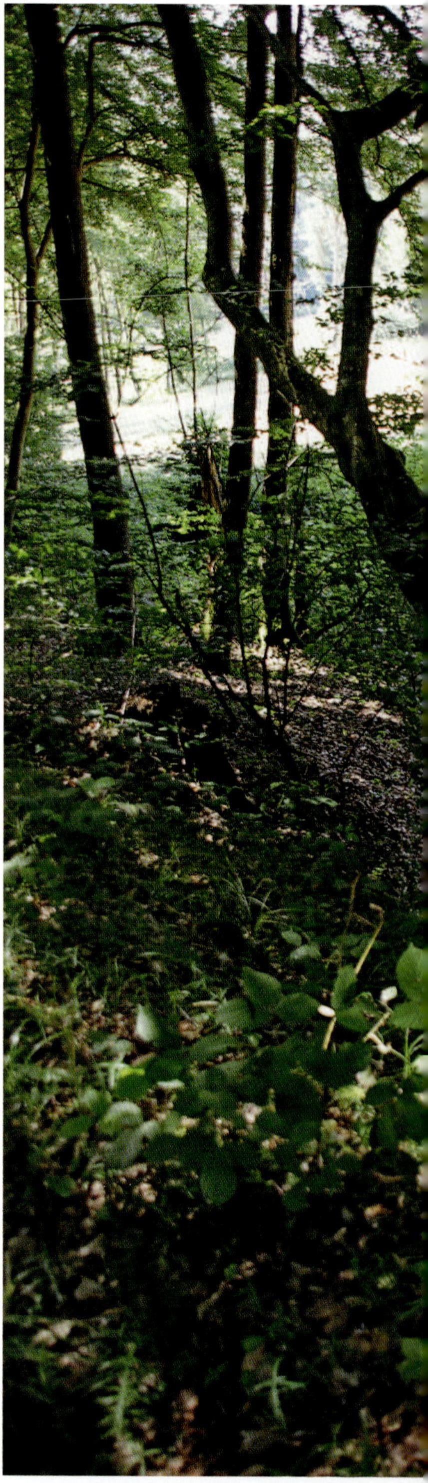

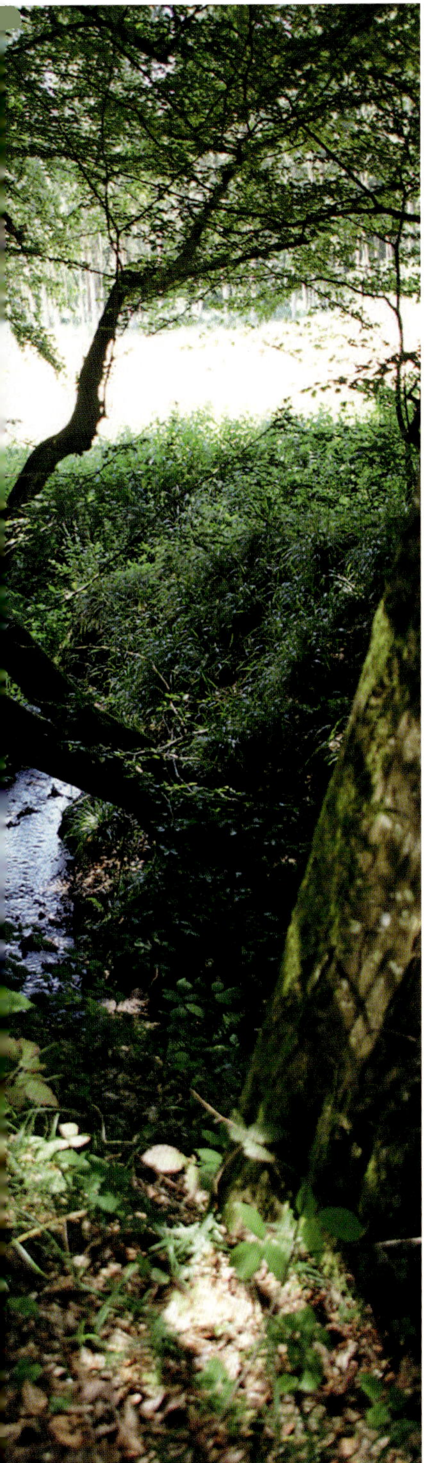

Tagpfauenauge und Admiral. Ihre Raupen und auch noch die einiger anderer Falter leben an und von Brennnesseln und können nicht einfach auf andere Pflanzen ausweichen. Ein Männchen der gebänderten Prachtlibelle hat auch kurz Rast gemacht. Der Weg führt uns stetig bergan und direkt zu unserem Ausgangspunkt zurück.

Kuchenpfalter Bach

schwitzen dabei wie nie in ihrem Leben. Aber nachts – welch ein Gegensatz! Alle Räume sind taghell erleuchtet, überall Jubel, Heiterkeit, Spiel und Tanz. In langen Reihen sitzen die Geister zum festlichen Mahle an den Tischen. Ihre Füße bis zu den Knien in glühenden Kohlen; der Braten, den sie essen, ist in Pech geschmort; die Getränke, ob Bier oder Wein, sind glühend heiß, alles, was sie berühren, Löffel, Messer, Gabeln, Becher, glüht oder sprüht Feuer; die Eisenkugeln, die sie nach dem Mahle beim Kegelspiel werfen, glühen und ziehen feurige Bahnen zu den glühenden Eisenkegeln. Wir wissen, dass ein dicker Brauer aus Regensburg, der Podagrawirt aus Haag, eine gut bekannte Kellnerin vom Hofbräuhaus in München, eine Wirtin von Steinweg, die Wirtin von Ebnath, die immer sagte „hundert Daumen – eine Mass", eine schöne Kellnerin von Regensburg, der Pfleger von Aufhausen, ein richtiger Bauernschinder und andere bestimmt in Stockenfels sind. Diese Kenntnis verdanken wir aber der Schwatzhaftigkeit einzelner Familienangehörigen derselben und großenteils dem Zufall.

Auf dem Keltenweg durchs Regental

Zum Teil anspruchsvolle Steigungen

TOUR 14

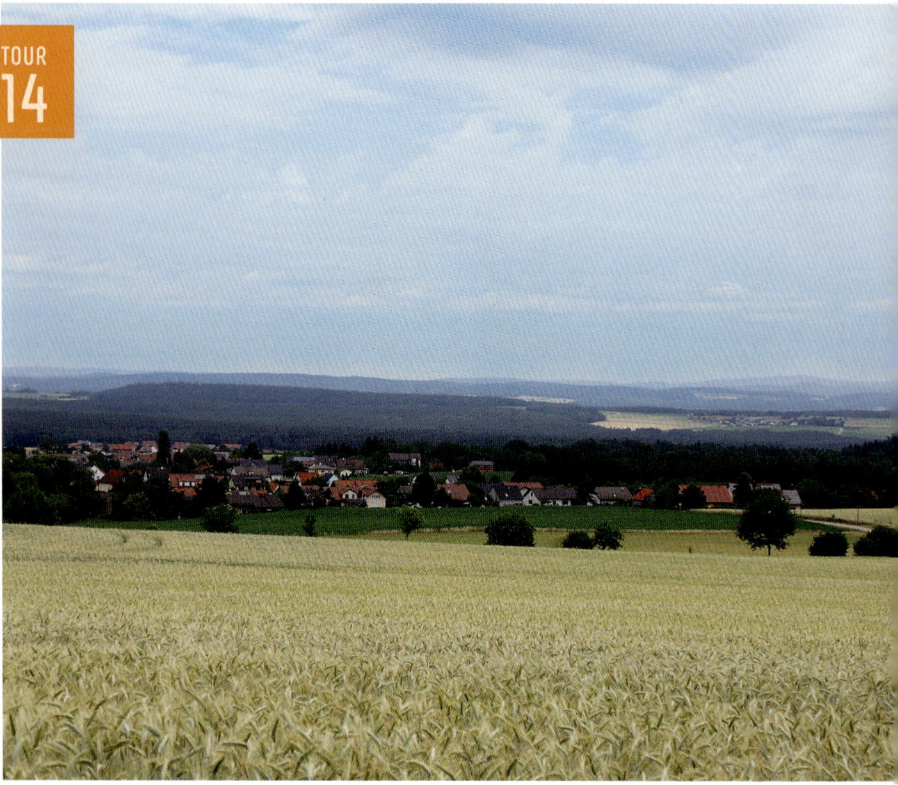

Fischbach, Bergstraße 3,
93149 Nittenau

Fischbach – Wasserstein – Regen – Rummelfels – Lohbügl – Fischbach

Überwiegend Pfade und Waldwege; dazwischen auch mal Teer; festes Schuhwerk ist ratsam

Eine gewisse Grundkondition aufgrund der zum Teil anspruchsvollen Steigungen sollte vorhanden sein. Unbedingt festes Schuhwerk (Wanderschuhe/-stiefel) tragen.

Landgasthof Schmidbauer
Muckenbach, 93149 Nittenau
Tel. 09436 430 oder 3370
www.schmidbauer-landgasthof.de

Gasthof zur Sonne
Brunn 17, 93149 Nittenau
Tel. 09436 693

Roidl Josef
Bergstraße 5, 93149 Nittenau
Tel. 09436 744

Foto: Aussicht vom Aussichtspunkt bei Lohbügl

mittel | 9 km | 323 Hm | 3:00 h

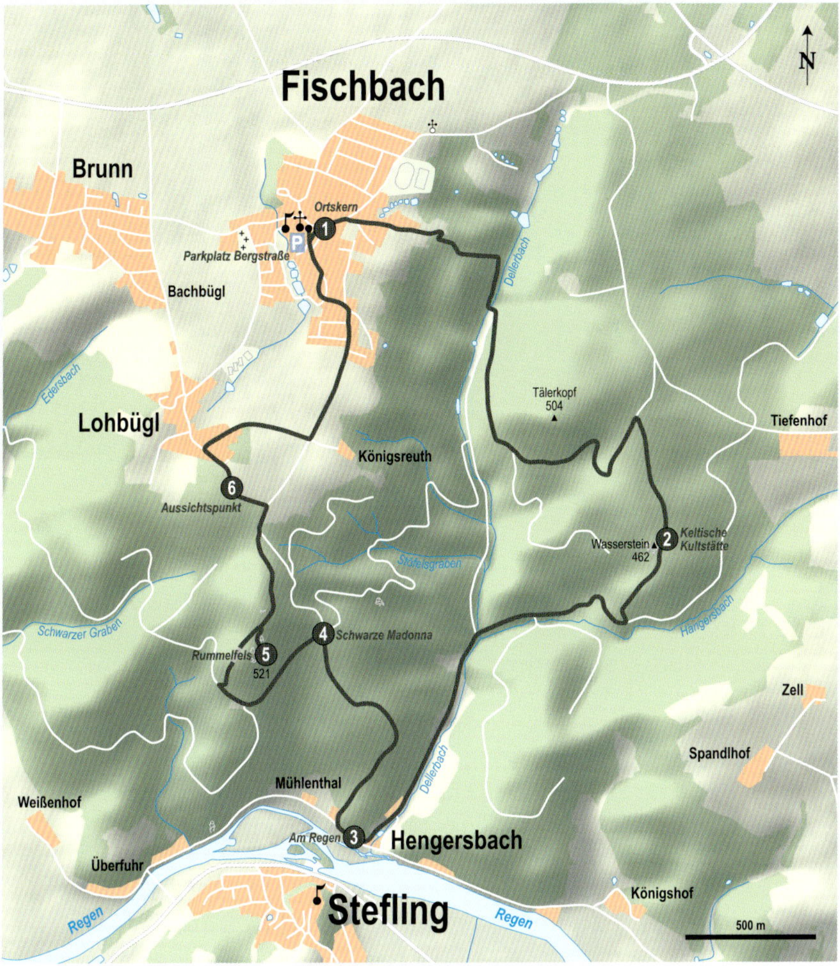

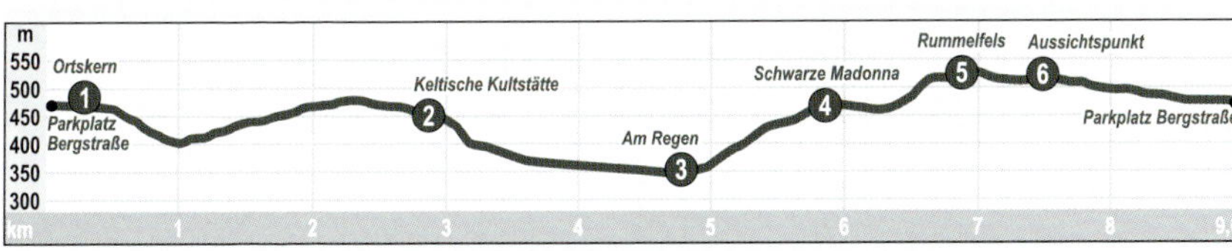

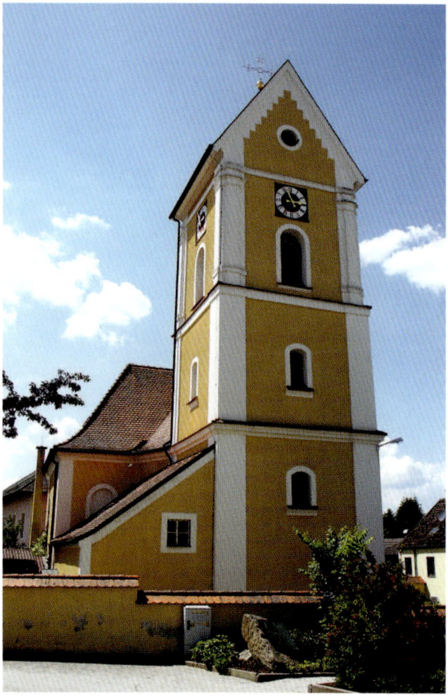

Kirche St. Jakobus

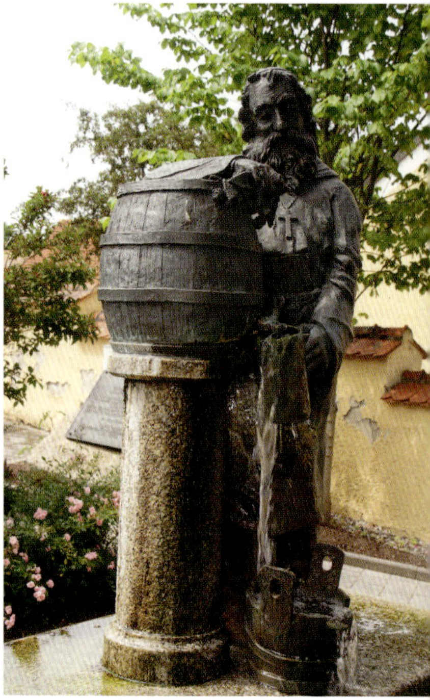

Brunnen mit Statue von Barnabas Still

Ausgehend vom leicht zu findenden Ortskern ❶ mit seiner spätbarocken Bebauung machen wir uns auf den Weg. Das Ensemble umfasst Schloss, Schlossgut, Kirche St. Jakobus, Schule, Pfarrhof, Bedienstetenwohnungen und Bauernhöfe – Zeugen der Zentralfunktionen, die sich an dem Adelssitz herausgebildet haben. Die Kirche steht als Pfarr- und Schlosskirche in unmittelbarem baulichen Zusammenhang mit dem Schloss und dessen Ökonomiehof. Der Brunnen mit der Statue des Erfinders vom Starkbier ziert den Vorplatz der Kirche. Barnabas Still, geb. 1750 in Fischbach, verhalf der Paulaner Brauerei durch das Salvator-Bier zu erheblichem Ansehen. Auf der Nittenauer Straße führt uns der Weg nach Osten. Kurz darauf geht es halbrechts in die Sandstraße. Bald wird die befestigte Straße zu einem Feldweg, der uns in den Wald führt. Der Weg schlängelt sich den Berg hinunter. Ausschilderung: Drei-Burgen-Weg, Oberpfälzer Seenland-Rundweg. Bei der nächsten Gabelung halten wir uns links, bergauf. Jetzt ist auch schon der Wanderweg zum Wasserstein ausgeschildert. Dicht bewaldete, mit zum Teil feinem Sand bedeckte Pfade lassen uns zu bestimmten Jahreszeiten so manches entdecken. Im Frühjahr bis zum Herbst kann man an den Blättern der Buchen Galläpfel der Buchengallmücke finden. Es gibt eine Vielzahl an Insekten, Pilzen, Bakterien, Viren oder Milben, die sich auf diese Art und Weise mit Hilfe eines Wirts fortpflanzen. Die Buchengallmücke, Mikiola fagi, legt zum Beispiel bis zu 300 Eier in die Blattknospen der Rotbuche. Die entstehenden Larven bringen das Blatt dazu, eine zitronenförmige, etwa ein Zentimeter große Galle zu produzieren. Im Herbst fallen die Gallen vom Blatt ab, sie überwintern unter der Schneedecke, im Frühjahr verpuppen sich die Larven. Nach 15 bis 20 Tagen schlüpfen daraus die fertigen Mücken. Die Biologie der gallenbildenden Insekten ist außer-

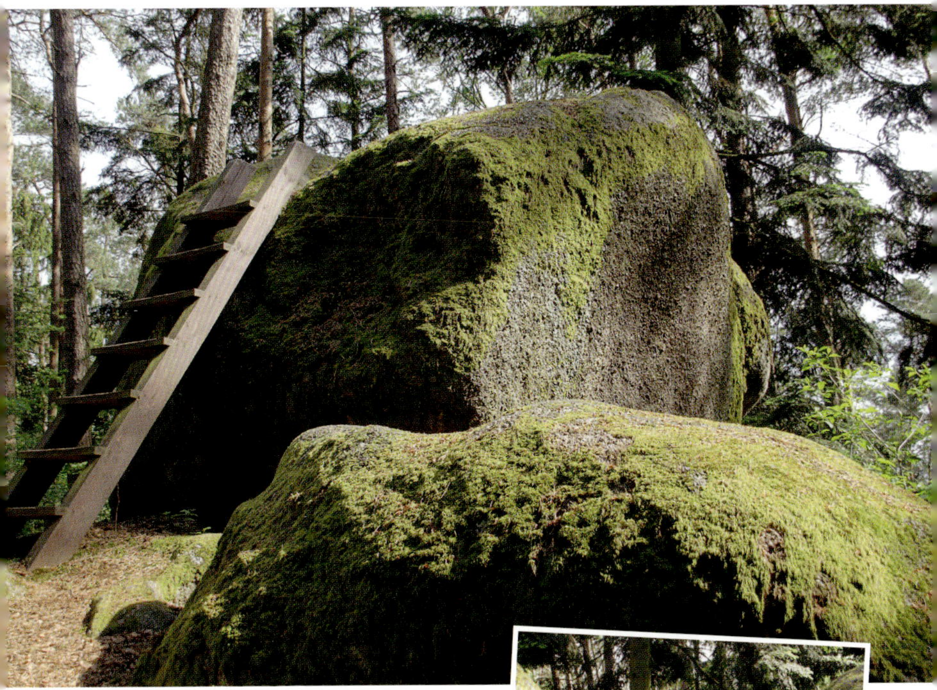

Wasserstein

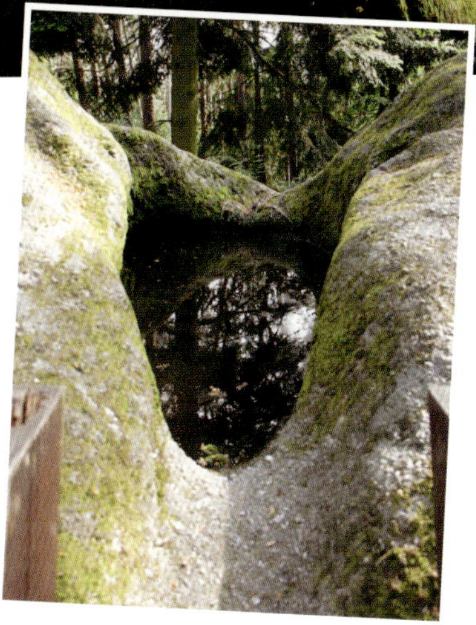

Blick in die tiefe mit Wasser gefüllte Kuhle des Wassersteins

ordentlich kompliziert, so gibt es auch Eichengallwespen, die sogenannte Knoppern an den Eichelfrüchten wachsen lassen und die zwei verschiedene Eichenarten zur Entwicklung der beiden Gallwespen-Generationen benötigen. Weiter die leichte, angenehm zu gehende Steigung hinauf, bis zur nächsten Gabelung und dann links weiter, bis wir die Anhöhe erreichen. Hier angekommen, sticht von der rechten Seite ein Waldweg herein, dem wir nun folgen. Dieser wird langsam enger, aber auch romantischer. Ein gut zu gehender, weicher Boden trägt uns förmlich zum Wasserstein. Oh je, was ist das denn? Mitten im Wald eine Bushaltestelle. Da kann man wohl lange warten. Ah, jetzt wird's besser, da ist er ja, der Keltenstein **2**. Ein mächtiger Felsbrocken liegt moosbedeckt vor uns. An ihm scheint eine Leiter zu lehnen. Nein, keine Leiter. Eine massive Holzstiege wurde hier angebaut, um den Wasserstein auch von oben zu betrachten. Was für eine tiefe Kuhle, gefüllt mit Wasser. Die größte, die ich in unserer Gegend kenne. Im hinteren Bereich sind noch ein paar kleinere Vertiefungen und von vorne sieht es wie eine Art Ablauf aus. Rundum liegen große Findlinge, die den großen Brocken in ihrer Mitte ehrwürdig umgeben. Ein wahrer Kraftort! Zurück

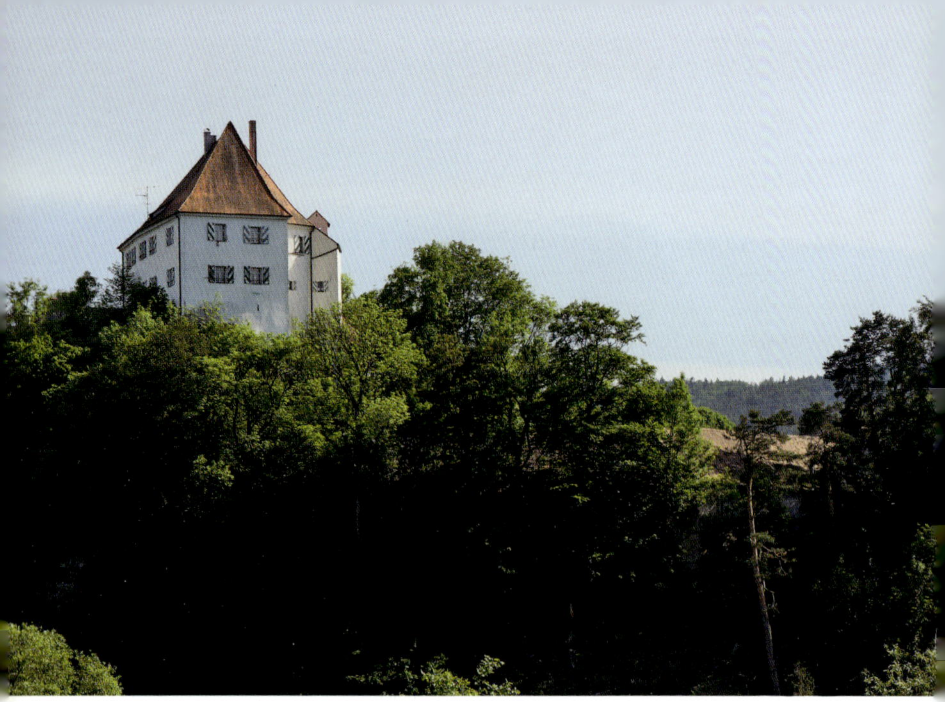

Blick auf das Schloss Stefling

auf unserem Weg gehen wir nun auf dem schmalen Pfad, steil bergab, bis wir auf einen breiteren Weg stoßen. Hier links, dann sehen wir schon die geschotterte Forststraße. Dort steht eine große Wegweisertafel. Hier gehen wir rechts den Wanderweg Nr. 10 auf dem Keltenpfad weiter. Nach kurzer Zeit kommt ein großer geschotterter Platz, eine Art Wendehammer für Forstfahrzeuge. Den Platz überqueren, gegenüber kommt ein naturbelassener Waldweg, der uns am Hengersbach entlang führt. Der Weg wird jetzt wieder zu einer breiteren Forststraße, geradeaus. Bei der kommenden Gabelung links. Immer dem Bachlauf entlang weiter marschieren, durch die kleine Ortschaft Hengersbach, bis zur Asphaltstraße am Regen 3. Gegenüber dem Regen, nicht zu übersehen, die einst adelige Schloss- und Burganlage von Stefling. Erste Erwähnung 976, Umbau um 1150, Verfall und Wiederaufbau nach dem Dreißigjährigen Krieg. Im Hochmittelalter eine der bedeutendsten Burgen des Regentals. Ein kleiner Abstecher runter zum Regen, wieso eigentlich nicht. Im Sommer ist hier auf dem Wasser viel los. Ein sehr beliebter Fluss bei den Bootswanderern. Ich kann's verstehen, hab selbst ein Kajak. Heute nicht, weiter geht's. Ein kurzes Stück (ca. 100 m) auf der Straße Richtung Mühlenthal, rechts bergauf dem Wegweiser, Wanderweg 6, folgen. Jetzt wird's sportlich. Der 1 km lange, doch recht steile Anstieg bis zur Kreuzung bei der „Schwarzen Madonna" zieht sich nicht nur in die Länge, sondern auch in den Waden. Bei der großen Kreuzung angekommen hängt die „Schwarze Madonna" an einer großen Eiche 4. Hier nicht laut Wegweiser zum Rummelfelsen geradeaus, sondern links den Forstweg mit der Schranke gehen. Immer auf dem Weg bleiben, rechts halten, bis nach ca. 500 m ein unscheinbar wirkender Naturpfad fast parallel zu unserem Weg in östliche Richtung bergauf führt. Aufpassen, denn im Sommer, wenn das Gras recht hoch ist, kann man den Pfad leicht übersehen. Nach etwa 15 m geht links ein Trampelpfad zwischen den Bäumen bergauf nach Norden. Keine Angst, nur Mut. Der Trail ist gut zu gehen und wird immer besser und entwickelt sich zu einem traumhaften Waldweg. Bald können wir rechts abbiegen zum Rummelfels 5. Die kreisförmigen Anordnungen der großen Steine kann man trotz der fortgeschrittenen Vegetation noch deutlich sehen. Der Rummelfels, Erinnerung an die verschollene Trutzburg „Rummelfels", welche südöstlich Fischbachs gelegen haben soll. Der Begriff Trutzburg stammt aus dem Mittelalter. Das Wort Trutz ist die mittelhochdeutsche Form von Trotz und beschreibt somit einen Akt der Gegenwehr. Dem Weg folgend Richtung Lohbügl erwartet uns noch ein dichter Mischwald, durch den das Wandern märchenhaft wirkt. Die nun folgende geschotterte Straße geradeaus weiter. Blicke in die Ferne empfangen uns, als wir den Wald verlassen. Die nächste links abbiegen und unbedingt zum Aussichtspunkt 6 gehen. Wow! Ein schönes Plätzchen und eine atemberaubende Aussicht. Bei guter Sicht sind Blicke weit in den Bayerischen Wald möglich. Der Lohn für den Aufstieg vom Regen. Von hier geht es bergab nach Lohbügl. Bei den ersten Häusern der Ortschaft geht es rechts nach Königsreuth (Wegweiser). Fernblicke sind noch einige hundert Meter unsere Begleiter. An der Kreuzung mit dem eisernen Kreuz, links nach Fischbach. Dem Steflinger Weg folgen und einfach am Kirchturm orientieren. I glaub, da hob i mir doch a Brotzeit verdient, oder? Ja gut, dass es den Roidl gibt. Eine Einkehr im Gasthaus Roidl in Fischbach, gleich beim Schloss, stillt meine Gelüste nach einer hausgemachten Sulz und einem kalten Radler.

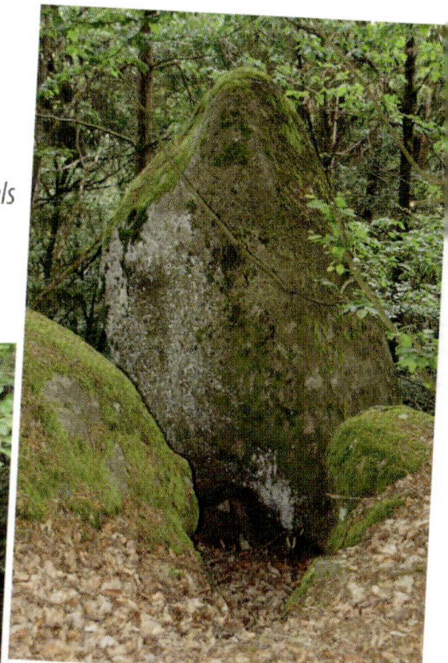

Der Rummelfels

Ein märchenhafter Weg

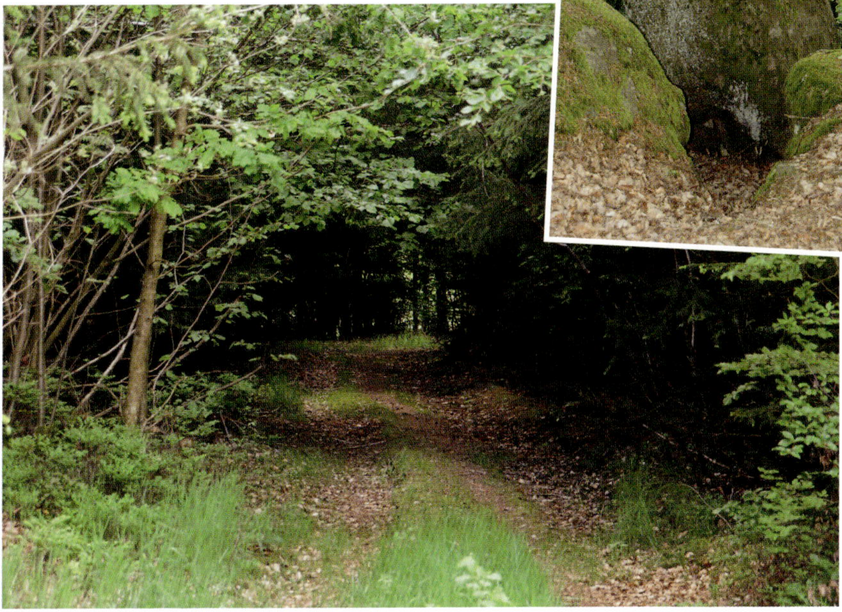

Über den Jugenberg zu den Hofern

Lange Strecke mit vielen Höhenmetern

TOUR 15

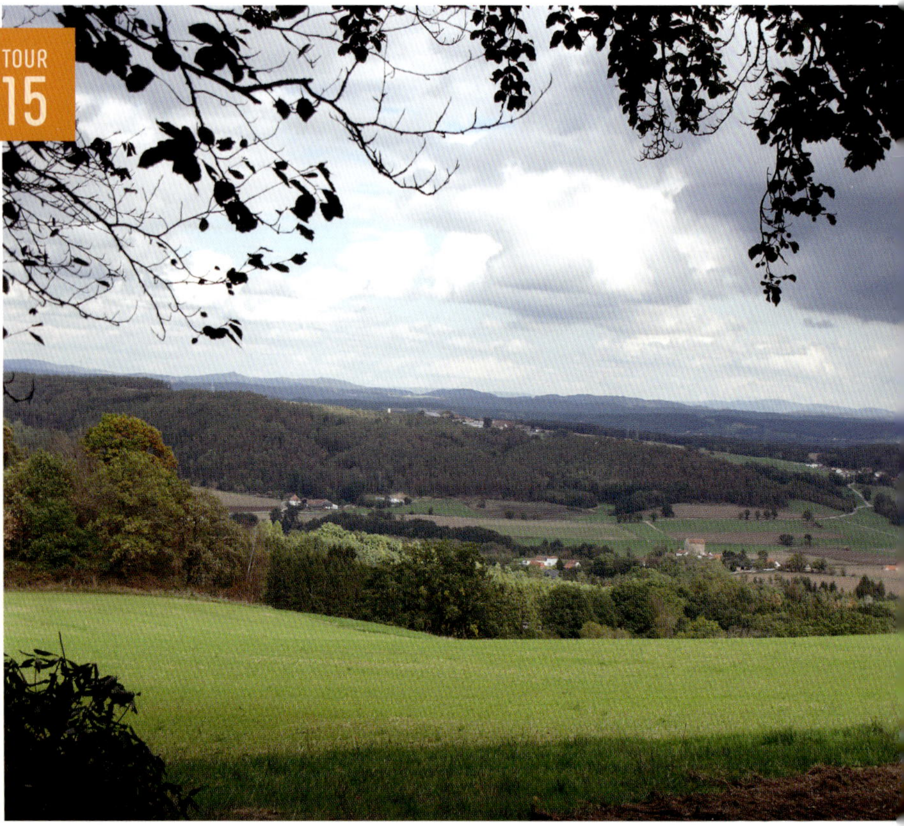

Start/Ziel: Wanderparkplatz Eckartsreuth, Eckartsreuth 23, 93149 Nittenau

Eckartsreuth – Jugenberg – Harthöfl – Stefling – Hof am Regen – Gunt – Eckartsreuth

Beginn und Ende auf Teerstraße; Mittelteil auf guten Wander- und Schotterwegen, gespickt mit Pfaden; festes Schuhwerk ist ratsam

Es sind drei Steigungen zu bewältigen. Eine gute Grundkondition sollte man für diese kräftezehrende Strecke auf jeden Fall haben.

Gaststätte Fuchs
Neuhaus 62, 93149 Nittenau
Tel. 09436 8350

Hotel und Brauereigasthof Jakob
Hauptstraße 10, 93149 Nittenau
Tel. 09436 8224
www.brauereigasthof-jakob.de

 Foto: Aussicht von der Kapelle

ÜBER DEN JUGENBERG ZU DEN HOFERN – TOUR 15

mittel | 12 km | 549 Hm | 4:00 h

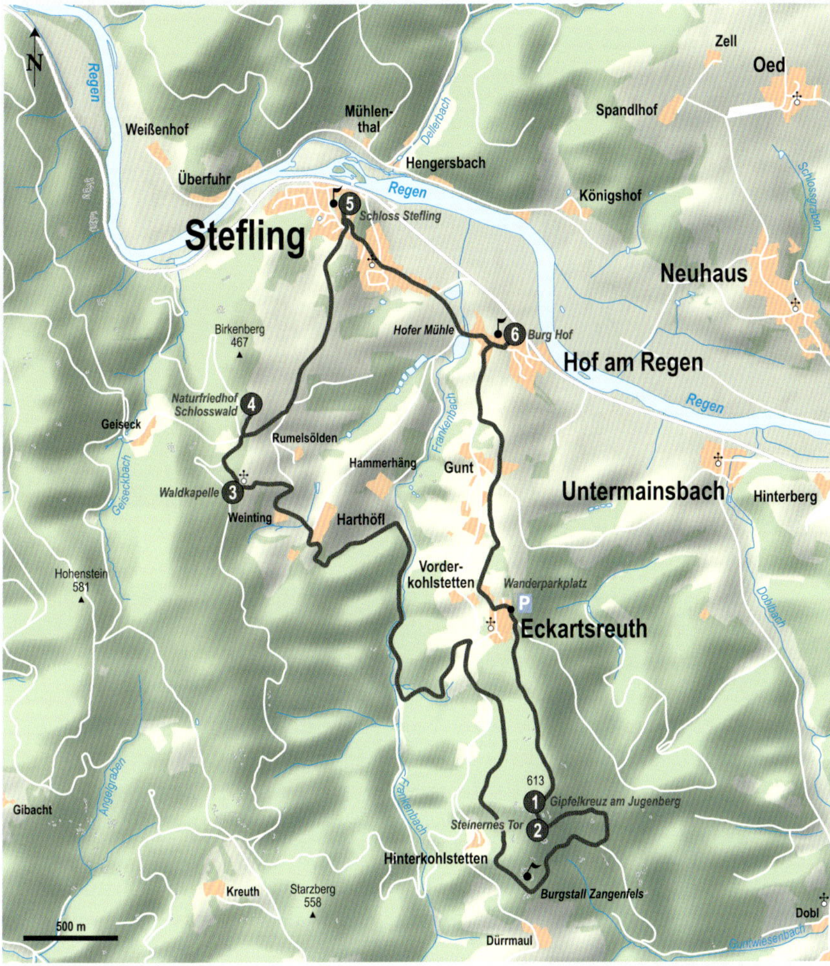

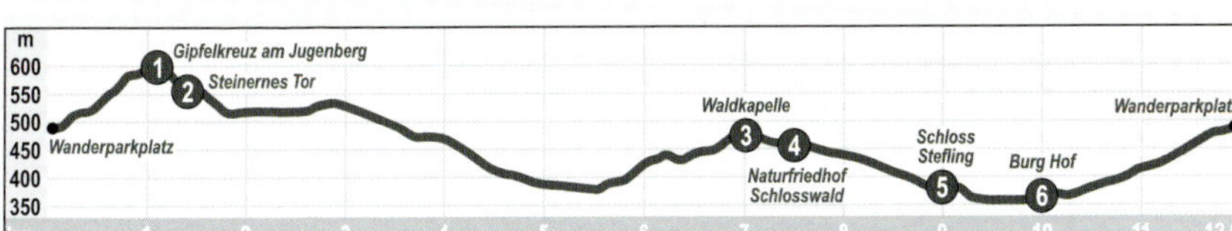

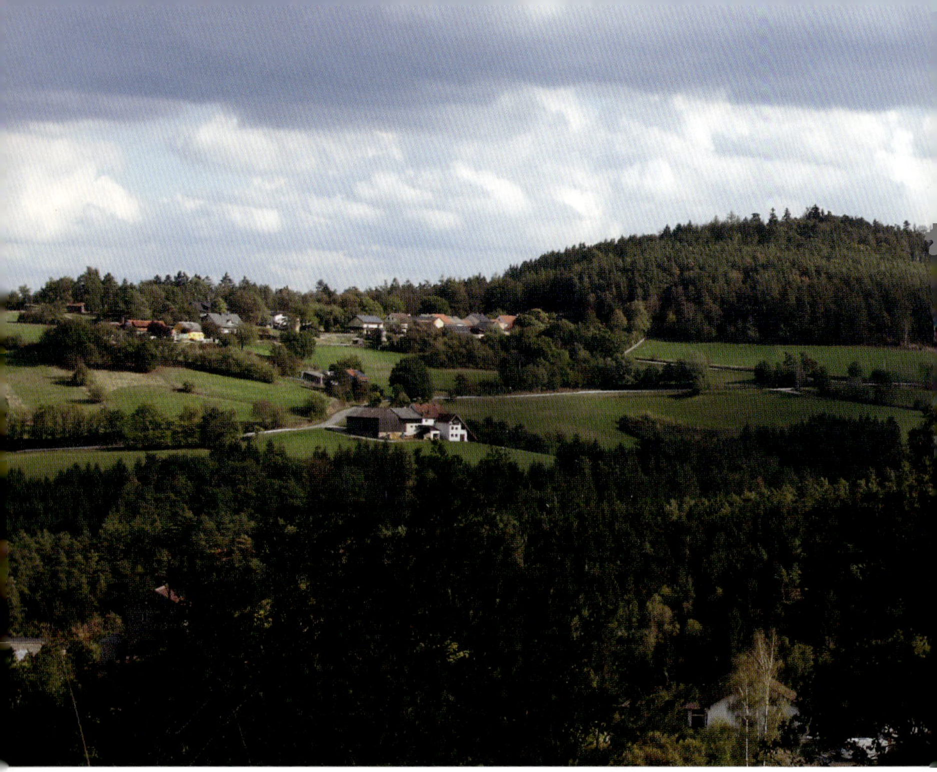

Der Jugenberg

Das grüne Dreieck und ein rot-weißer Wegweiser geben uns die Richtung vor. Nach ein paar Meter rechts halten, an den Gärten vorbei. Ein Waldweg, bedeckt mit Laub, geht steil bergauf. Abwechselnd flache und steile Passagen führen uns bis zum Gipfelkreuz ❶, das auf 610 m Höhe liegt. Am Kreuz befindet sich ein Kasten mit einem Gipfelbuch, das von vielen Gipfelstürmern gerne genutzt wird. Den Kasten bitte von der Seite öffnen, sonst ist der Deckel bald ganz ab. Den Weg weiter, jetzt geht es bergab. Bei der folgenden Gabelung links, dem rot-weißen Wanderweg folgen. Das Steinerne Tor ❷ kann man schon gut sehen. Große, mit Moos bedeckte Findlinge stehen wie eine Barriere vor uns. Der Naturpfad führt uns weiter abwärts und bald folgt einem dichten Buchenwald. Rechts wieder dem Wanderweg folgen. Dann stoßen wir auf einen freien Platz. Hier dem Schotterweg nach rechts weitergehen. Die Forststraße geht auf und ab, stetig um den Jugenberg herum. Immer auf dem Weg bleiben bis die Asphaltstraße kommt. Rechts gehen. Da ist es ja, das lang ersehnte Panorama. Die schönsten Aussichten kommen erst noch. Wer hier abkürzen möchte, geht rechts nach Eckartsreuth zum Wanderparkplatz hoch. Alle anderen nehmen die nächste links hinunter. Es ist eine kleine geteerte Straße, die im Verlauf gepflastert ist und dann zu einer geschotterten Forststraße wird. Unten im Frankenbachtal angekommen, gehen wir rechts Richtung Hammerhäng, Wanderweg rot-weiß, Nr. 5. Leider machen sich viele Gemeinden mittlerweile nicht mehr die Mühe, die im Bayernatlas eingetragenen Wanderwege auch mit den entsprechenden Nummern zu versehen. Nach ca. 600 m endet der Wald und ein Weg kommt von links. Hier verlassen wir den fünfer Weg und marschieren den Waldweg links am

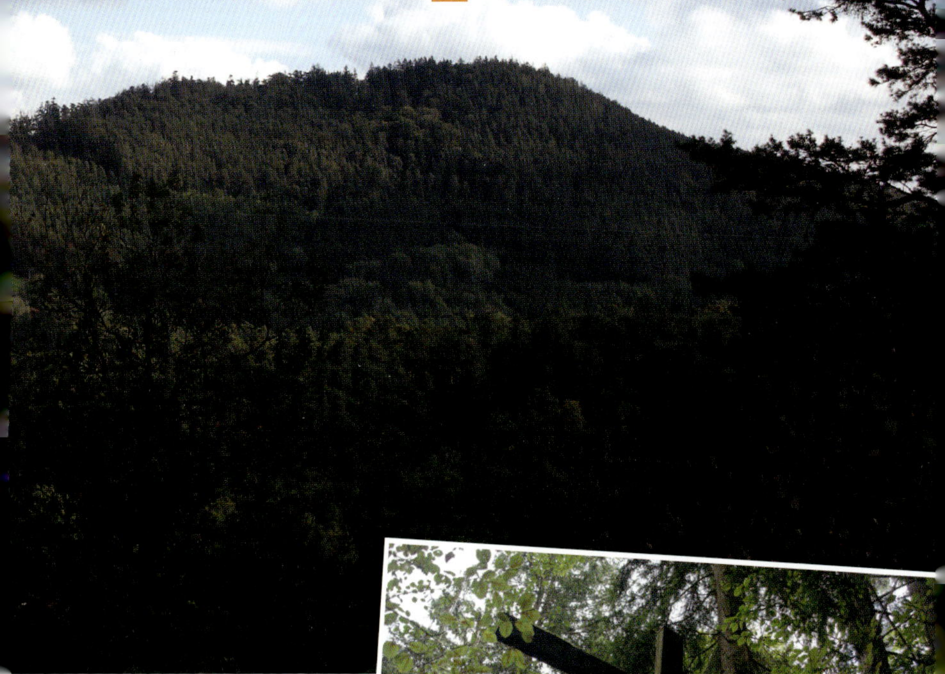

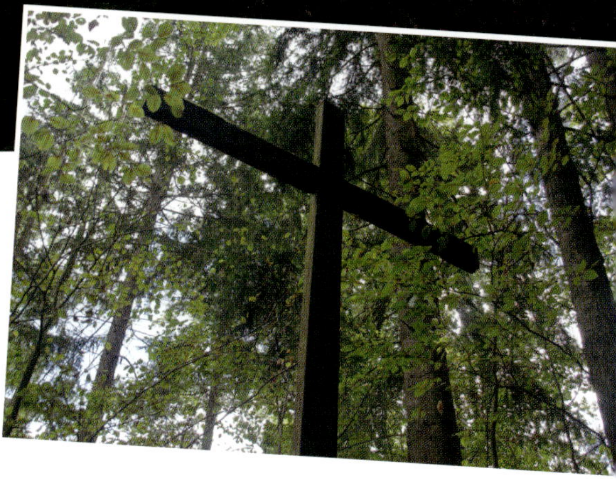

Gipfelkreuz am Jugenberg

Waldrand entlang nach Harthöfl rauf. Oben angekommen gehen wir an dem Holzhaus links vorbei, dann rechts zur Asphaltstraße und an Weinting vorbei. Im Scheitelpunkt der Linkskurve, bevor die Straße wieder abwärts führt, gehen wir links den Feldweg bergauf. Hier kann man hinter sich übrigens sehr gut den bereits bezwungenen Jugenberg sehen. Es kommt eine inselartig wirkende Baumgruppe. Das nenn ich mal ein Panorama ins Regental. Es wird Zeit für ein kleines Päuschen. Nur noch ein paar Schritte um die Bauminsel herum, geradeaus zum Waldrand. Hier, gut versteckt hinter den Blättern, steht eine kleine Kapelle 3 mit einer Bank zum Rasten. In Ruhe und mit Weitblick schmeckt die Brotzeit doppelt so gut. Ein Genuss für alle Sinne. Hinter der Kapelle gehen wir den alten Hohlweg rechts, bis wir auf eine Forststraße treffen. Wieder rechts, nicht weit, dann kommen wir zu einem Platz mit einigen Ausschilderungen. Hier befindet sich auch der Naturfriedhof 4 Schlosswald der Stadt Nittenau. Eine sehenswerte Ruhestätte der besonderen Art. Dieser Ort dient der würdigen Beisetzung von verstorbenen Menschen und ihres Gedenkens in einem natürlichen Wald. Wir nehmen den Weg rechts die Straße

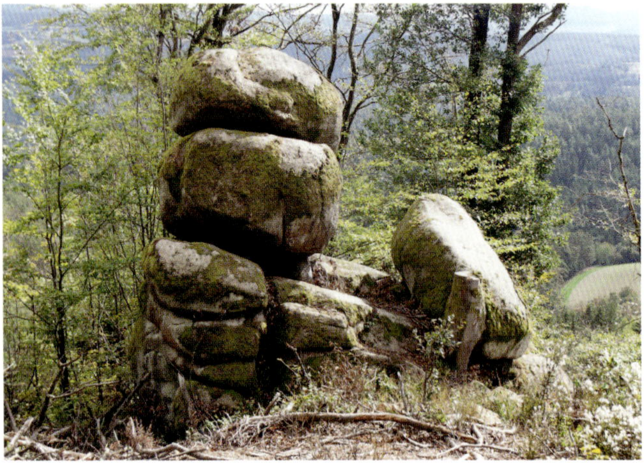

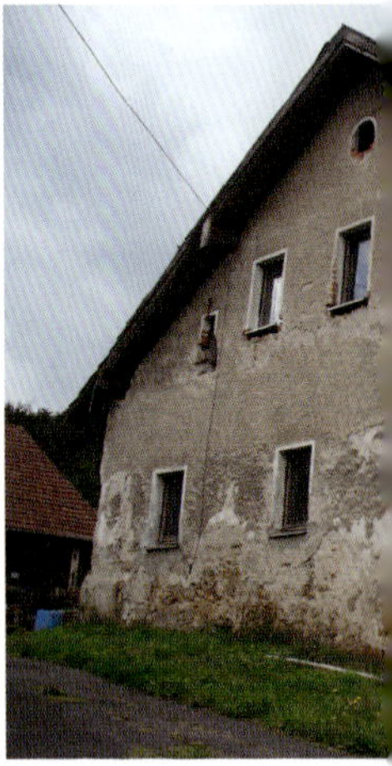

Das Steinerne Tor

hinunter, bei der Gabelung links bergab nach Stefling. Wir kommen in Stefling ganz in der Nähe vom Schloss an. Ein imposanter Torbogen und alte Mauern, die zum Teil mit Efeu bewachsen sind, sind Zeitzeugen einer einstigen Burganlage 5. Sitz der Landgrafen des alten Bayerischen Nordgaues. Blütezeit der Burg im 11. und 12. Jahrhundert. Die heutigen Gebäude wurden 1748 auf romanischen Mauern errichtet. Der Innenhof und das Schloss sind durch ein großes eisernes Tor abgeschirmt. Für die Öffentlichkeit wegen Privatbesitz kein Zutritt. Weiter geht es auf dem Willi-Ulfig-Weg den Berg hinunter zur Hofer Straße, wo wir dann rechts bis Hof am Regen gehen. Es begleitet uns wieder das grüne Dreieck. Ein sehenswerter Abstecher zur Burg Hof am Regen 6 gehört dazu. Noch ganz schön bewohnt hier. So war das damals auch, als es noch eine geschlossene

Aussegnungshalle des Naturfriedhofs

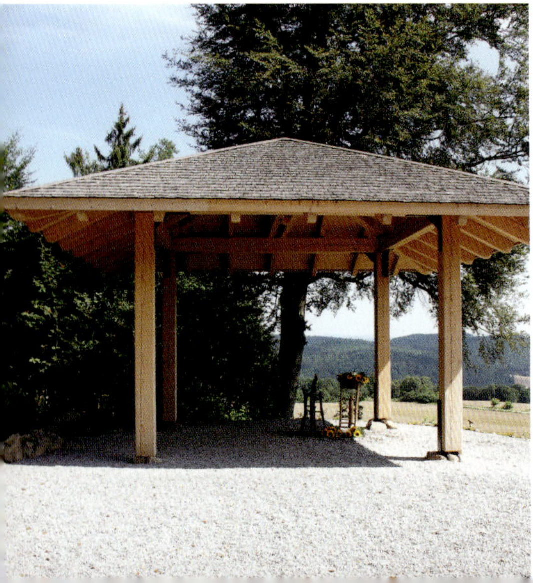

Imposanter Torbogen der Burganlage in Stefling

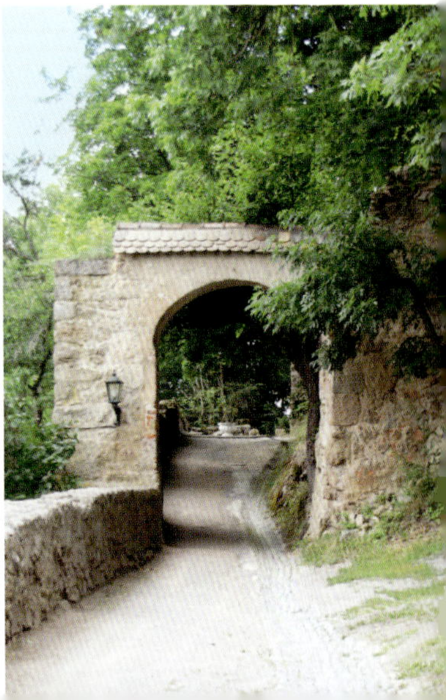

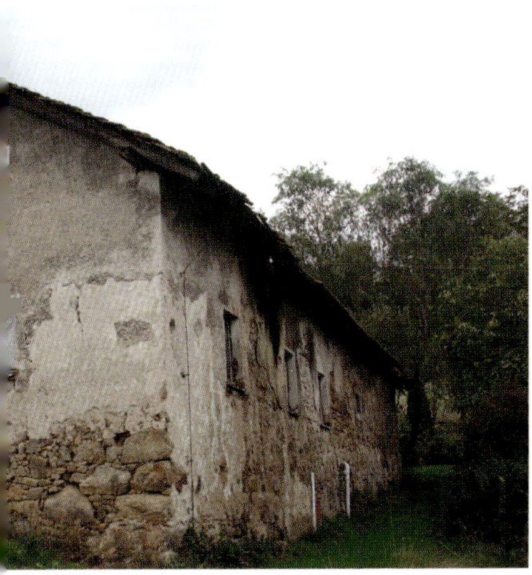

Alter Hof in Weinting

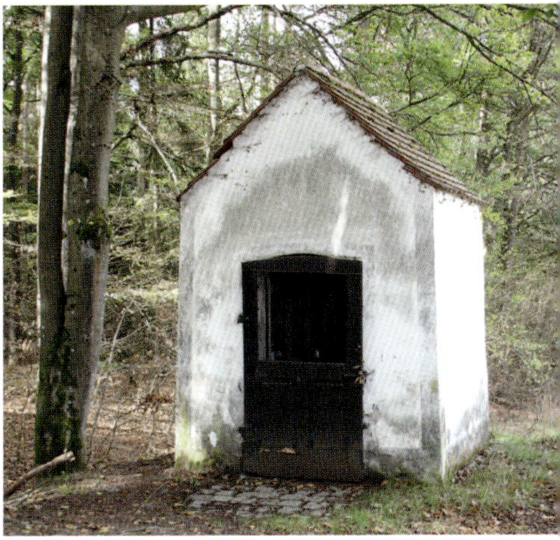

Kleine Kapelle am Waldrand

Hofmark (abgegrenzter Bezirk einer Grundherrschaft) war. Erbaut im 12. Jahrhundert. Auf der Burg herrschte das Recht zur niederen Gerichtsbarkeit, da hier ein angesehenes Adelsgeschlecht saß, die Hofer, die sich nach und nach auch auf andere Burgen der Umgebung verbreiteten. Wieder das kurze Stück zurück und bergauf Richtung Gunt, Eckartsreuth. Nach ca. 400 m biegen wir links auf den Wanderweg ab, gekennzeichnet mit dem grünen Dreieck, laut Bayernatlas. Bitte nicht von anderen Wegmarkierungen verwirren lassen. Das kommt sehr oft vor, dass bereits bestehende Wanderwege mit weiteren verknüpft werden. An einer Streuobstwiese bei Gunt vorbei, weiter bis Vorderkohlstetten. Nur noch links abbiegen, ein kleines Stück bergauf bis zum Parkplatz.

Schloss Stefling

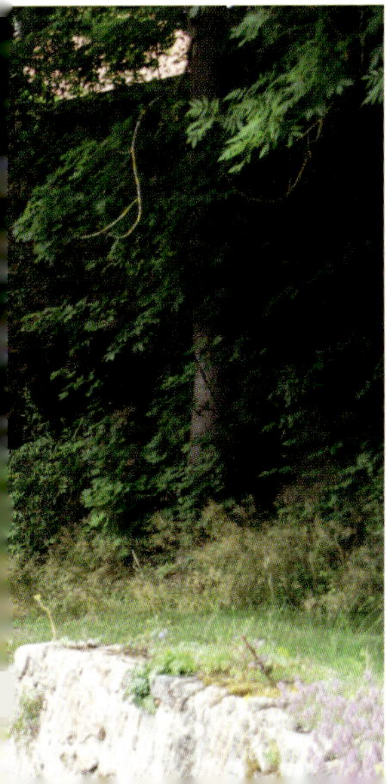

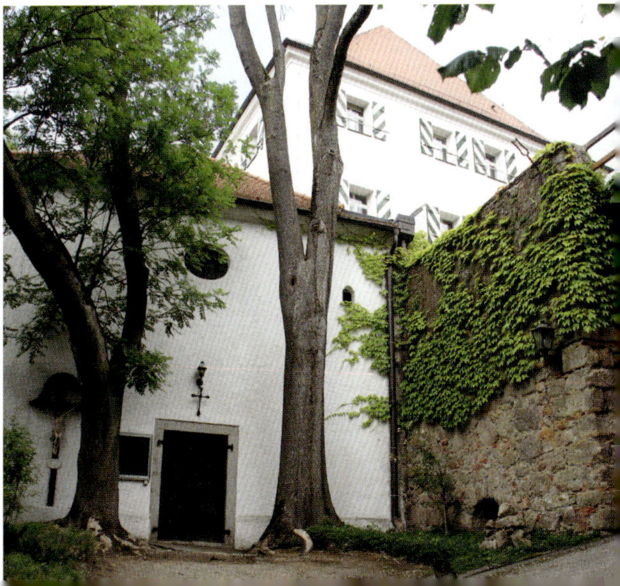

Zum Bayerwaldblick

Bei guten Wetterbedingungen liegt einem der Bayerische Wald zu Füßen

TOUR 16

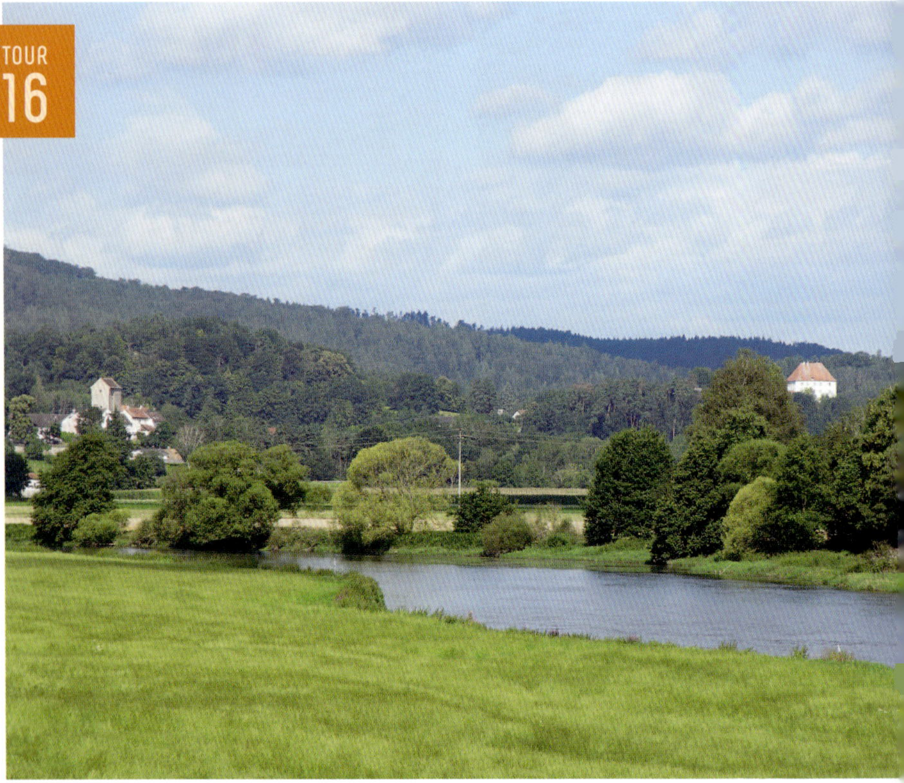

Gaststätte Fuchs,
Neuhaus 62, 93149 Nittenau

Neuhaus – Entermainsbach – Königshof – Hengersbach – Spandlhof – Neuhaus

Beginn und Ende Teerstraße; ansonsten Wald- und Schotterwege; festes Schuhwerk ist ratsam

Trotz der 10 km Länge eine leichte bis mittelschwere Strecke mit einer Steigung. Für Kinder, die schon recht gut zu Fuß unterwegs sind, machbar. Das Teilstück ab Entermainsbach, in Richtung Hengersbach, ist auch für Menschen mit Einschränkungen gut begehbar. Sie sollten allerdings „In der Au" nicht den Feldweg gehen, sondern vorher rechts die Straße nutzen.

Gaststätte Fuchs
Neuhaus 62, 93149 Nittenau
Tel. 09436 8350

Landgasthof Schmidbauer
Muckenbach, 93149 Nittenau
Tel. 09436 430 oder 3370
www.schmidbauer-landgasthof.de

 Foto: Blick nach Hof und Stefling

mittel | 10,2 km | 200 Hm | 3:00 h

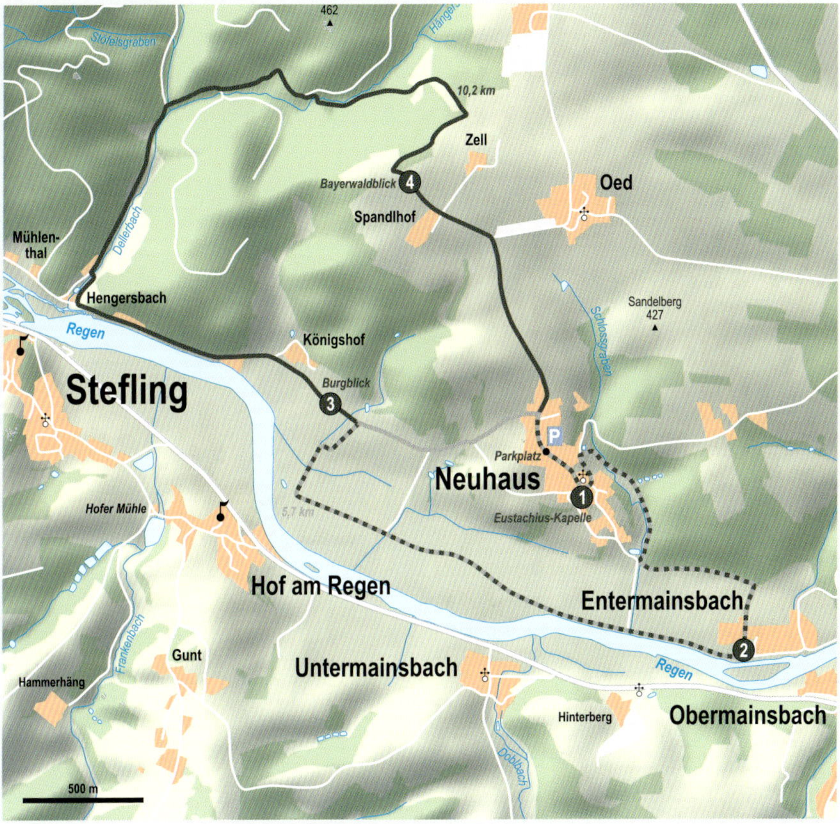

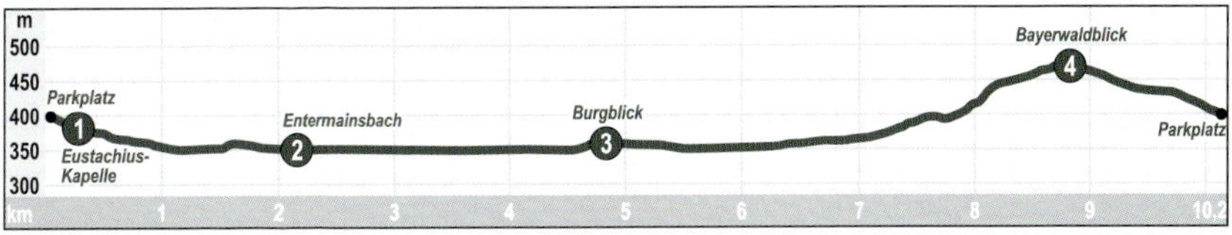

Alternative:

leicht | 5,7 km | 87 Hm | 1:45 h

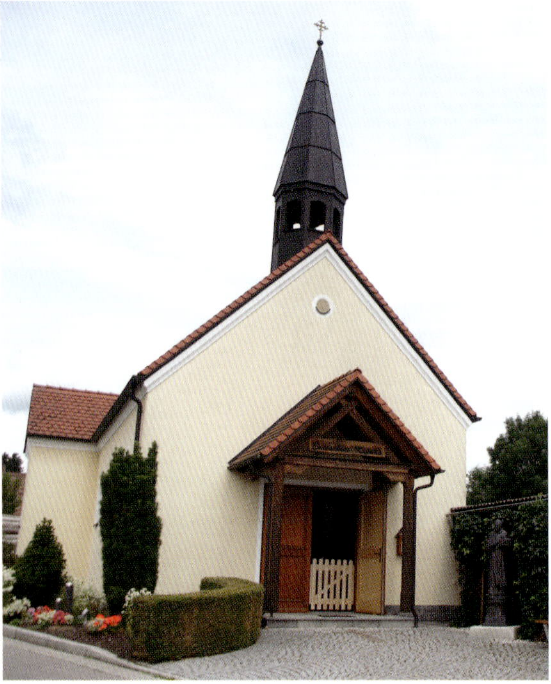

Eustachius-Kapelle

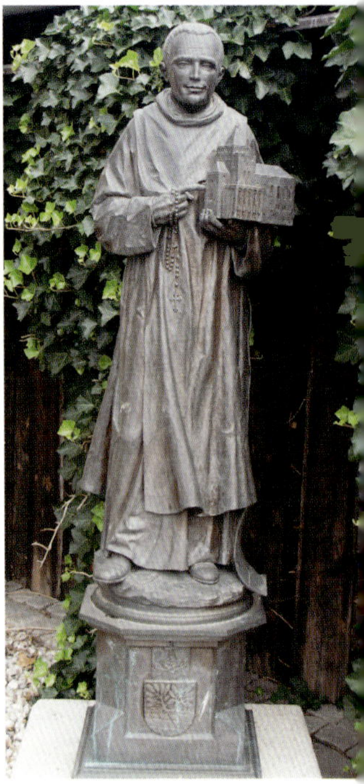

Statue Frater Eustachius Kugler

Es ist der 11. August 2016, morgens 6:30 Uhr. Für mich, als bekennenden Frühaufsteher, genau die richtige Zeit zum Aufstehen. Die Sonne lacht und es scheint ein herrlicher Tag zu werden. Passt, wir wollen ja eine kleine Wanderung machen. Kurze Hose, Shirt, Wanderschuhe, Rucksack, was zum Trinken, Fotoapparat, das sollte reichen. Die Überlegung, eine leichte Regenjacke auch noch einzupacken, erwies sich als die richtige. Je näher wir dem Regental und unserem Ausgangspunkt, der Gaststätte Fuchs in Neuhaus bei Nittenau, kamen, umso nebliger und kälter wurde es. Losgefahren bei sonnigen 12 °, hatten wir hier nur noch 7 ° und es herbstelte gewaltig. Das Reizvolle bei so einem Wetter sind die anderen Bilder und Eindrücke, die man von der Landschaft bekommt. Wandern macht bei jedem Wetter Spaß, außer bei starkem Dauerregen, wenn man bis auf die Unterwäsche tropfnass ist.

Kürzere Runde:

Vom Wirtshaus aus gehen wir auf der Straße bergab, bis zur Eustachius-Kapelle 1. Die Glasfenster in dieser Kapelle illustrieren Szenen aus dem Leben des Frater Eustachius Kugler, Barmherziger Bruder, geb. 1867 in Neuhaus. Die Entwürfe und die Ausführung der Glasmalerei stammen von dem Künstler Mario Schosser, Aukam bei Landshut. Auch eine Statue des Frater Eustachius kann man vor der Kapelle bewundern. Die Sicht ins Regental, welche ohne Nebel von hier schon die Vorfreude auf die Tour weckt, ist uns heute leider verwehrt. Bei der Kapelle links um die Kurve, dorfauswärts. Nach einem kurzen Stück kommt rechts ein kleiner Feuerlöschweiher. Davor ist der Weg Richtung Schlossgraben. Am Waldrand entlang geht es weiterhin leicht bergab, bis wir zu einem Weiher kommen. Hier links, weiterhin am Waldrand gehen. Rechts liegen die Auen und

Wiesen im Nebel. Geisterhaft zieht er sanft vom Wasser herauf. Noch hat die Sonne keine Kraft durchzudringen. Ich erblicke ein Reh in der Wiese. Nein, es ist ein Rehbock. Noch hat er uns nicht bemerkt, doch jetzt, er schaut auf, genau zu uns rüber. Gut dass ich die Kamera griffbereit habe. Klick, hab dich. Als wir uns wieder in Bewegung setzen, flüchtet er in den Wald. Weiter am Waldrand entlang, der Feldweg macht eine leichte Linkskurve bis er endet, dann rechts zwischen den Feldern durch und wir treffen auf eine Asphaltstraße. Auf der Straße wieder rechts halten, dann führt uns diese direkt zum Regenufer. Ein Abstecher zum Ufer lohnt sich allemal 2. Die Stockenten schwimmen langsam davon, um die kleine Insel, damit wir sie nicht mehr sehen. In einem Spinnennetz hat sich der Nebel gefangen, der sich langsam auflöst und der durchblitzenden Sonne weicht. Weiter auf der schmalen Asphaltstraße an den Regenauen entlang. Es scheint als kommen wir heute nicht vom Fleck. In den weiten Wiesen treffen wir auf Weißstörche bei der morgendlichen Futtersuche. Mit einer Ruhe und langsamen Schrittes bewegen sie sich auf der Jagd nach Fröschen, Schlangen, Würmern und sonstigen Leckerbissen über das Grün. Die Teerstraße wird nun zu einem Feldweg und wir gehen durch meterhohe Maisfelder. Der Mais ist heuer schon besonders hoch gewachsen. Am Ende können wir nur noch rechts, Richtung Straße gehen. Hier links gehen, zurück nach Neuhaus.

Weiter mit der längeren Runde:

Dann links, Richtung Königshof. Burgblick 3, noch mal alles aus ein bisschen Entfernung betrachten. Wunderschön liegen das Regental und die Auen vor uns. Gegenüber sieht man Hof am Regen und Stefling liegt etwas weiter rechts.

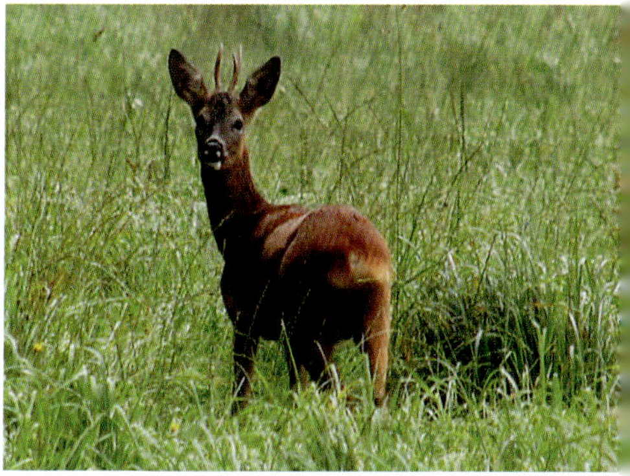

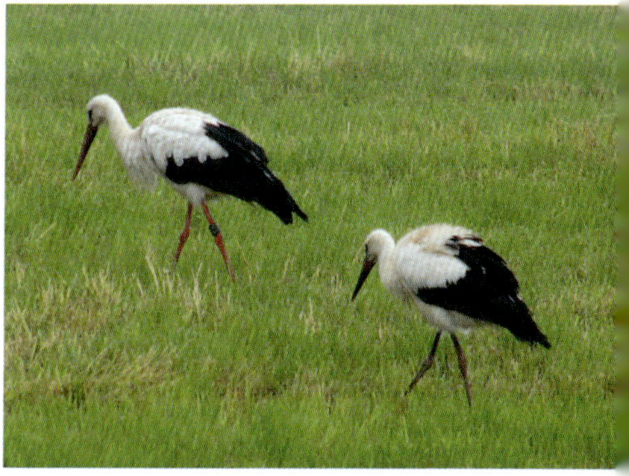

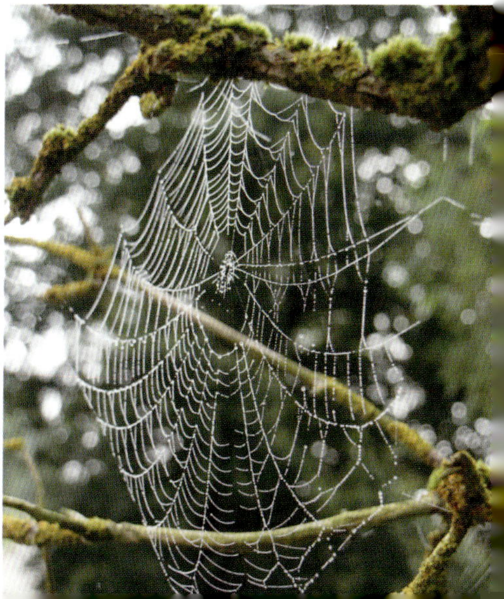

Tierische Morgengrüße

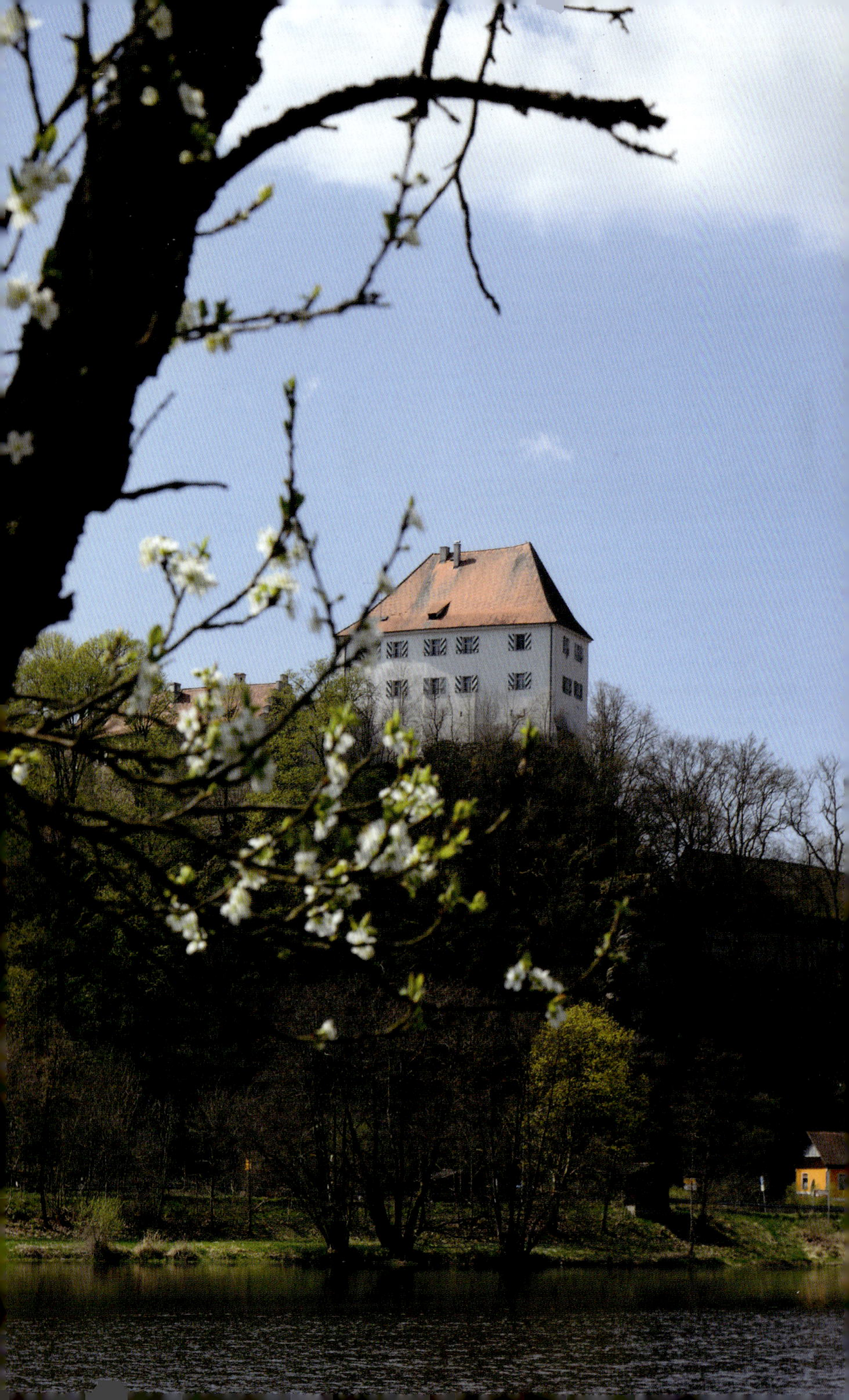

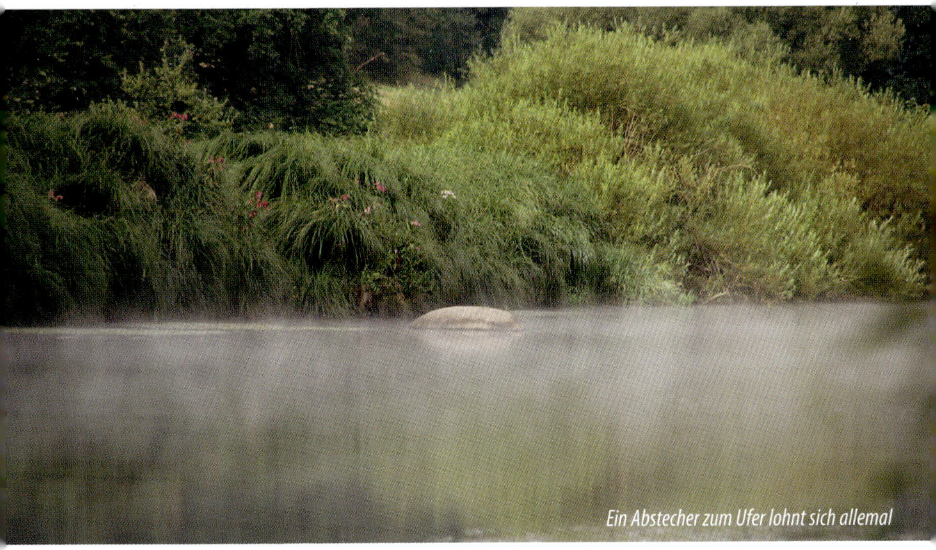

Ein Abstecher zum Ufer lohnt sich allemal

Weiter bis nach Hengersbach, dort rechts abgebogen und am Bachlauf entlang, bis zur nächsten Gabelung. Ab und an hört man das Bächlein plätschern. Rechts abbiegen, weiter auf der Forststraße geradeaus. Immer weiter gehen, der Weg wird jetzt zu einem schmaleren Wanderweg. Richtung Hennenberg orientieren. Jetzt treffen wir auf einen großen Platz. Dient wohl als Wendemöglichkeit für die Forstbetriebe. Der Forststraße folgen, es geht minimal bergauf. Nach ca. 200 m rechts den Drei-Burgen-Steig weitergehen. Ein schöner Wanderweg, der zunächst abwärts führt, dann recht eben wird. Achtung: Nach einem kurzen Stück führt der Pfad rechts über den Hängersbach. Dann geht es auf dem weichen Waldweg stetig bergauf. Oben angekommen lichtet sich der Wald und man geht am Waldrand über eine Wiese. Der Ausschilderung Drei-Burgen-Steig folgen. Sobald wir gänzlich aus dem Wald kommen, öffnet sich ein bombastisches Panorama. Es wird noch besser. Vor Zell rechts, weiterhin am rechts liegenden Wald entlang. Jetzt sind wir am höchsten Punkt der Tour angekommen und der Weg ist ab hier geschottert. Ein kleines Stück links, bis zum ultimativen Blick in den Bayerischen Wald. Die Jacken haben wir schon vor einiger Zeit ausgezogen. Die Sonne hat sich durchgekämpft und der kleine Anstieg hat uns zusätzlich aufgeheizt. Was für ein Ausblick 4. Die Berge sind heute gut zu erkennen. Hoher Bogen, Osser, Arber, Falkenstein, Rachel und der Lusen. Ich freue mich sehr, dass ich dieses Plätzchen gefunden habe. Man kann sich kaum sattsehen. Von hier geht es nur noch bergab, bis zu unserem Ziel, in Neuhaus. Den Schotterweg runter bis zur Straße, rechts liegt Spandlhof, weiter geradeaus und bei der Gabelung rechts gehen. Zugegeben, hier zieht es sich schon ein bisschen. Neuhaus ist erreicht und jetzt noch Einkehr beim Fuchs. Der Gasthof hat eine tolle Terrasse mit viel Sitzmöglichkeiten und natürlich auch was gegen den Hunger und den Durst. Gute Hausmannskost und zünftige Brotzeiten sind das Aushängeschild des alt eingesessenen Wirtshauses.

Die Gaststätte Franz Fuchs

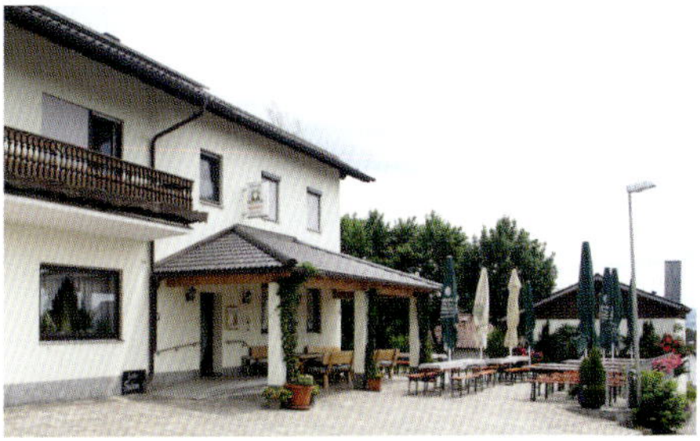

links: Blick nach Stefling

Zu den hoch gelegenen Dörfern um Nittenau

Runde ins Hinterland zu Dörfern und Höfen

TOUR 17

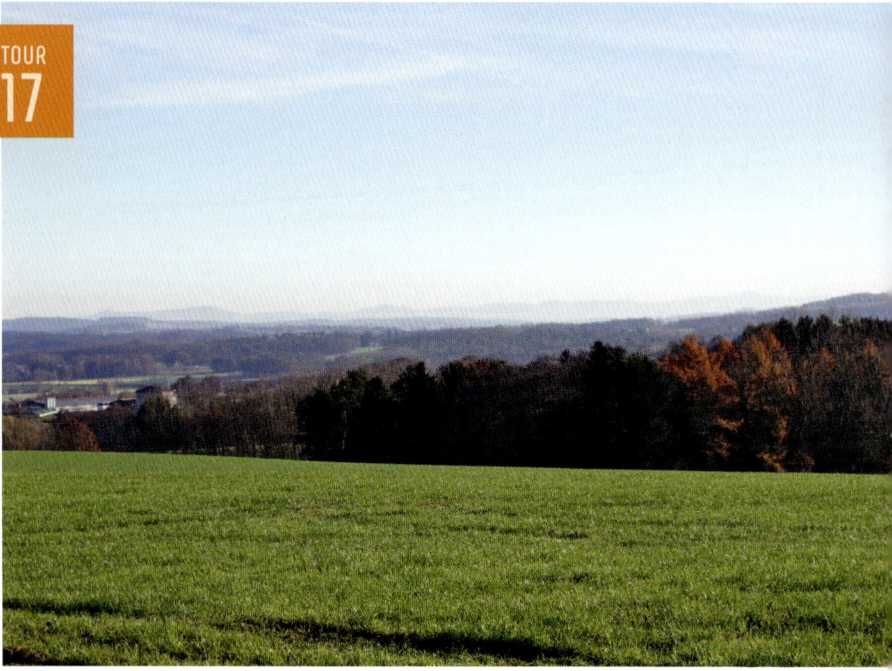

Start/Ziel: Parkplatz Am Regen, Jahnweg, 93149 Nittenau

Nittenau – Obermainsbach – Kaaghof – Knollenhof – Nittenau

Viel Ortsanteil; Teerstraßen und Forstwege wechseln sich ab; festes Schuhwerk ist ratsam

Es geht über Wiesen und Felder, über Regenauen und durch Wälder, zu manch stillen Orten und zum Trubel der Stadt. Eine Runde mit viel Abwechslung, sodass für jeden Wanderer ein Highlight dabei sein sollte.

Hotel und Brauereigasthof Jakob
Hauptstraße 10, 93149 Nittenau
Tel. 09436 8224
www.brauereigasthof-jakob.de

Landgasthof Schmidbauer
Muckenbach, 93149 Nittenau
Tel. 09436 430 oder 3370
www.schmidbauer-landgasthof.de

Das Tapfere Schneiderlein
Hauptstraße 3, 93149 Nittenau
Tel. 0171 4035844

Hotel Gaststätte Pirzer
Brauhausstraße 3, 93149 Nittenau
Tel. 09436 8226
www.hotel-pirzer.de

 Foto: Ausblick in die umliegende Hügellandschaft des Bayerischen Waldes

mittel 10,5 km 219 Hm 3:00 h

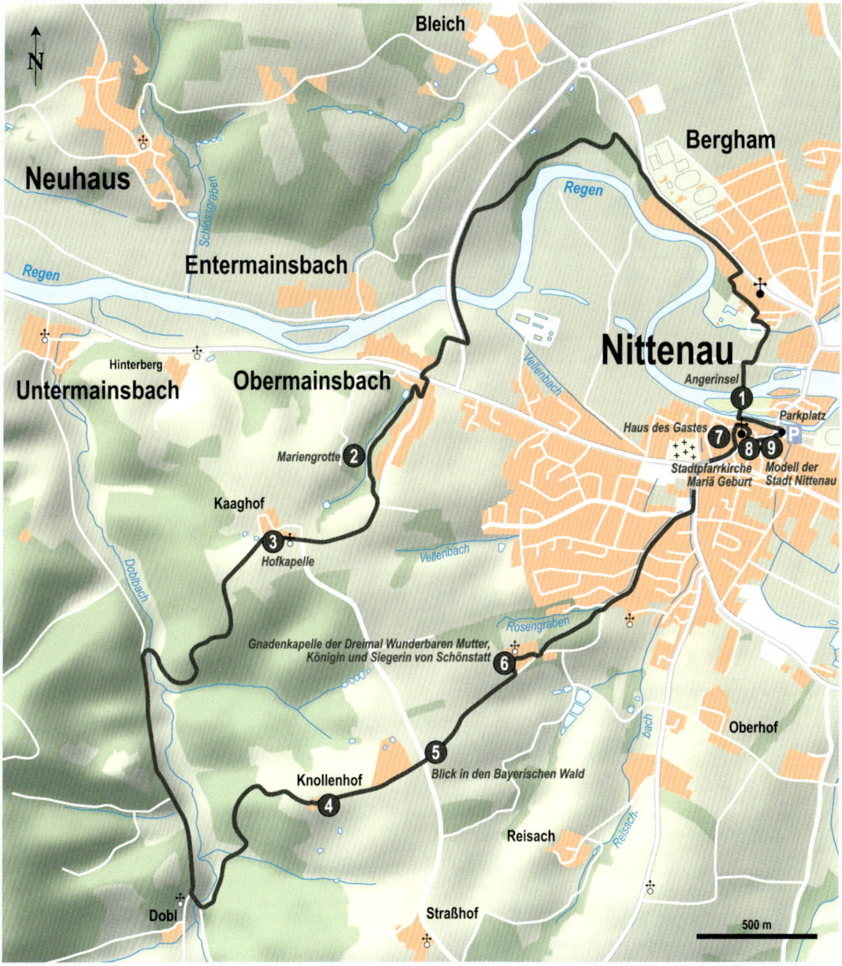

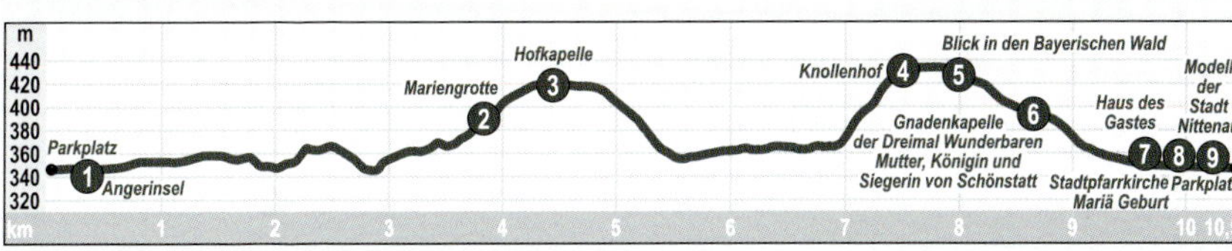

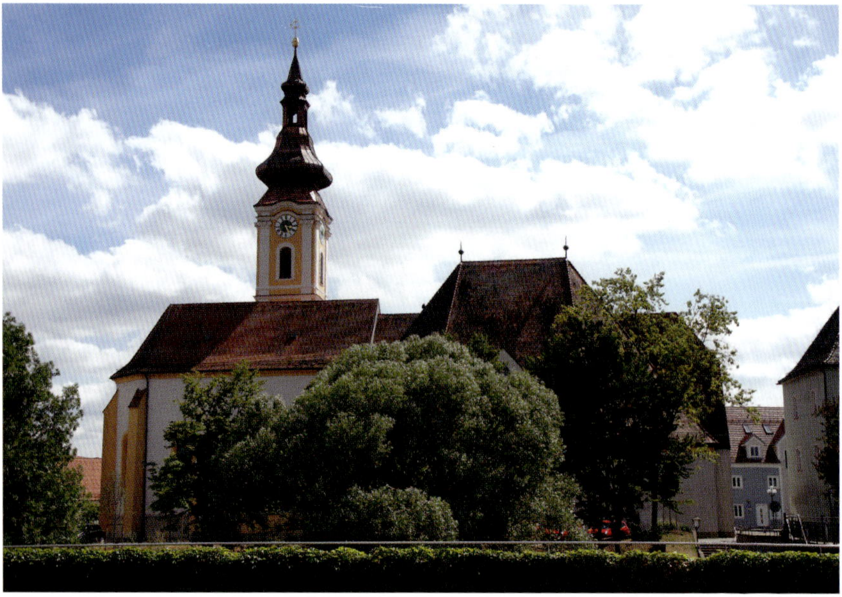

Kirche Mariä Geburt

Los geht's am Parkplatz, der sich unter der Regenbrücke, Ecke Jahnweg und Hauptstraße, befindet. Somit sind wir auf der linken Uferseite eines kleinen Nebenarms vom Regen und gehen in westliche Richtung auf dem Regenuferweg (Wanderwegweiser „Drei-Burgen-Weg"), bis wir auf eine Fußgängerbrücke treffen, die wir nutzen, um auf die andere Seite zu gelangen. Jetzt stehen wir auf der Angerinsel 1, auf der sich ein Spielplatz und Bänke zum Verweilen befinden. Hinter uns sehen wir die Kirche Mariä Geburt. Eine weitere Brücke folgt, welche uns jetzt über den Regen führt. Die Flurbereinigungsstraße führt über Wiesen und Auen, welche ganz dem Schutz des Weißstorches gewidmet sind. Bei der folgenden Kreuzung rechts, dann gleich wieder links, am Campingplatz vorbeigehen. Als zusätzliche Orientierung hilft das Schild „Oberpfälzer Seenland-Rundweg". Nach der kleinen Brücke kommt ein Parkplatz, hier halblinks, dann links und scharf rechts abbiegen. Beim Lärchenweg links, am Freizeit- und Erholungsbad vorbei. Die Asphaltstraße endet nach ca. 100 m. Rechts den Trampelpfad am Zaun entlang weiter und sobald er endet, rechts zwischen den Häusern vor zur Fischbacher Straße marschieren. Links zum Ortsausgang weiter und dann links neben der Leitplanke dem Wanderweg (Trampelpfad) folgen. Es folgt ein kleines Waldstück. Nächste mögliche links, auf Beschilderung achten. In dem Mischwäldchen geht es leicht bergab Richtung Regen. Unten rechts weiter, dann geht es links am Waldrand entlang. Links unten liegt der Regen, der hier recht unberührt scheint und jeher von den Einheimischen „in da Buig'n" genannt wird. Man hat hier auch einen recht freien Blick zurück nach Nittenau und kann die Kirche sehr gut sehen. Nach einem kurzen Anstieg endet der Wald und wir wandern an der Kreuzung links weiter zwischen Äckern und Wiesen, Richtung Hauptstraße. Links auf dem Fuß- und Radweg überqueren wir noch einmal den Regen. Auf der Brücke kann man den sich schlängelnden Regenverlauf gut beäugen. Nach der Brücke rechts über die Hauptstraße auf den Schotterweg wechseln, welcher an dem Haus mit dem ewigen Gartenzaun vorbei führt.

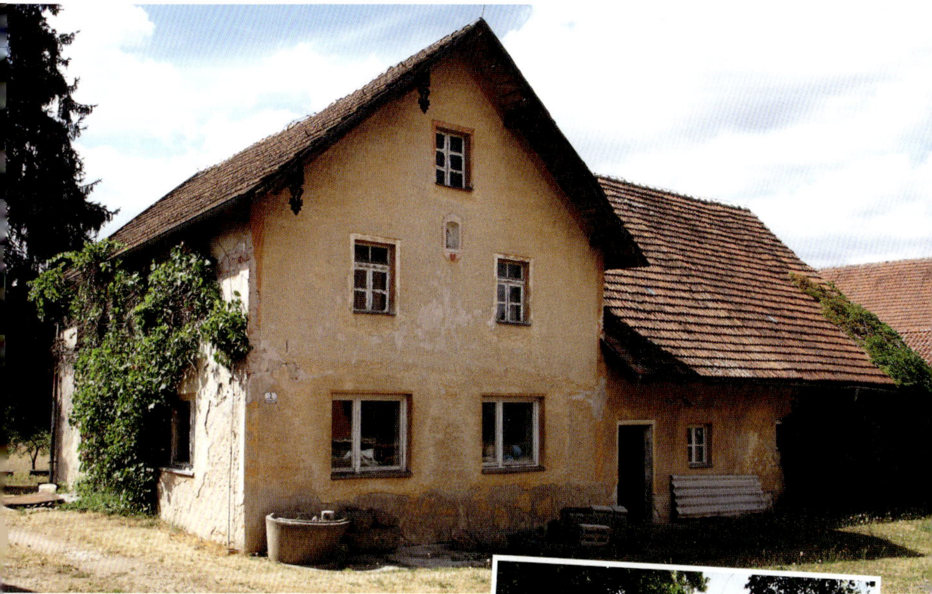

Der Kaaghof und rechts mit Hofkapelle

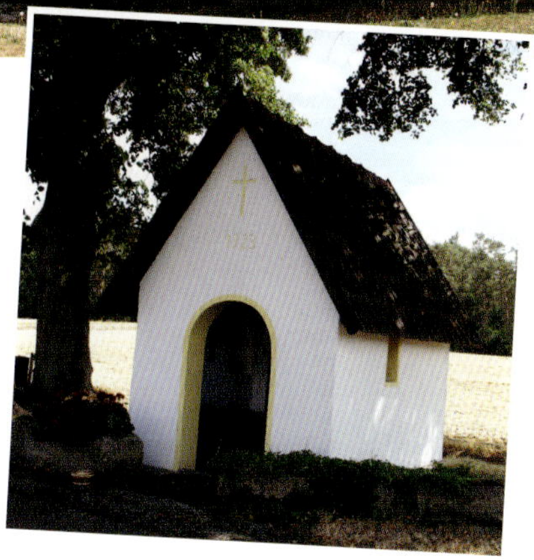

Angekommen auf der Regentalstraße, überqueren wir auch diese und gehen bergauf, Richtung Kaaghof. Nach ca. 100 m scharf rechts, dann nach Haus-Nr. 16 links. Rechts folgt ein Weiher, an dem wir links vorbei gehen und erneut in einen Wald eintauchen. Der Weg zieht sich stetig ansteigend den Birkenberg hinauf. Wer gut aufpasst, entdeckt die kleine Mariengrotte 2, welche wohl jemand in Eigenregie hier errichtet hat. Oben angekommen folgt eine Asphaltstraße, an der wir rechts abbiegen und der wir folgen. Diese führt uns direkt zum Kaaghof. Links steht eine kleine Hofkapelle 3 aus dem Jahre 1923, so steht es zumindest an der Fassade. Bei solchen Einsiedlerhöfen kann ich mich immer sehr gut in die Gegenwart und vor allem in die Vergangenheit hineinversetzen. Meistens stehen neue Gebäude neben den alten, welche dem Verfall überlassen werden. Alte Gerätschaften, wie Pflüge oder Eggen, zeugen von einer wesentlich anstrengenderen Zeit der Agrarwirtschaft. Auch die Dimensionen der Bauten sind um ein vielfaches kleiner als heute. Nach dem alten Bauernhaus macht der Schotterweg eine Linksbiegung und führt uns zwischen den Feldern zum Wald. Der Wanderweg (Ni 2) schlängelt sich bergab und unten treffen wir auf den Doblbach. Gegenüber sieht man eine Straße, die wir über einen Steg erreichen. Hier ein schönes Stück links marschieren, bis wir die Kapelle bei Dobl erblicken. Hier steht eine große Wanderweg-Hinweistafel. Links Richtung „Goldenes Kreuz St. Martin", über den Doblbach. Hier nicht gerade aus weiter den Berg hoch, sondern links am Bach entlang weiter (Ni 2). Achtung: Der Weg geht nach ca. 150 m halblinks über eine Wiese und dann links in den Wald hinein. Es kommt jetzt ein knackiger Anstieg, der sich bis zum Knollenhof 4 zieht. Direkt durch den Hof nimmt der Wanderweg seinen Lauf. Wieder auf einer Teerstraße geht's vorbei an der Cross-Ranch, welche bei Liebhabern von Westernpferden wohl sehr bekannt ist. Bei klarer Sicht wird man hier oben mit wunderbaren Ausblicken in die umliegende Hügellandschaft des Bayerischen Waldes 5 für seine Mühen belohnt. Der Hohe Bogen ist mit seinen zwei ehemaligen NATO-Türmen, welche einst zum Belauschen des Feindes dienten, gut zu erkennen. Seit 2014 befindet sich an einem der Türme eine Aussichtsplattform, die man für einen kleinen Obolus besteigen kann. Schnurstracks

Am Steinbach

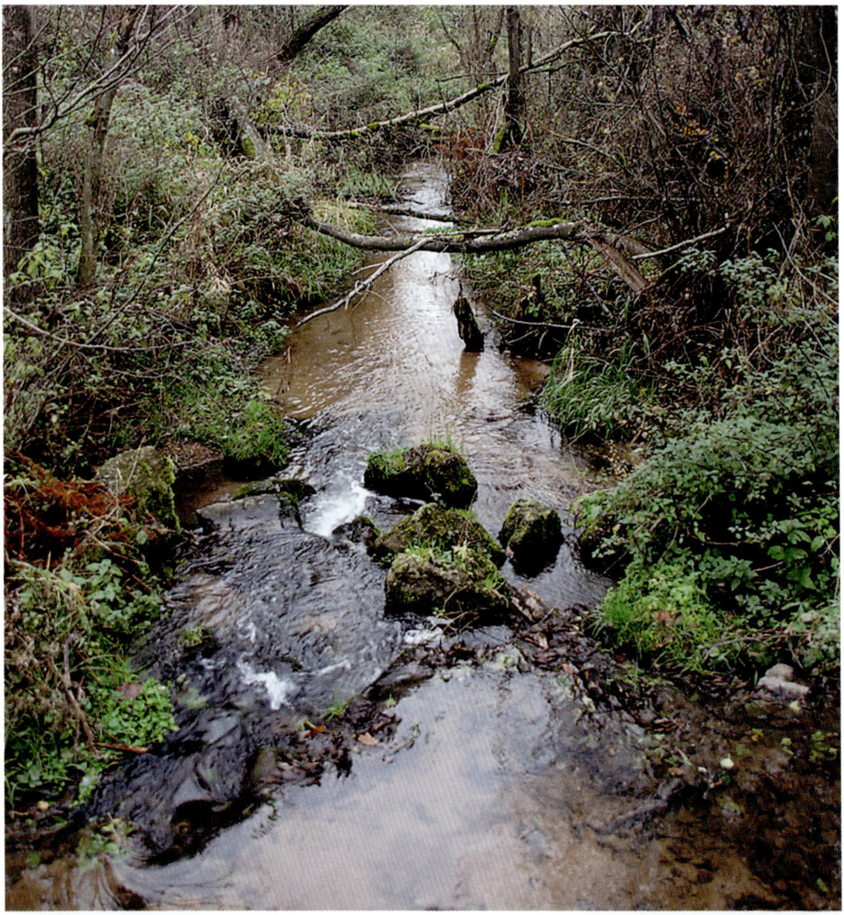

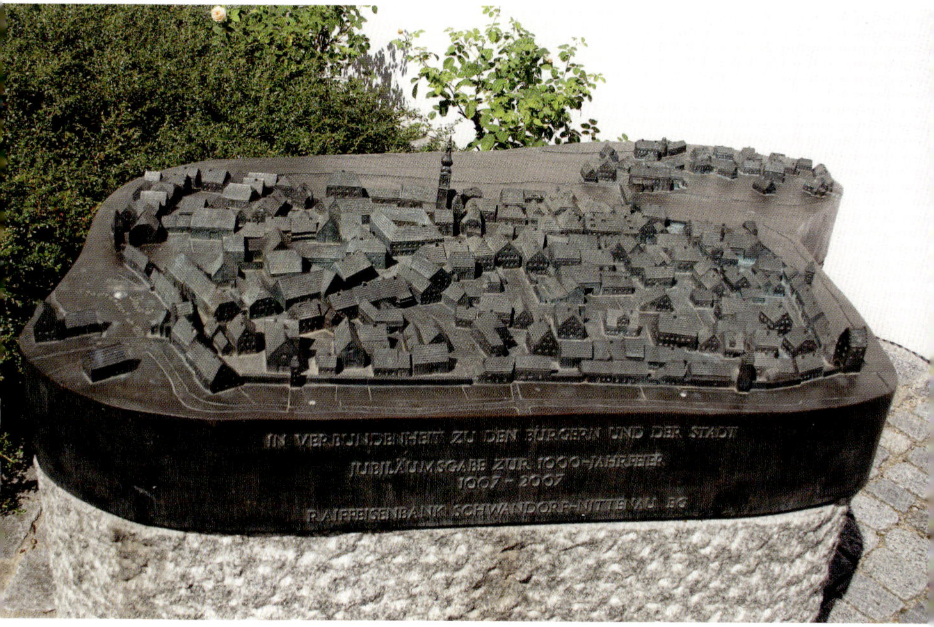

Modell der Stadt Nittenau

über die Kreuzung treffen wir bald auf das Schönstattzentrum Nittenau. Die Schönstattbewegung wurde am 18.10.1914 von Pater Josef Kentenich in Schönstatt bei Vallendar/Koblenz gegründet. Weitere Informationen kann man sich ausreichend vor Ort einholen. Sehr schön finde ich die „Gnadenkapelle der Dreimal Wunderbaren Mutter, Königin und Siegerin von Schönstatt" 6. Vor allem innen ist sie eine Augenweide. Beim Parkplatz vom Zentrum nicht der Eichendorffstraße folgen, sondern dem rot markierten Weg, der halblinks in den Wald führt, nehmen. Es ist nur ein kurzes Stück, trotzdem schöner als auf der Straße zu laufen. Sobald der Wald endet, immer geradeaus, bis wir auf die Alte Regensburger Straße treffen, dann links bis zur Hauptstraße gehen. Rechts abbiegen und die zweite gleich links in die St.-Wolfgang-Straße. Man kann schon die grüne Fassade mit den gelb-grünen Fensterläden vom „Haus des Gastes" 7 erblicken. Das ehemalige Burggut am Kirchplatz war von 1313 bis 1816 Sitz der Nittenauer Adelsgeschlechter. Im Jahre 1816 erwarb es der Nittenauer Magistrat für 2100 Fl. von Joseph Voith von Voithenberg und nutzte es bis 1959 als Rathaus. Seit der Sanierung im Jahre 1975 wird es für Veranstaltungen und Ausstellungen genutzt. Hier befindet sich auch das Nittenauer Stadtmuseum und man steht direkt vor dem Hauptportal der Stadtpfarrkirche 8. Hinter der Kirche steht das Denkmal zu Ehren der Gefallenen vom Ersten und Zweiten Weltkrieg. Gegenüber steht noch ein markanter Turm, der sogenannte Storchenturm, welcher einst auch als Gefängnis diente. Wenn man durch den Torbogen vom Storchenturm zur Hauptstraße geht, sieht man gleich links ein Modell der Stadt Nittenau

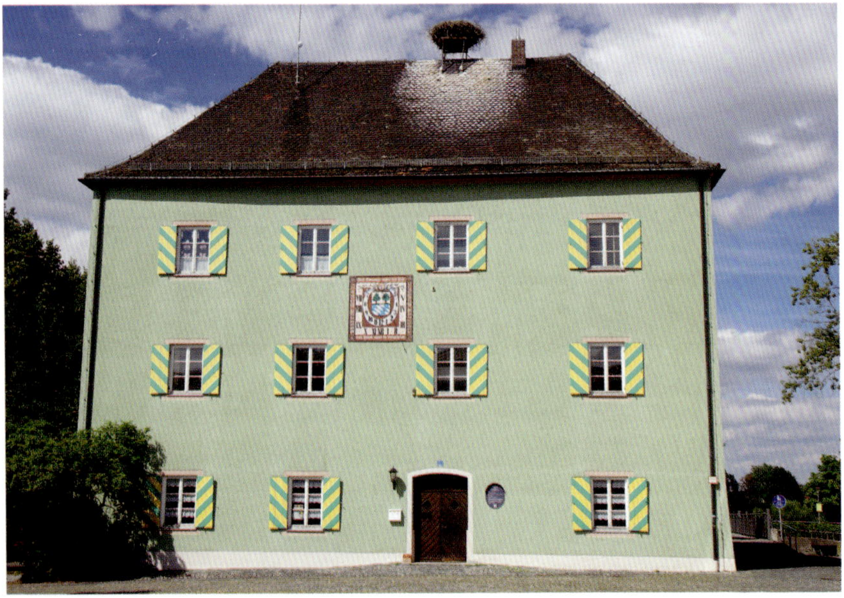

Das Haus des Gastes

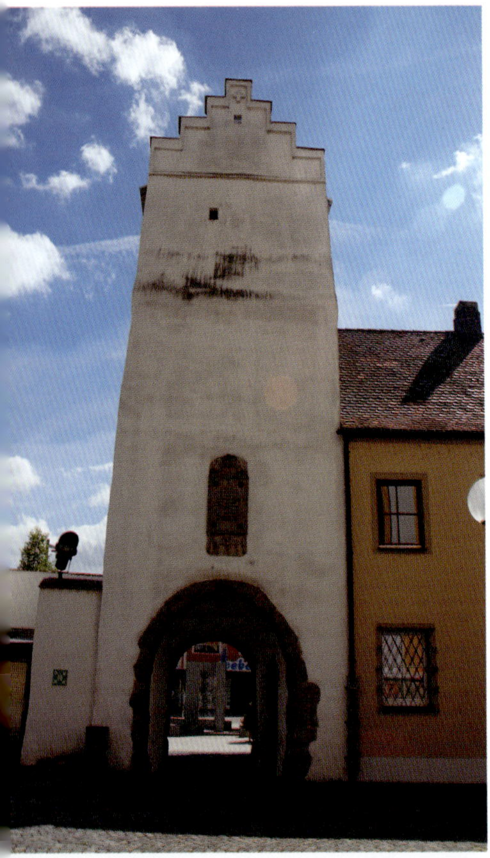

9, das sich auf einem Marmorsockel befindet. Es wurde zur 1000-Jahr-Feier gestiftet. In einer Schenkungsurkunde Kaiser Heinrichs II. wurde Nittenau am 1. November 1007 an das neu gegründete Bistum Bamberg übergeben und fand seine erste urkundliche Erwähnung. Jetzt begann die Nittenauer Zeitrechnung.

Ob man jetzt wieder runter zum Regenufer geht oder weiter auf der Hauptstraße, ist jedem selbst überlassen. Von hier findet jeder sicher zum Parkplatz, der nur noch ca. 150 m entfernt ist. Einkehrmöglichkeiten sind im Stadtkern einige vorhanden und man findet bestimmt das Richtige, um aufkommenden Hunger und Durst zu stillen.

Storchenturm

rechts: Am Regenufer

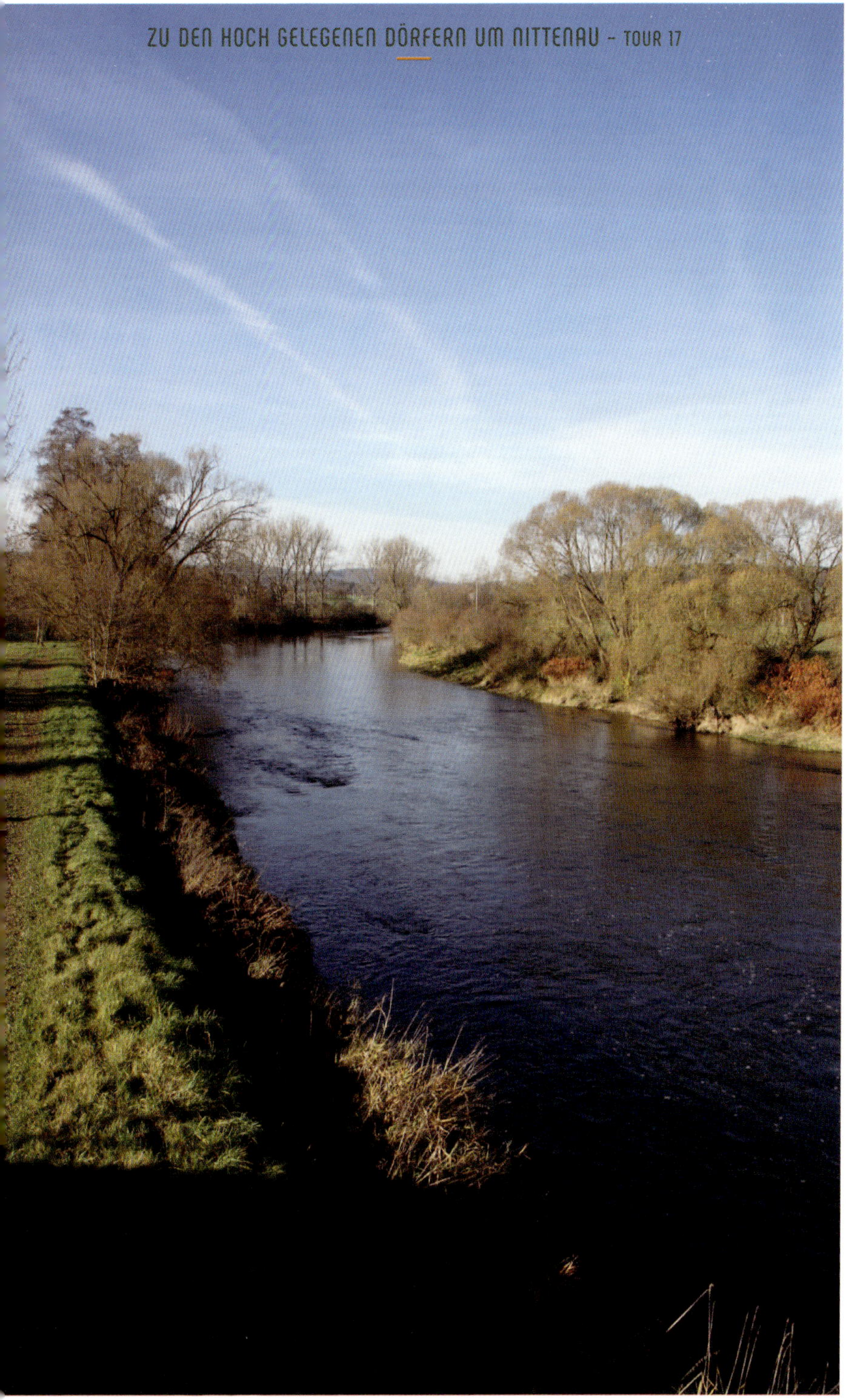

Rund ums Waldhäusl Einsiedel

Lange Strecke durch Wälder

TOUR 18

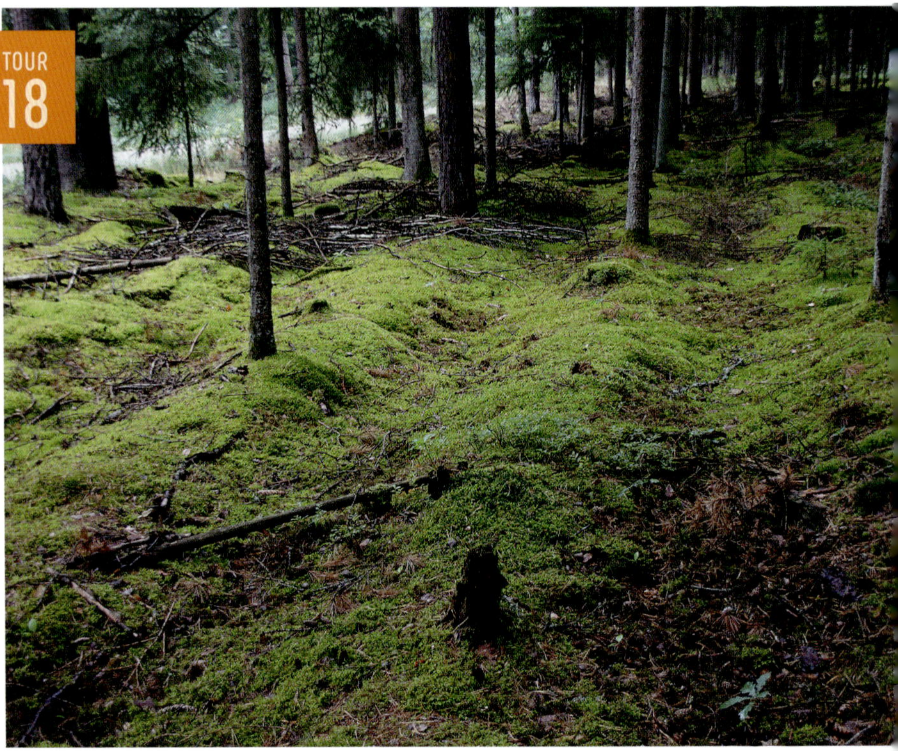

Parkplatz Muckenbach, 93149 Nittenau, bei der Christophorus-Kapelle

Muckenbach – Einsiedler und Walderbacher Forst – Waldhaus Einsiedel – Waldlehrpfad – Magdalenen-Kapelle – Muckenbach

Beginn und Ende Teerstraße; überwiegend Forstwege; festes Schuhwerk ist ratsam

Für Liebhaber von ausgedehnten und ruhigen Waldspaziergängen mit vielen Rastmöglichkeiten genau das Richtige.

Ich habe die Wanderung wegen der Länge als schwer eingestuft. Die Wege sind sehr gut begehbar und es sind überwiegend Forststraßen.

Landgasthof Schmidbauer
Muckenbach, 93149 Nittenau
Tel. 09436 430 oder 3370
www.schmidbauer-landgasthof.de

Hotel und Brauereigasthof Jakob
Hauptstraße 10, 93149 Nittenau
Tel. 09436 8224
www.brauereigasthof-jakob.de

 Foto: Bifang, oft auch als Bifing oder Bifen bezeichnet

schwer | 15,5 km | 202 Hm | 4:30 h

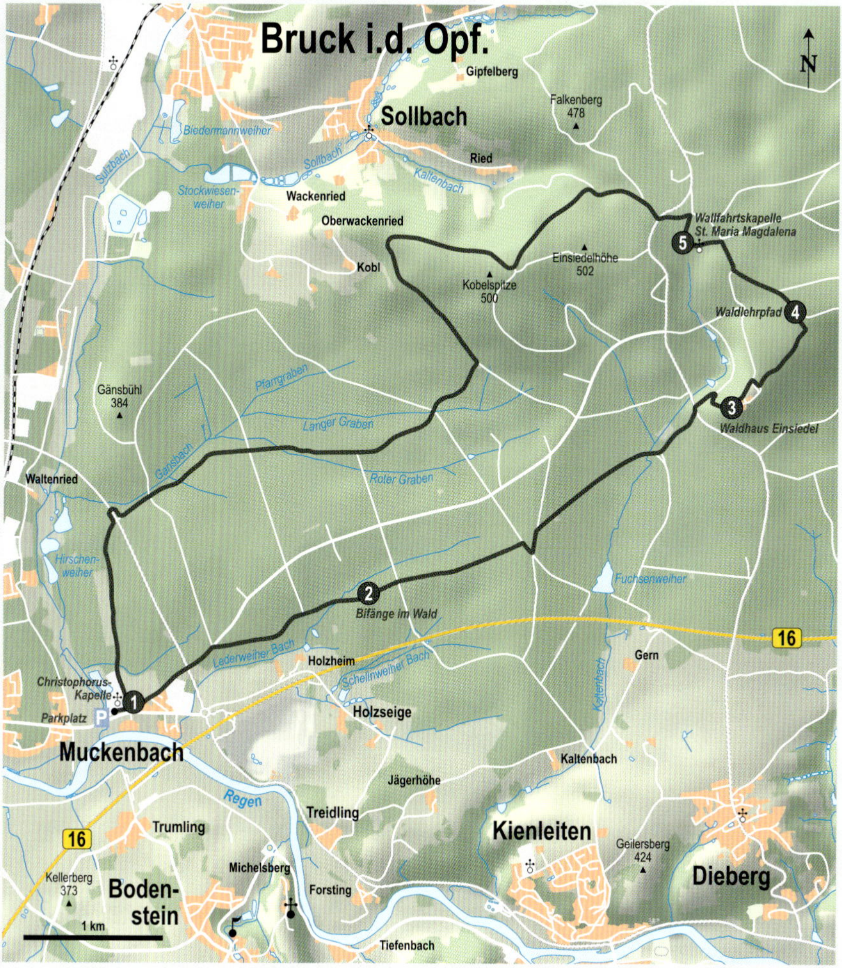

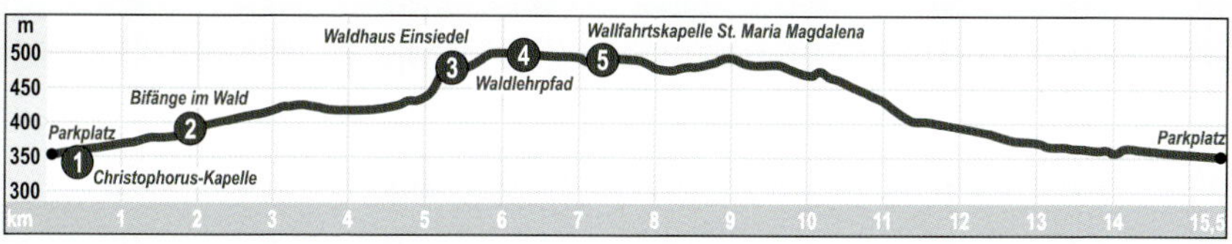

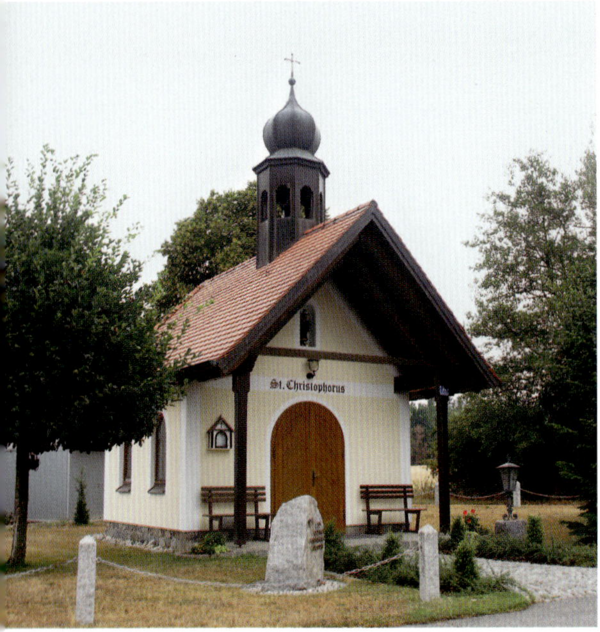

Christophorus-Kapelle

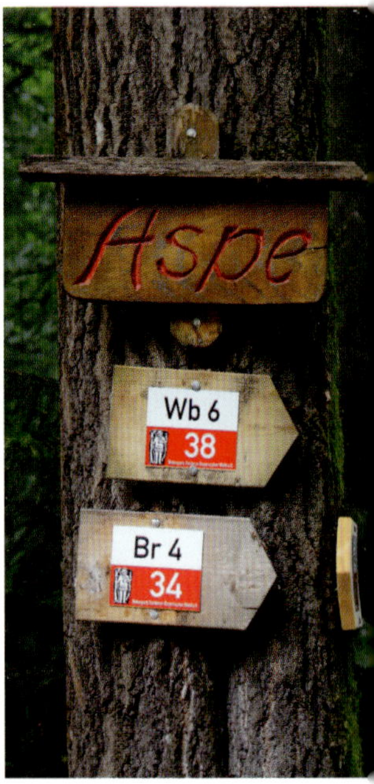

Wegschilder

Gleich neben der Hauptstraße, bei der Gaststätte Schmidbauer, steht die Christophorus-Kapelle ❶. Gegenüber ist ein großer Parkplatz, von dem aus wir in östliche Richtung starten. Vor der Gaststätte Schmidbauer links halten und dem Wanderweg Nr. 3 folgen. Nachdem die Asphaltdecke endet, geht es ein kurzes Stück am Waldrand entlang. Ein Trampelpfad führt uns zur Hauptstraße hinunter, die wir dann überqueren. Nach knapp 200 m tauchen wir rechts in den Wald ein. Eine hölzerne Tafel mit der Aufschrift „31 Einsiedel / Nittenau" weist uns den Weg. Nach ca. 1,9 km sieht man links und rechts im Wald sogenannte Bifänge ❷. Das sind Wälle, die in den 1950er und 1960er Jahren zur Anreicherung von Nährstoffen angehäuft wurden. Nach der Holzernte wurde mit einem Waldpflug der Boden total umgebrochen und zu Bifängen aufgepflügt, ähnlich einem Spargel- oder Kartoffelacker. Die jahrzehntelange, systematische Ausplünderung der Wälder hatte zur Folge, dass so gut wie keine Nährstoffe mehr im Boden waren. Bei der nächsten Kreuzung steht rechts ein verträumter hölzerner Rastplatz mit Überdachung. Hier geradeaus weiter marschieren. Nächste rechts, dann scharf links. An der folgenden Gabelung rechts und wir folgen dem Goldsteig immer Richtung Waldhaus/ Einsiedel. Das Symbol ist ein gelber sich schlängelnder Weg auf weißem Grund. Bei der nächsten Gabelung links weiter und bald kommen wir zu einer Teerstraße. Ein kleines Stück links, dann über die Straße und vor dem Landkreisschild Schwandorf rechts weiter. Hier ein bisschen aufpassen. Nach 100 m geht es rechts auf einen Pfad, der bergauf geht. Bald tauchen vor uns einige Bauwerke auf. Das ist die Rückseite vom Waldhaus ❸, welche von Schaufensterfiguren bewacht wird. Am Zaun entlang und zwischen Sträuchern hindurch gehen wir am Ende rechts auf die Straße. Dann links und gleich wieder rechts über den Parkplatz. Wer nur den Waldlehrpfad ❹ begehen möchte, kann hier parken.

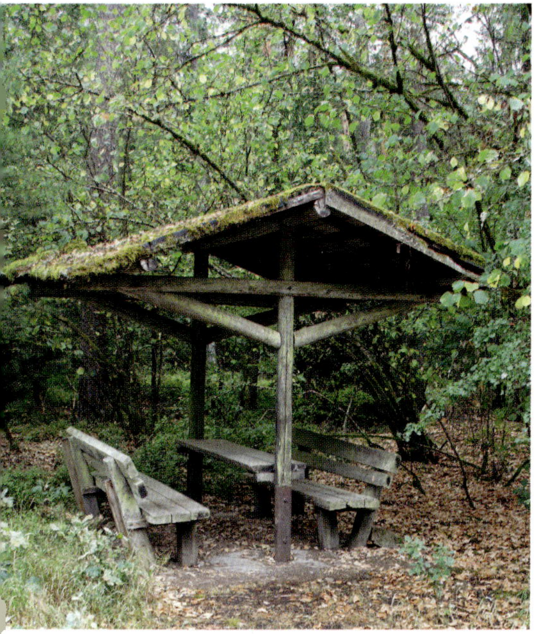

Rastplatz

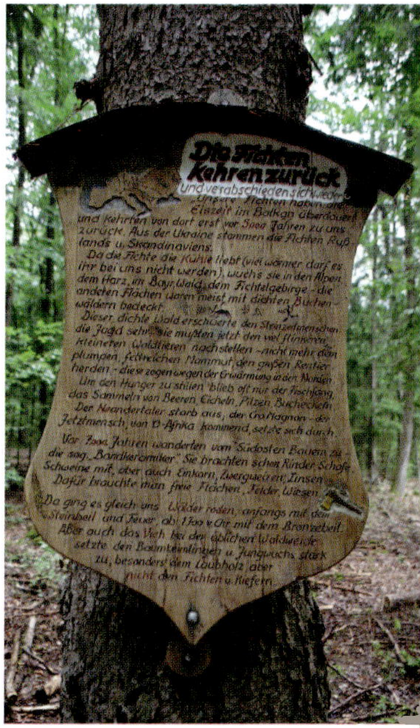

Beschriftung der Bäume mit Holztafeln

Dieser beginnt links am Parkplatz. Der Anfang vom Pfad ist nicht zu übersehen und wir wandern auf den Wegen „Walderbach 6/38" und „Bruck 4/34". Hier gibt es einiges über die heimische Flora und Fauna zu erfahren. Einige Bäume sind mit Holztafeln beschriftet, sodass man weiß, um welchen Baum es sich handelt. Tafeln mit Fährten von Tieren säumen die Wege. Beim Wegweiser zur Magdalenen-Kapelle links auf den Waldweg einbiegen und wir sind wieder auf dem Goldsteig. Bei der Wallfahrtskapelle St. Maria Magdalena **5** angekommen, lege ich ein Päuschen ein. Die typische Goldsteig-Sitzgruppe zieht mich förmlich magisch an. Es befindet sich eine Hinweistafel (Natur-Navi) zum Scannen bei der Kapelle. Wer Genaueres über das Bauwerk zur Entstehung und zum Werdegang wissen möchte, erfährt hier alle wichtigen Details. Ein kurzes Stück bergauf bis zu einer Kreuzung, an der wir links gehen und man ist wieder auf einer Forststraße. Die folgende Asphaltstraße geradewegs überqueren und bei der nächsten Gabelung geradeaus weiter, nicht dem Goldsteig folgen. Kommende Gabelung links, leicht bergauf. Nächste Gabelung rechts, immer auf dem Weg bleiben. Es sind ca. 2 km bis zur Abzweigung nach Bergham/Nittenau. Jetzt sind wir auf einem Zu- oder Rundweg vom Goldsteig. Deutlich zu sehen an dem blauen sich schlängelnden Weg. Also merken, gelb ist immer ein Hauptweg vom Goldsteig und blau sind Nebenwege. Nächste Kreuzung geradeaus, immer auf dem Weg bis zur Hauptstraße bleiben. Den Ranken nicht hinauf klettern, sondern rechts leicht bergab, dann durch die Unterführung und wieder links hoch gehen. Sobald man den Schotterweg wieder sieht, nach rechts marschieren und dem Weg bis nach Muckenbach folgen. Nach so einer langen Tour hat man sich scho a gscheite Brotzeit verdient und kann direkt beim Landgasthof Schmidbauer einkehren.

Aussichtsreiche Runde um Kienleiten

Leichte Runde mit guter Fernsicht

TOUR 19

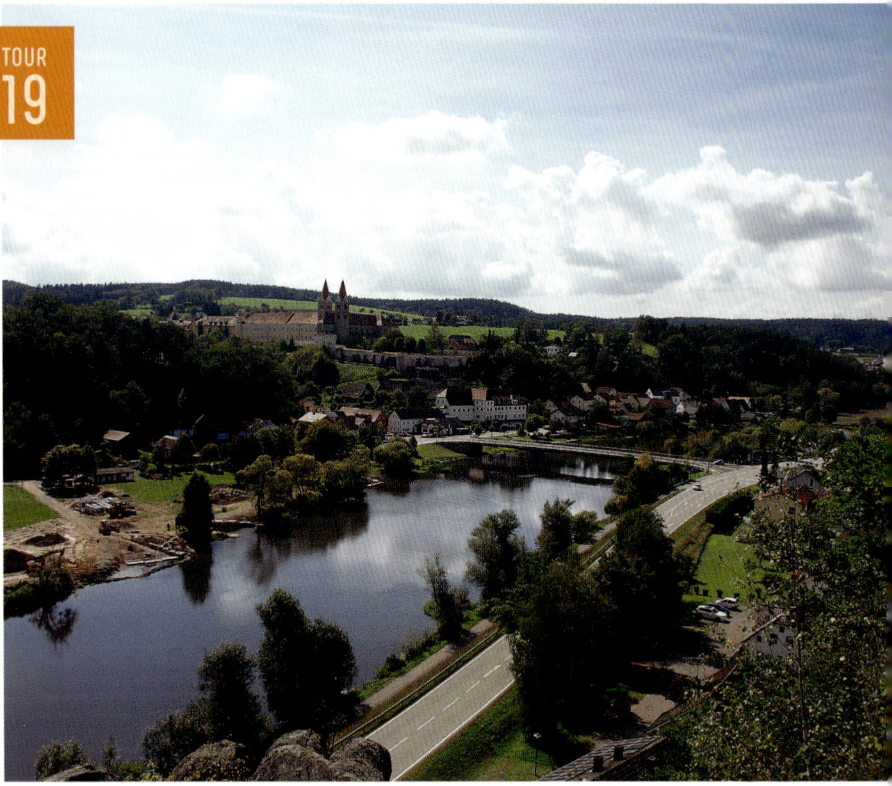

Wanderparkplatz an der St2149 kurz vor Kienleiten bei der Kläranlage

Wanderparkplatz Kienleiten – Dieberg – Deiflsbuxn – Kienleiten – Regenufer – Wanderparkplatz Kienleiten

Pfade und Wanderwege; dazwischen und am Ende Teerstraße; festes Schuhwerk ist ratsam

Abwechslungsreiche und sehr ruhige Runde mit viel Weitsicht

Landgasthof Schmidbauer
Muckenbach, 93149 Nittenau
Tel. 09436 430 oder 3370
www.schmidbauer-landgasthof.de

Klosterschänke Barmherzige Brüder
Eustachius-Kugler-Str. 2
93189 Reichenbach
Tel. 09464 10414

 Foto: Aussicht von der Deifelsbuxn nach Reichenbach

leicht | 6,7 km | 144 Hm | 2:00 h

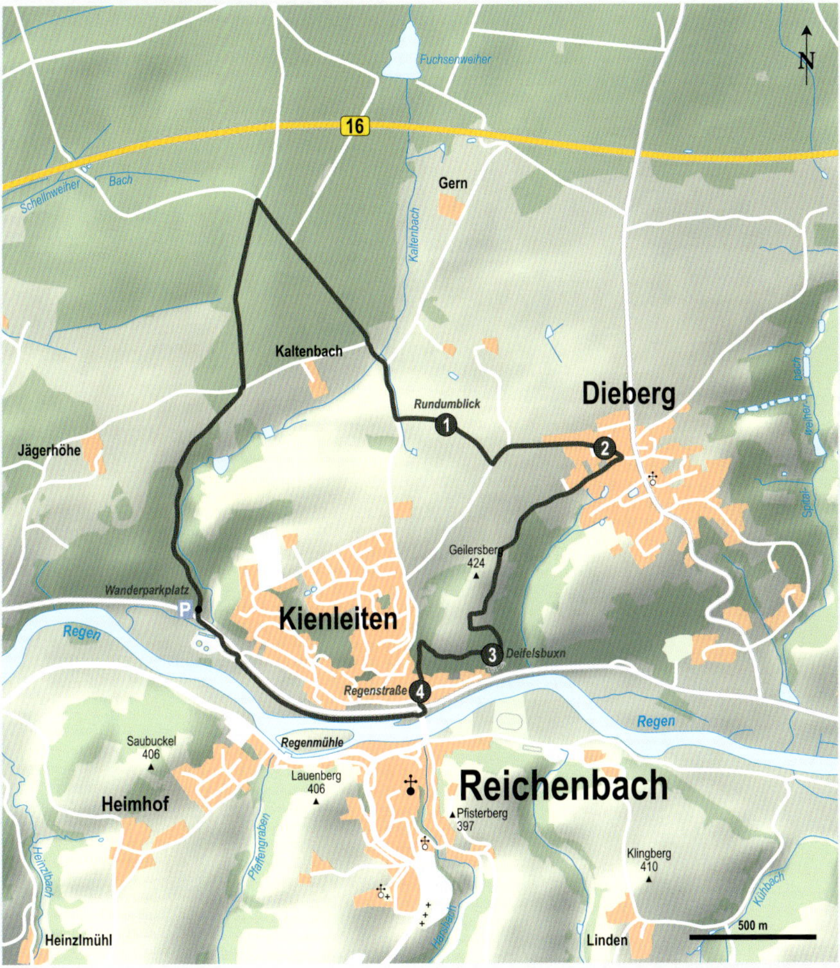

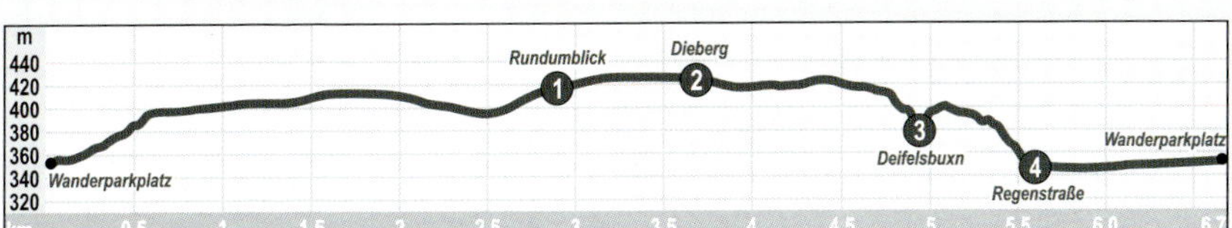

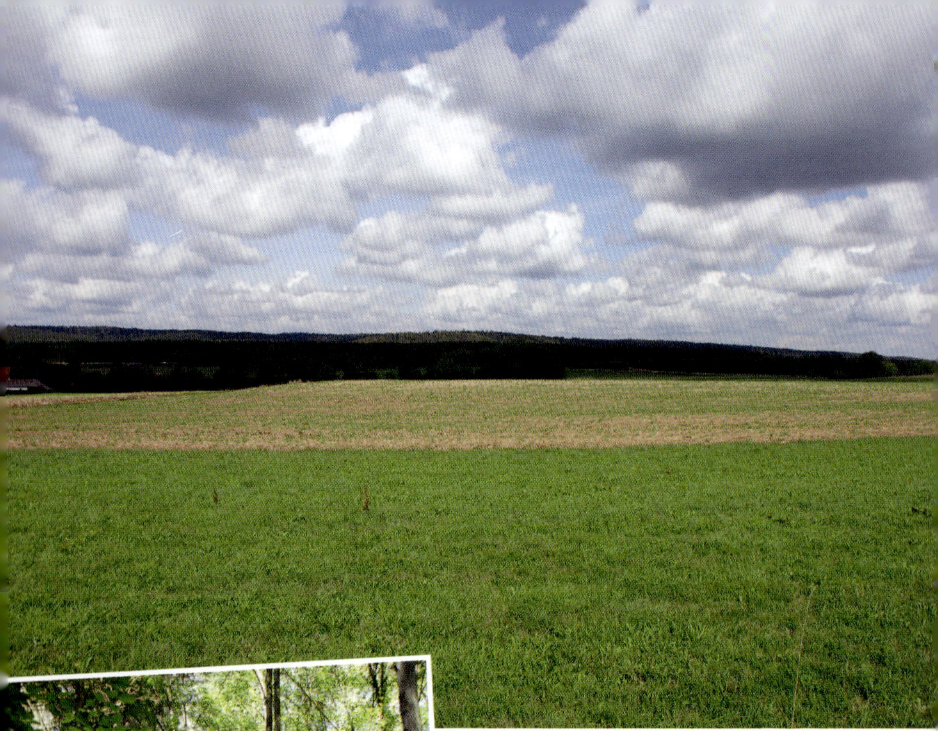

Weitblick in die Gegend

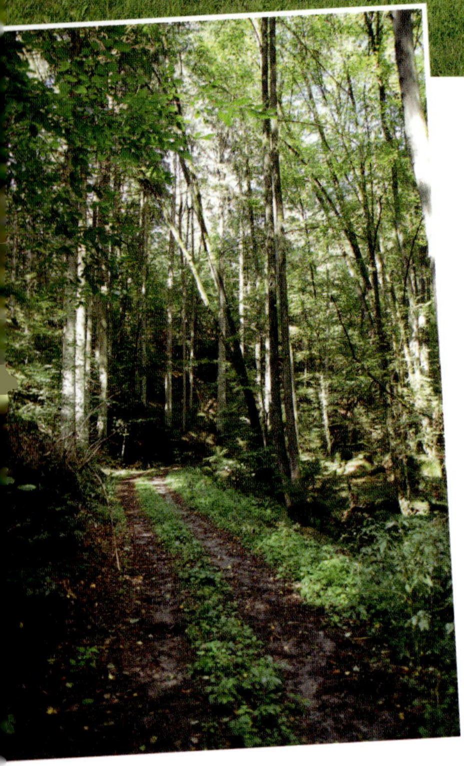

Entlang am Kaltenbach

Vom Wanderparklatz aus tauchen wir sofort in den Wald ein und orientieren uns am Goldsteig, Beschilderung Richtung Waldhaus / Einsiedel, Mappach, Neunburg. Zusätzlich ist der Weg noch beschildert mit den rot-weißen 32/33-Schildern. Leicht bergauf am Kaltenbach entlang begleiten uns bemooste Felsformationen und ein wilder märchenhafter Waldabschnitt. Sobald wir aus dem Wald kommen halten wir uns rechts. Bald treffen wir auf ein Wegkreuz und es kommt eine Straße, die wir überqueren, und gehen den Schotterweg, der halbrechts erscheint, weiter. Immer weiter bis zu einer großen Kreuzung. Hier verlassen wir den Goldsteig und gehen scharf rechts, Richtung Kienleiten. Sobald die Asphaltstraße kommt, können wir uns wieder an der Wegmarkierung rot-weiß 33 orientieren. Rechts von uns liegt die Ortschaft Kaltenbach, nach der auch das Bächlein, das uns schon begleitet hat, benannt ist. An der folgenden Gabelung

rechts: Aussicht von der Deifelsbuxn nach Reichenbach

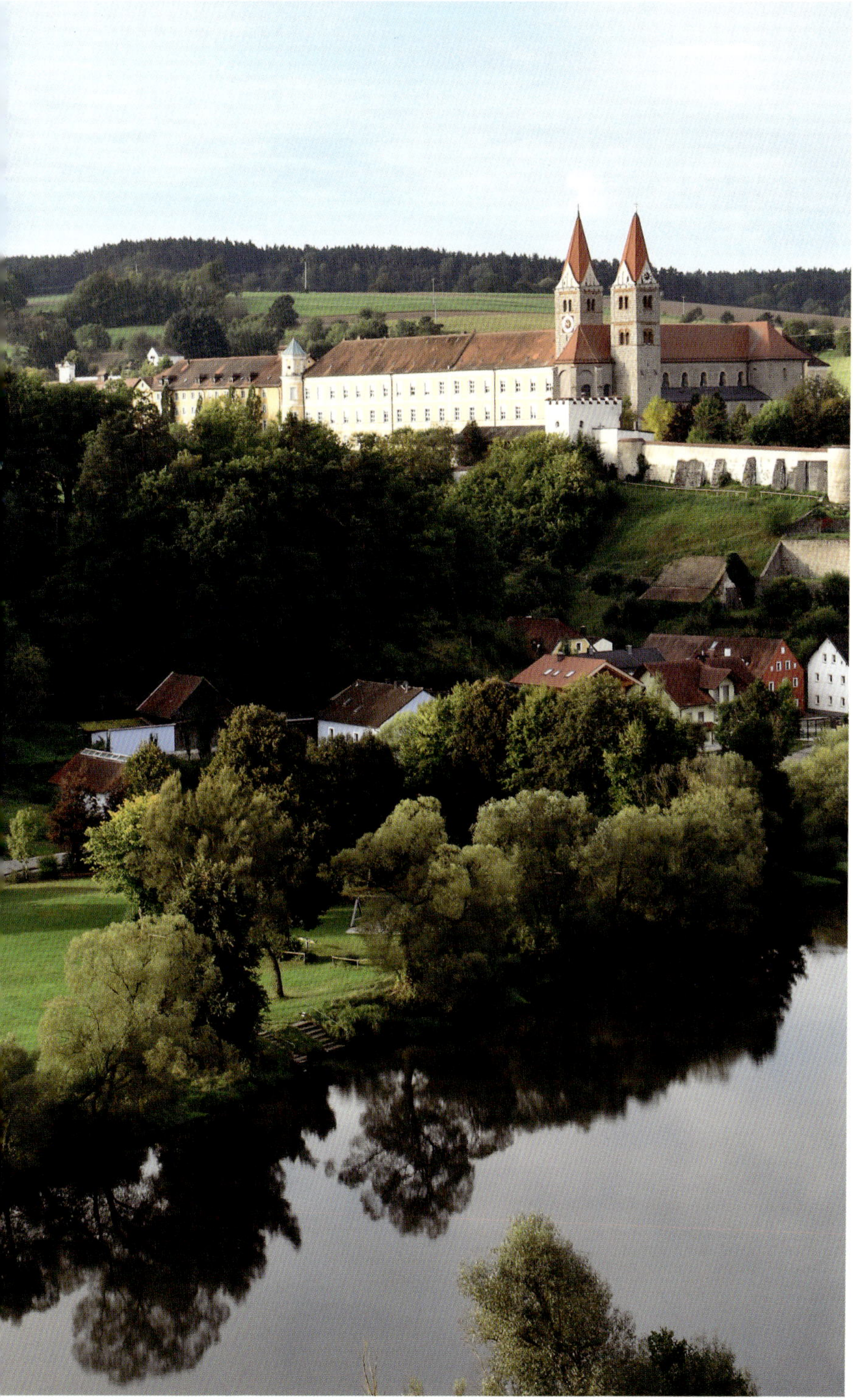

rechts bergauf auf der Bergstraße. Nach dem Stadel geht es links wieder auf einen Wanderweg, der uns zwischen Wiesen und Feldern hindurch führt. Es lohnt sich auch mal kurz innezuhalten und die Aussicht ❶ in alle Richtungen zu genießen. Oben angekommen geht es links Richtung Dieberg ❷. Im Ort kommt eine Gabelung mit dem Hinweisschild „Teufelsbuchsn" nach rechts. Genau da wollen wir noch hin. Also, weiter dem 33er folgen. Am Ende der Ortschaft kommt eine Kreuzung, hier geradeaus weiter. Der Weg wandelt sich jetzt zu einem naturbelassenen Pfad, was mir immer besonders gut gefällt. Es geht abwärts und man kann das Kloster Reichenbach am Regen gut sehen. Beim hölzernen Hinweisschild Naturdenkmal Deifelsbuxn ❸ nutzen wir den kurzen Abstecher und lassen uns die Sicht auf Reichenbach, den Regen und nach Walderbach nicht entgehen. Das kurze Stück zurück gehen und dann links den Pfad weiter. Der Weg macht

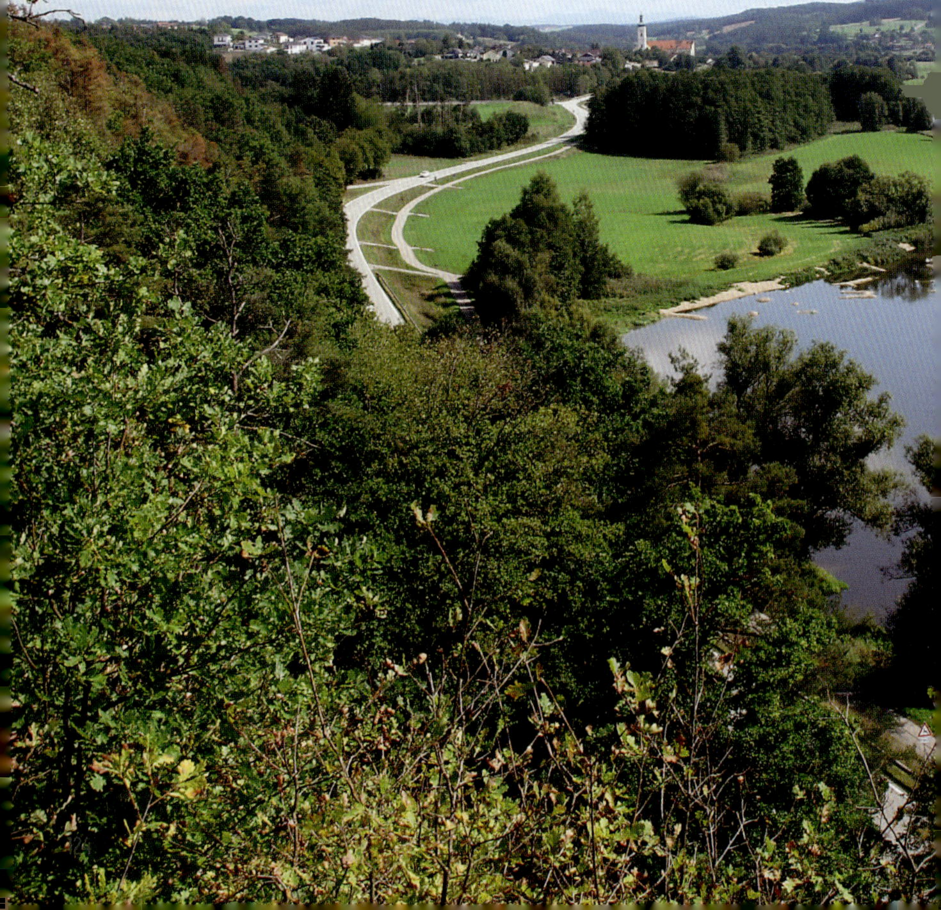

Sicht von der Deiflsbuxn nach Walderbach

eine scharfe Linkskurve nach unten. Bald treffen wir auf Häuser. Hier gut aufpassen, denn der links hinunter führende Pfad ist leicht zu übersehen. Es kommen dann Treppenstufen, welche uns zur Regenstraße von Kienleiten 4 führen. Ein kurzes Stück rechts, dann gleich links zur Fußgängerampel. Die Hauptstraße überqueren und links am Hl. Nepomuk vorbeigehen. Schon befinden wir uns wieder auf dem Goldsteig, der uns unter der Brücke hindurchführt. Nach der Unterführung hat man die Möglichkeit, bis ans Ufer vom Regen zu gehen, von wo man eine sehr gute Sicht auf das Kloster hat. Weiter wandern wir am Ufer und das Wasser rauscht über die künstlich angelegten Steinstufen, welche als Wanderhilfen für Wasserorganismen dienen. Das letzte Stück geht über einen Parkplatz und an der St2149 entlang. Gut erkennbar ist der Wanderparkplatz, zu dem wir zurück müssen.

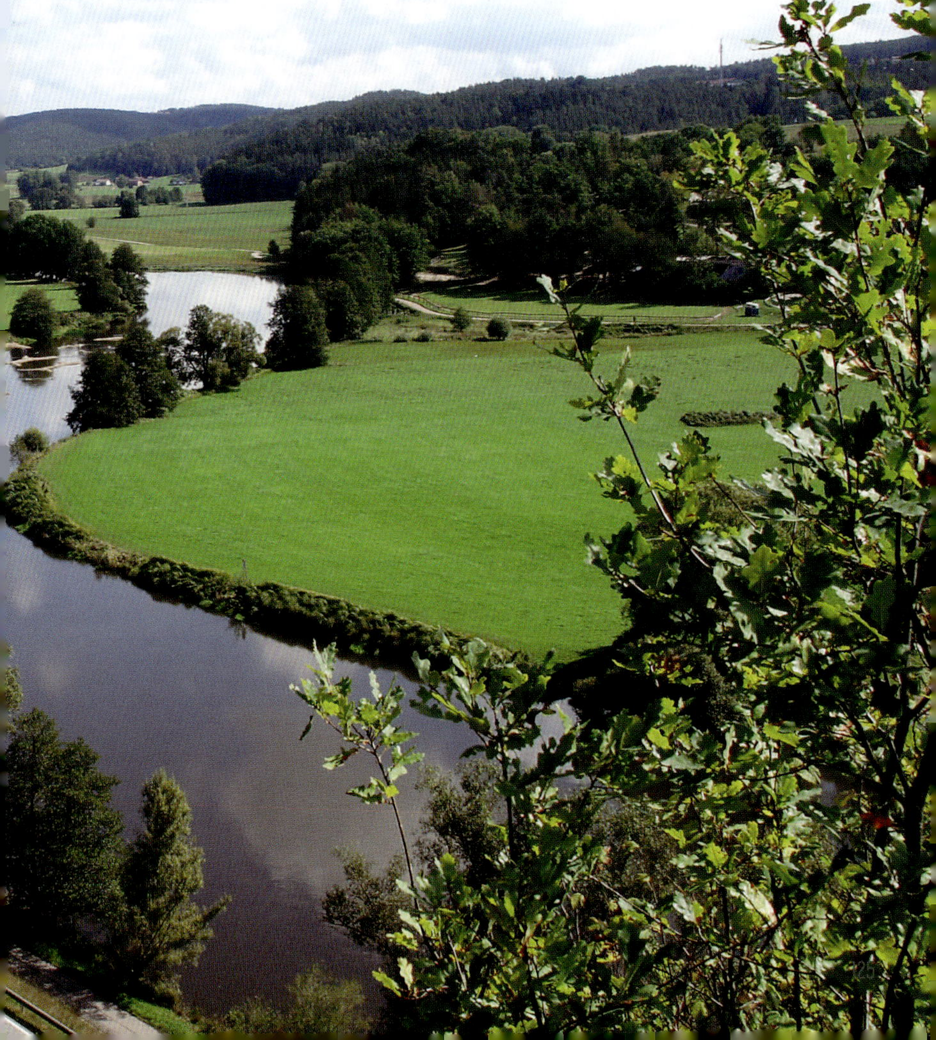

Zum „Wilden Mann“

Steinreiche Wanderung für Liebhaber von Granitfindlingen

TOUR 20

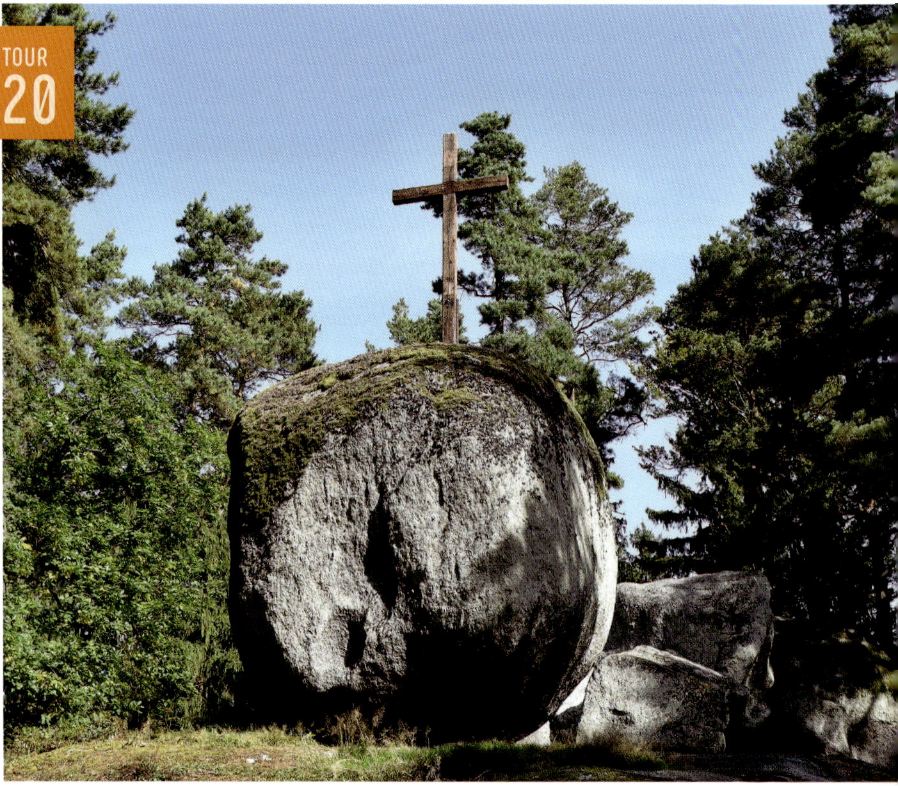

Parkplatz gegenüber der Hauptstraße 5, 93189 Reichenbach

Reichenbach – Marienplatz – Wilder Mann – Pfaffenstein – Reichenbach

Ein ganz kurzes Stück durch die Ortschaft; Forst- und Waldwege; ein kurzer Abschnitt erfordert Trittsicherheit; festes Schuhwerk ist ratsam

Wer Steinformationen aller Art mag, ist auf dieser Runde genau richtig. Die mächtigen Findlinge sind unser Begleiter bei dieser Wanderung.

Landgasthof Schmidbauer
Muckenbach, 93149 Nittenau
Tel. 09436 430 oder 3370
www.schmidbauer-landgasthof.de

Klosterschänke Barmherzige Brüder
Eustachius-Kugler-Str. 2
93189 Reichenbach
Tel. 09464 10414

 Foto: Großer Pfaffenstein

mittel 8,4 km 312 Hm 2:30 h

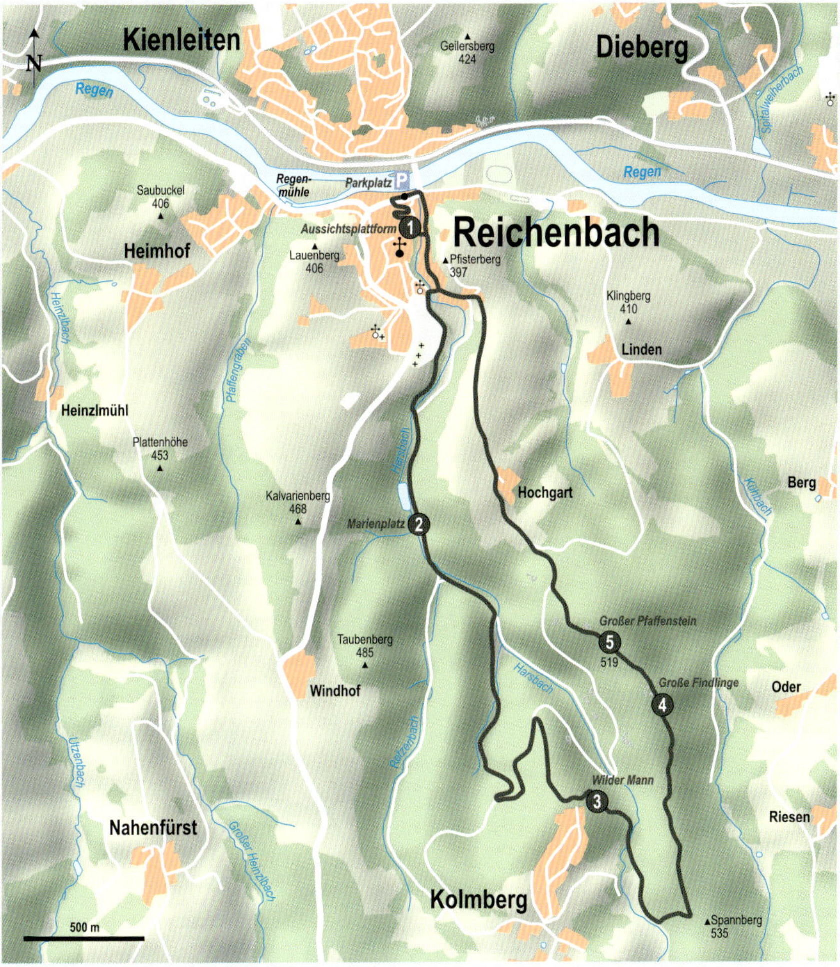

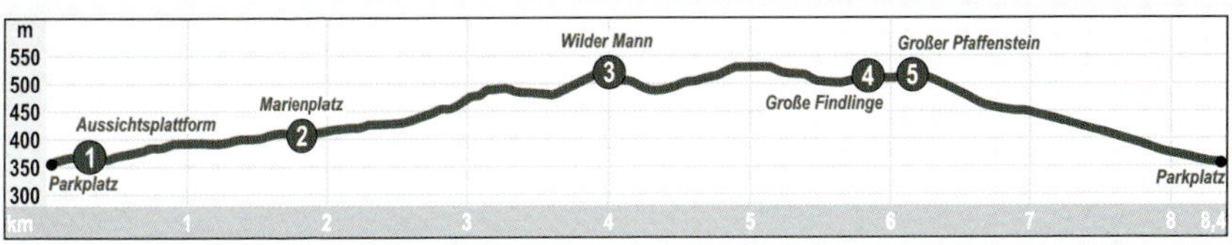

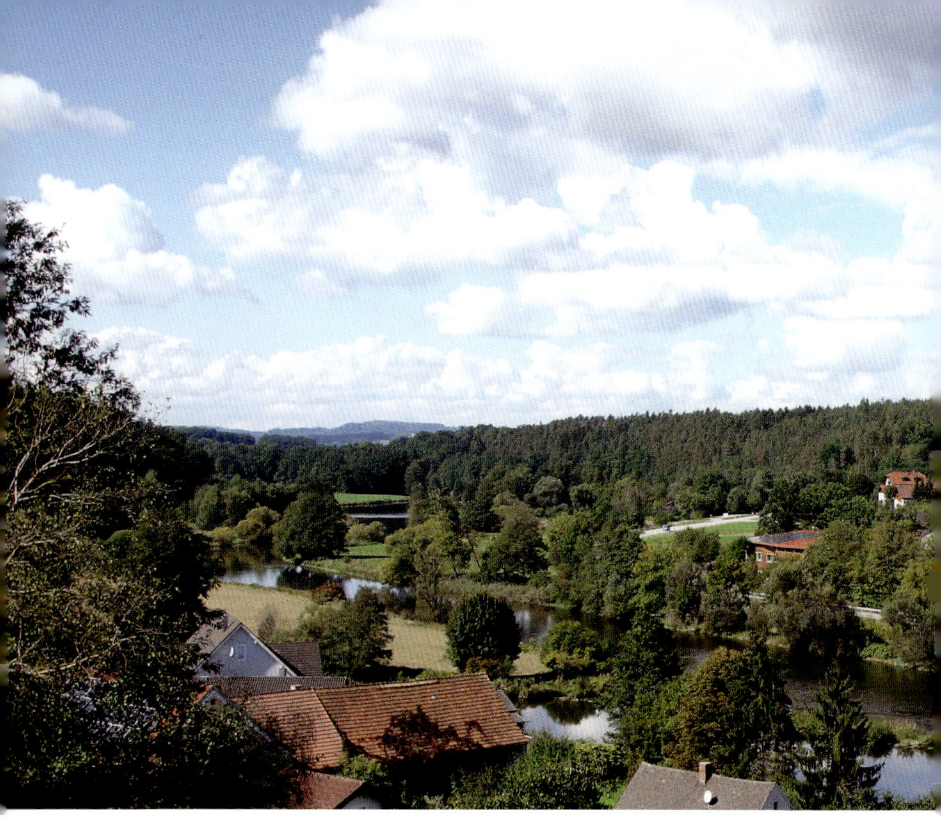

Aussicht von der Plattform

Der Parkplatz liegt direkt am Regen gleich bei der Regenbrücke. Es geht nur ein paar Meter auf der Hauptstraße rechts, dann kommt auf der anderen Straßenseite eine Gasse, die wir hoch gehen. Schon blickt man auf die mächtige Mauer der Klosteranlage. Den Weg bis zur Aussichtsplattform 1 kann man entweder über die recht steile Treppe oder über die sich hochschlängelnden Wege nehmen. Von der Plattform aus hat man eine wunderbare Sicht auf den Regen und auf die gegenüberliegende Ortschaft Kienleiten. Das Kloster Reichenbach wurde im Jahre 1118 von Benediktiner gegründet. 1803 wurde es säkularisiert und 1890 durch die Barmherzigen Brüder erworben und bezogen. Sie richteten Ende des 19. Jahrhunderts eine Heil- und Pflegeanstalt für geistig und körperlich Behinderte ein. Vom Aussichtspunkt aus an der Mauer entlang, rechts um die Kurve, dann den Pfad links hinunter. Nach dem Wohnhaus links über den Harsbach, dann die Pfisterstraße rechts hoch. Jetzt befinden wir uns auf dem Goldsteig. Bei der Hochgartstraße rechts und bei der Kapelle links den Pfad nehmen. Bei der folgenden Gabelung geradeaus weiter auf dem Re4/47 Wanderweg. Dann kommt ein größerer Platz mit einem großen Kreuz, hier einfach gerade weiter auf dem geschotterten Weg. Die ersten Findlinge begrüßen uns und werden unsere ständigen Begleiter auf dieser Wanderung sein. Nach einem kurzen Stück folgen wir dem rechten grün markierten Wanderweg und verlassen den Goldsteig. Es kommt der Marienplatz 2, an dem man auch eine schöne Rast einlegen kann. Links daran vorbei und geradeaus weiter, dann an der nächsten Abzweigung rechts entlang des Retzenbachls. So-

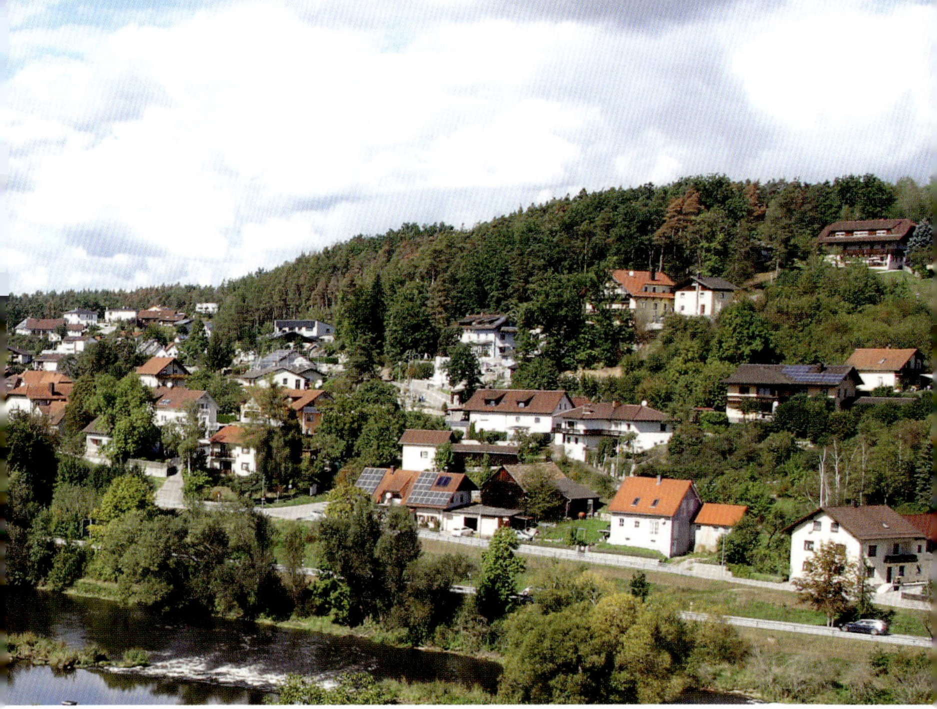

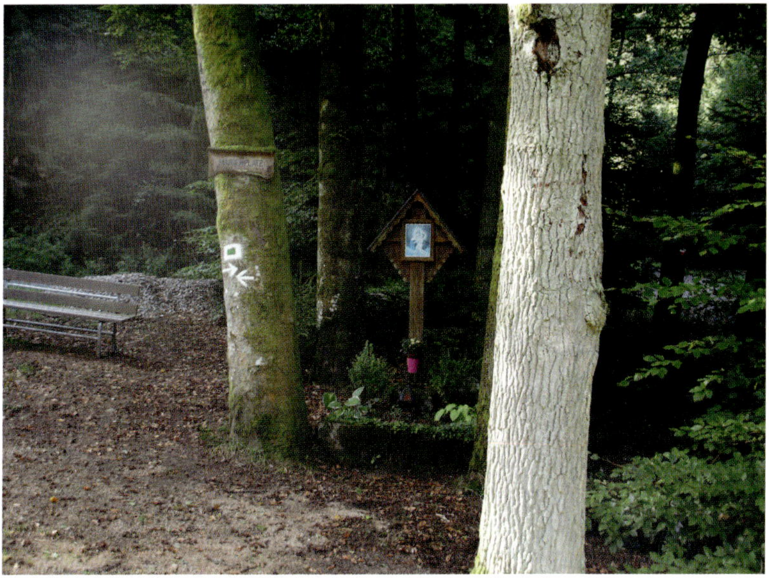

Der Marienplatz

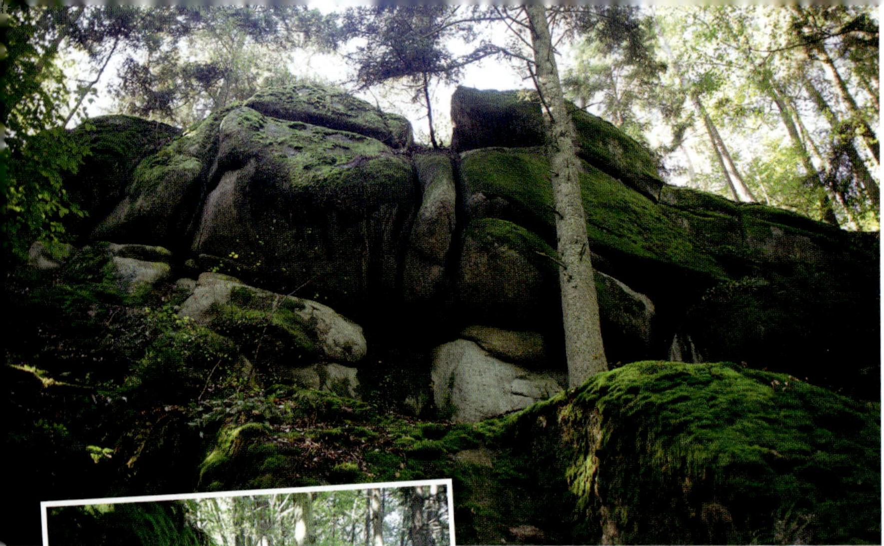

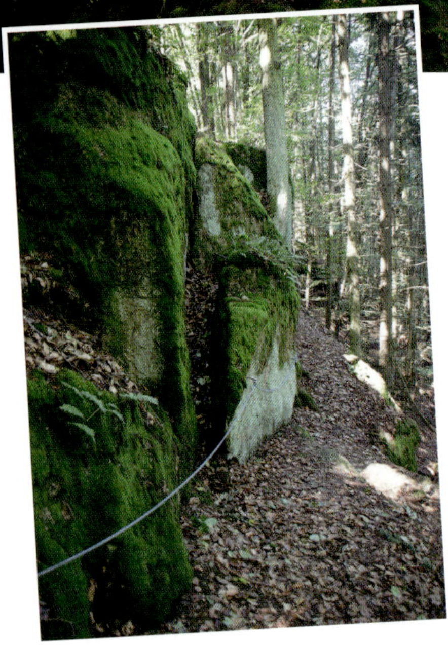

oben und links:
Beim „Wilden Mann“

bald wir auf eine Art Wendeplatz kommen, endet der Schotterweg und es gehen 2 Waldwege bergauf. Ob man den linken oder rechten nimmt, ist egal. Es sind nur ein paar Meter bis nach oben. Dort wo die beiden Wege aufeinander treffen, noch ein kurzes Stück rechts, Richtung süd-südost gehen. Sobald der Schotterweg kommt, links bergab gehen. Nach 400 m, vor der Rechtskurve, geht ein Waldweg rechts hinauf (zur Kontrolle: Nach einigen Metern befindet sich links des Weges eine kleine Felsformation, es sind drei säulenartige Sackfelsen). Hier handelt es sich um den Wanderweg Nr. 47, der allerdings nicht gleich zu Beginn als solcher gekennzeichnet ist. Am Ende kommt eine Kreuzung, hier links, rot/weißer Wanderweg, ca. 100 m, dann den linken Pfad hinunter. Jetzt kommt eine mächtige Steinwand namens „Wilder Mann“ 3. Hier gut aufpassen, es ist doch recht schmal und geht auf der linken Seite gut hinunter. Am Ende des Wegleins kommt man zum Schlammloch. So steht es jedenfalls auf der Holztafel, die am Baum hängt, geschrieben. Ein kurzes Stück rechts, Re4/47, dann links über den Bachlauf, rot/weiß, zu den Pfaffensteinen. Nach ca. 350 m den linken Waldweg hinauf marschieren. Gegenüber vom Weg steht ein Hochsitz. An der kommenden Gabelung scharf links und bald kommen wir zu einer Kuppe, auf der eine Parkbank steht. Auch hier sind mächtige Findlinge 4 zu bestaunen. Weiter geht es auf dem Naturweg den Berg hinunter. Immer geradeaus, dann befinden wir uns wieder auf dem Goldsteig. An einer Gabelung links, dann kommen wir zum Großen Pfaffenstein 5. Die runden Granitbrocken liegen hier, als hätte ein Riese ein paar Kiesel achtlos auf den Berg fallen lassen. Der höchstgelegene Stein wird sogar von einem Gipfelkreuz gekrönt. Hinunter gehen, bis zum geschotterten Weg. Rechts Richtung Reichenbach, bis sich der Wald lichtet. Hier treffen einige Wege aufeinander. Wie heißt es so schön, alle Wege führen nach Rom. Wir gehen geradeaus nach Reichenbach und treffen wieder auf die Pfisterstraße. Runter bis zur Hauptstraße, dann links und schon sind wir wieder am Parkplatz.

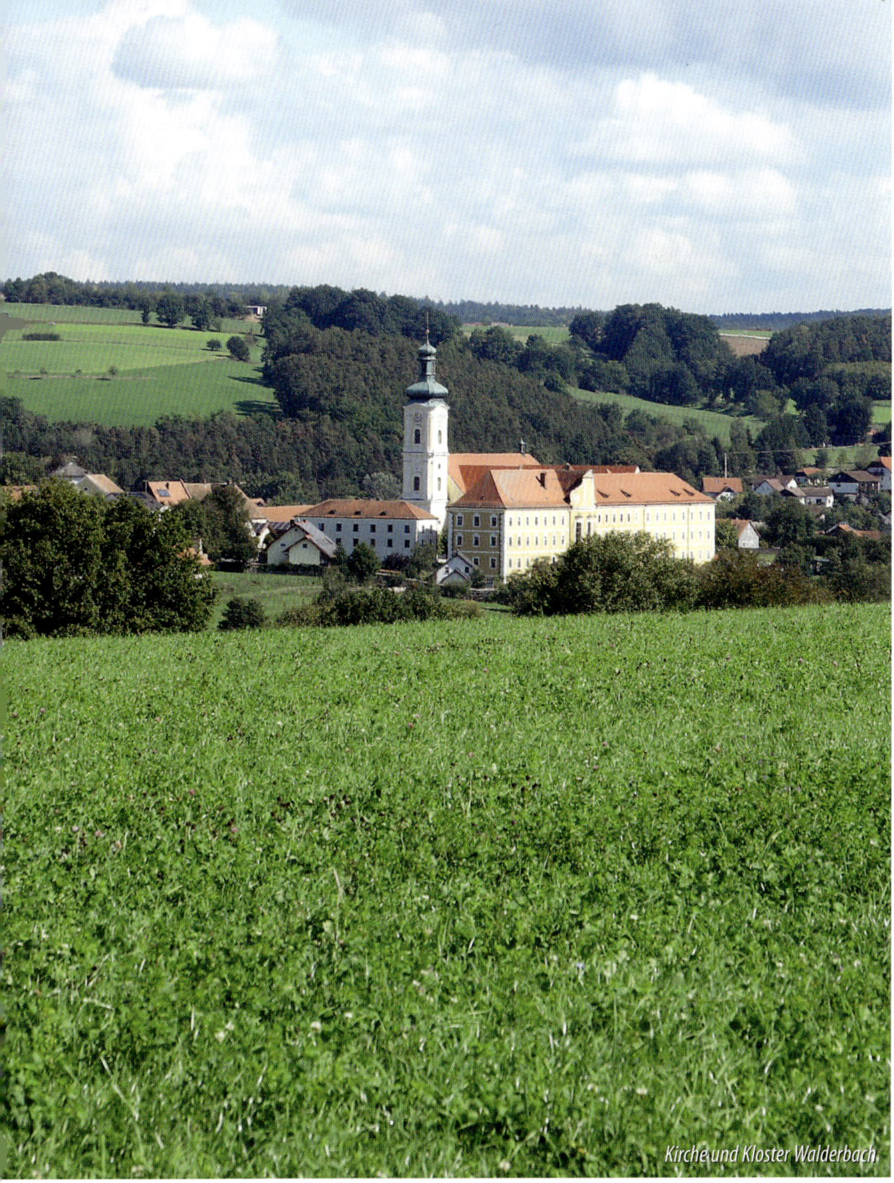

Kirche und Kloster Walderbach

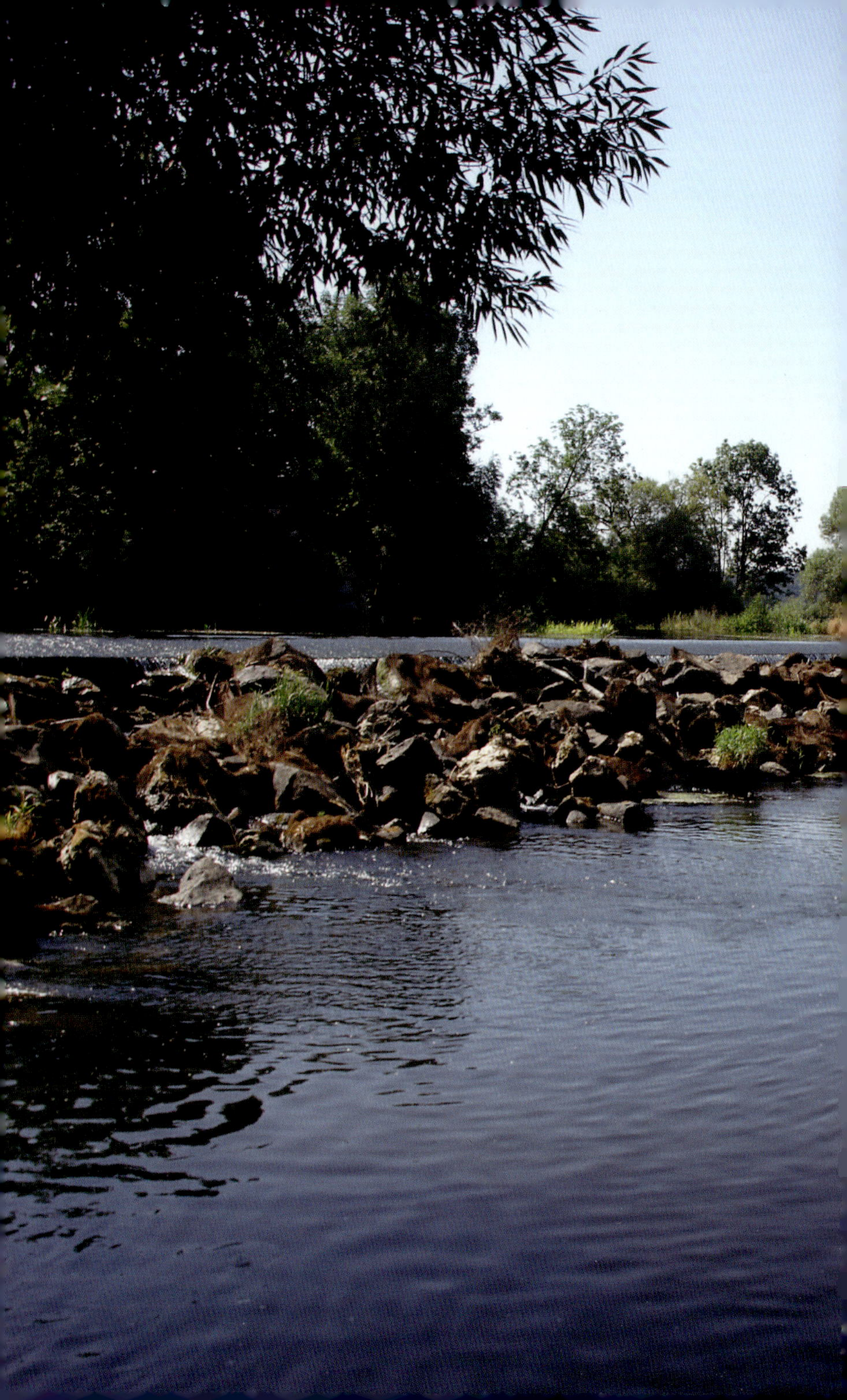

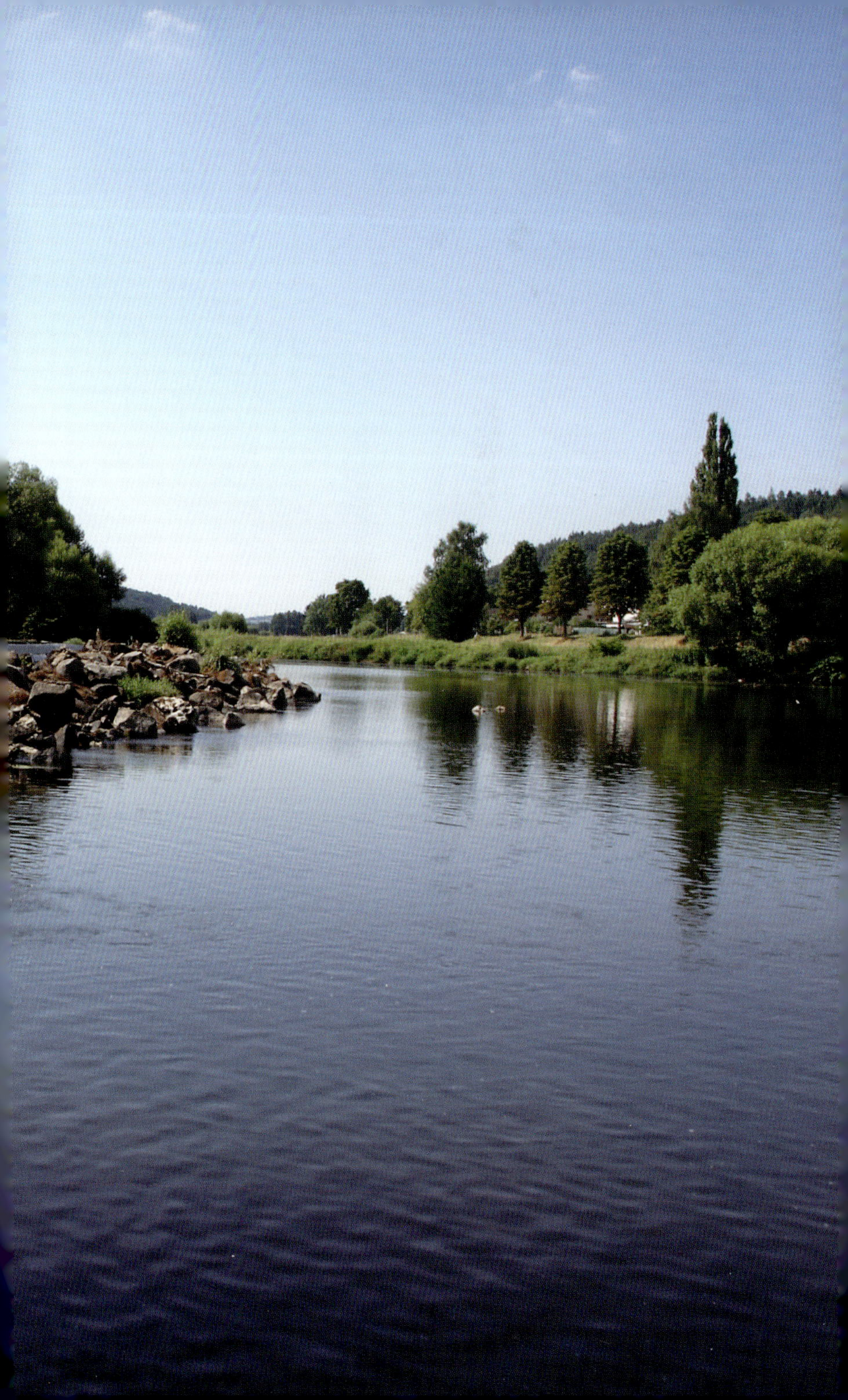

Bibliografische Information der Deutschen Nationalbibliothek

Die Deutsche Nationalbibliothek verzeichnet diese Publikation in der Deutschen Nationalbibliografie; detaillierte bibliografische Daten sind im Internet über http://dnb.dnb.de abrufbar.
ISBN 978-3-95587-100-0

MIX
Papier aus verantwortungsvollen Quellen
FSC® C014138
www.fsc.org

Für uns, die Battenberg Gietl Verlag GmbH mit all ihren Imprint-Verlagen, ist Nachhaltigkeit ein wichtiger Teil unserer Unternehmensphilosophie. Daher achten wir bei allen unseren Produkten auf den Einsatz umweltschonender Ressourcen und Materialien.
Dieses Buch wurde auf FSC®-zertifiziertem Papier gedruckt. FSC (Forest Stewardship Council®) ist eine nicht staatliche, gemeinnützige Organisation, die sich für die verantwortungsvolle und ökologische Nutzung der Wälder unserer Erde einsetzt.

Unsere Partnerdruckerei kann zudem für den gesamten Herstellungsprozess nachfolgende Zertifikate vorweisen:
- Zertifizierung für FOGRA PSO
- Zertifizierungssystem FSC®
- Leitlinien zur klimaneutralen Produktion (Carbon Footprint)
- Zertifizierung EcoVadis (die Methodik besteht aus 21 Kriterien in den Bereichen Umwelt, Einhaltung menschlicher Rechte und Ethik)
- Zertifikat zum Energieverbrauch aus 100 % erneuerbaren Quellen
- Teilnahme am Projekt „Grünes Unternehmen" zum Schutz von Naturressourcen und der menschlichen Gesundheit

Abbildungen:
Gerhard Besenhard & Battenberg Gietl Verlag

Kartografie:
Kartographie Muggenthaler, Heinz Muggenthaler, Stadtplatz 19, 94209 Regen

Haftungsausschluss:
Alle Inhalte wurden vom Autor sorgfältig recherchiert und nach bestem Wissen und Gewissen aufbereitet. Die Begehung der in diesem Buch beschriebenen Touren erfolgt auf eigene Gefahr. Der Verlag und der Autor übernehmen für etwaige Schäden sowie auch für Richtigkeit und Aktualität der Angaben keine Haftung. Der Verlag und der Autor weisen darauf hin, dass Privatgrund sowie auch privates Eigentum unbedingt zu respektieren sowie aktuelle Info-Tafeln hinsichtlich zu schützender Bereiche o. Ä. zu beachten sind.

Aus Gründen der besseren Lesbarkeit wird auf die gleichzeitige Verwendung der Sprachformen männlich, weiblich, divers (m/w/d) verzichtet. Entsprechende Begriffe gelten im Sinne der Gleichbehandlung grundsätzlich für alle Geschlechter.

4. Auflage 2023
ISBN 978-3-95587-100-0

www.battenberg-gietl.de